Mémoires de la Margrave de Bareith

Leipzig 1888.

Verlag von H. Barsdorf

MÉMOIRES

DE

FRÉDÉRIQUE SOPHIE WILHELMINE,

MARGRAVE DE BAREITH,

SOEUR DE

FRÉDÉRIC LE GRAND,

DEPUIS

L'ANNÉE 1706 JUSQU'À 1742,

ÉCRITS DE SA MAIN.

NOUVELLE ÉDITION, CONTINUÉE JUSQU'À 1758
ET ORNÉE DU PORTRAIT DE LA MARGRAVE.

TOME DEUXIEME.

LEIPZIG.
H. BARSDORF.
1888.

MÉMOIRES DE MA VIE.

1732.

Une nouvelle époque fit l'ouverture de 1732. Il y avoit déjà quelque temps que je me trouvois fort incommodée; j'en avois attribué la cause à l'agitation continuelle de mon esprit accablé de tant d'adversités différentes. Je voulus faire mes dévotions; je pris une défaillance à l'église, qui dura quelques heures. Je me trouvai au lit en revenant à moi, entourée de la reine et d'un foule de monde, qui étoit accouru pour me secourir. Le médecin jugea que j'étois enceinte. On m'en badina beaucoup, mais je ne fis aucune attention à tout ce qu'on me dit. Je souffrois trop; j'eus plusieurs foiblesses tout ce jour-là, ce qui m'empêcha de me lever. La reine me fit dire le lendemain, qu'elle viendroit le soir célébrer les rois chez moi. Cette petite fête fût assez triste; ceux qui y étoient, sembloient touchés de me perdre, ils avoient tous les larmes aux yeux. Je pris un tendre congé de la Margrave Philippe; mon mariage n'avoit point altéré notre amitié, et je me sentis attendrie de me séparer de me amies.

Le lendemain (7. Janvier) nous nous rendîmes à Potsdam. Le roi m'y reçut à bras ouverts. L'espérance de se voir bientôt grand-père lui causoit une joie inconcevable, il m'accabloit de caresses et d'attentions. Je profitai de ces bonnes dispositions pour lui demander une grâce. Mdme. de Sonsfeld avoit trois nièces, filles du général Marwitz; sa soeur étant morte, elle les avoit fait élever. Ces trois filles, dont l'aînée avoit 14 ans, étoient héritières d'un bien très-considérable. Sa tante souhaitoit amener cette aînée avec elle à Bareith, pour achever de la former; elle n'osoit cependant accomplir ses désirs sans une permission expresse du roi; ce prince ayant fait une ordonnance, par laquelle il étoit défendu à toutes les filles riches de sortir de son pays, sous peine de confiscation de tout leur bien. Le roi m'accorda cette faveur à condition que je lui engageasse ma parole d'honneur de ne point marier cette fille hors de ses états*); en quoi je le satisfis.

Le jour de mon départ étant enfin fixé au 11. Janvier, je résolus de faire une dernière tentative pour attendrir ce prince. Je trouvai moyen de lui parler en particulier, et de lui ouvrir mon coeur. Je fis l'apologie de ma conduite passée, sans compromettre la reine; je lui peignis avec les couleurs les plus touchantes la douleur que m'avoit causée

*) Comme cet article est de conséquence pour la suite de ces mémoires, je prie le lecteur d'y faire attention.

sa disgrâce; j'y ajoutai un portrait naïf de ma situation présente, le suppliant par tout ce qu'il y avoit de plus sacré de ne point m'abandonner, et de m'accorder son secours et sa protection. Mon discours fit son effet; il fondoit en larmes, ne pouvant me répondre à force de sanglots; il m'expliquoit ses pensées par ses embrassemens. Faisant enfin un effort sur lui, je suis au désespoir, me dit-il, de ne vous avoir pas connue; on m'avoit fait un si horrible portrait de vous, que je vous ai haïe autant que je vous chéris présentement. Si je m'étois adressé à vous, je me serois épargné bien du chagrin et à vous aussi; mais on m'a empêché de vous parler, en me représentant que vous étiez plus méchante que le diable, et que vous me porteriez à des extrémités que j'ai mieux aimé éviter. Votre mère par ses intrigues est en partie cause du malheur de la famille; j'ai été trompé et dupé de tout côté, mais j'ai les mains liées, et quoique mon coeur soit navré, il faut que je laisse ces iniquités impunies. Je pris le parti de la reine et lui représentai, que ses intentions avoient été bonnes, que l'amitié seule, qu'elle avoit eue pour mon frère et pour moi, l'avoit portée à en agir comme elle avoit fait, qu'ainsi il ne pouvoit lui en vouloir du mal. N'entrons point dans ce détail, me répondit-il, ce qui est passé est passé, je veux bien l'oublier. Pour vous, ma chère fille, soyez persuadée que vous m'êtes la plus chère de la famille, et que je vous tiendrai religieusement les promesses que je vous ai faites, de vous avantager plus que mes autres enfans; continuez d'avoir de la confiance en moi, et comptez toujours sur mon secours et sur ma protection. Je suis trop affligé pour prendre congé de vous; embrassez votre époux de ma part, je suis si touché que je ne puis le voir. Il se retira tout en larmes. Je me retirai de mon côté en sanglotant, et me rendis chez la reine. Ma séparation d'avec elle ne fut point si touchante que celle du roi; malgré mes soumissions et mes tendres caresses elle resta froide comme glace, sans s'émouvoir ni me faire la moindre amitié. Le duc de Holstein me conduisit au carosse, où je montai avec le prince et Mdme. de Sonsfeld.

J'arrivai heuresement le même soir à Closterzin, qui étoit le premier gîte. La seconde journée de mon voyage ne fut pas si heureuse que la première Mon carosse versa de mon côté; deux paires de pistolets chargés et deux coffres forts, qu'on y avoit fourrés, je ne sais pourquoi, me tombèrent sur le corps sans me faire le moindre mal. Mdme. de Sonsfeld me crut morte; sa frayeur l'aveugloit si fort, qu'elle ne cessoit de crier comme une excommuniée: mon Dieu, Seigneur Jésus! ayez pitié de nous. Je crus qu'elle étoit blessée, ce qui m'alarma plus que la chûte; je le lui demandai. Eh mon Dieu! non, Madame, me dit-elle, je ne crains que pour vous. Le prince héréditaire plus mort que vif étoit sauté par la portière; il n'avoit pas le courage de me demander si je m'étois fait mal. Cette scène me parut comique; j'étois chargée comme un mulet de tout le bagage qui étoit dans la voiture, dont on ne me débarrassa qu'avec peine. Le Margrave me porta sur un champ couvert de neige. Il geloit à pierre fendre, mes souliers prirent à la glace; je courois risque d'avoir le sort de la femme de Loth et de devenir statue de glace, si ma suite ne fût arrivée pour me tirer de là. Mes dames pleuroient et se lamentoient, croyant pour sûr que je ferois une fausse-couche; on m'arrosoit de toutes sortes d'esprits et on vouloit me faire avaler de vilaines drogues, dont je ne voulus point. On releva enfin le carosse et je continuai mon voyage.

Mr. de Burstel, conseiller privé du roi, m'accompagnoit, et devoit prendre à Bareith la qualité de ministre à cette cour. Il se rendit chez ma gouvernante, dès que nous fumes arrivés à Torgow, et la chargea de me représenter, que quoique je ne me ressentisse point de la chûte que je venois de faire, la prudence exigeoit que je m'arrêtasse quelques jours en chemin, pour parer les mauvaises suites qui pourroient en arriver. Mdme. de Sonsfeld et Mr. de Voit furent du même sentiment. Ils firent tellement peur au prince, que tout ce que je pus obtenir fut d'aller le lendemain jusqu'à Leipsic. Je comptois m'y divertir; la foire, qui est une des plus fameuses d'Allemagne, s'y tenant alors. Il y avoit toujours pendant ce temps beaucoup d'étrangers dans cette ville, où la cour de Dresde se rendoit ordinairement.

Nous y arrivâmes le jour suivant. Par décorum

je me mis d'abord au lit. Je m'informai tout de suite, s'il y avoit beaucoup de monde? Mais o douleur! La foire étoit finie et la cour aussi bien que les étrangers étoient partis la veille. Au lieu de m'amuser je m'ennuyai cruellement les deux jours que je fus obligée de m'y arrêter. Fatiguée d'harangues et de cérémonies j'en partis enfin, pour continuer mon voyage. Il se passa fort heureusement à la frayeur près, que me causèrent les rochers et les précipices; les chemins étoient abominables. Quoiqu'il fit un froid terrible, j'aimai mieux marcher que d'être secouée.

J'arrivai enfin à Hoff, première ville du territoire de Bareith. On m'y reçut en cérémonie au bruit du canon. La bourgeoisie sous les armes bordoit les rues jusqu'au château. Le Maréchal de Reitzenstein avec quelques Mrs. de la cour et toute la noblesse immédiate du Vogtland m'attendoient au bas de l'escalier (si on peut appeler tel une espèce d'échelle de bois), et me conduisirent dans mon appartement. Mr. de Reitzenstein me complimenta de la part du Margrave sur mon arrivée dans son pays. J'essuyai ensuite une longue harangue de la noblesse. Mr. de Voit m'avoit fort priée de faire bon accueil à ces gens-là. Il est connu que la maison d'Autriche a donné certains privilèges à la noblesse aux dépens des princes; ces privilèges sont entièrement injustes et ne tendent qu'à abaisser les souverains de l'empire. Ceux-ci n'ont jamais voulu les reconnoître; chaque gentil-homme immédiat prétend être aussi souverain chez lui que le prince, dont il est vassal, ce qui cause des procès et des chicanes perpétuelles. Celle du Vogtland s'étoit séparée du reste, s'étant brouillée avec les autres cantons. Le Margrave avoit saisi cette occasion pour la réduire à quelques privilèges près, sur le pied de ses autres vassaux; mais non content de cela, il avoit tenté peu avant mon mariage de les dépouiller encore de ceux qu'il leur avoit laissés. Ces Mrs., n'étant pas d'humeur de le souffrir, s'étoient rebellés et avoient causé une émeute qui eût pu devenir funeste, si on ne l'avoit appaisée. Les esprits étoient encore fort aigris à mon arrivée. Mr. de Voit, d'une très-illustre famille immédiate, mais d'un autre canton, n'ayant point de terres dans le Margraviat, fit envisager au prince, que pour rétablir la tranquillité, il falloit tâcher de gagner ses gens par la douceur et par les bonnes façons. Ils étoient tous de grande maison et il y en avoit de fort riches. On croira sans doute que leurs manières y répondoient? point du tout! J'en vis une trentaine, dont la plupart étoient des Reitzensteins. C'étoient tous des visages à épouvanter les petits enfans; leurs physionomies étoient à demi couvertes de teignasses en guise de perruques, où des poux d'aussi antique origine que la leur, avoient établi leur domicile depuis des temps immémoriaux; leur héteroclite figure étoit attifée de vêtemens qui ne le cédoient point aux poux pour l'ancienneté; c'étoit un héritage de leurs ancêtres, qui les avoient transmis de pére en fils; la plupart n'étoient point faits sur leurs tailles; l'or en étoit si éraillé, qu'on ne pouvoit le reconnoître; c'étoit pourtant leur habit de cérémonie, et ils se croyoient pour le moins aussi respectables sous ces antiques haillons que l'Empereur, revêtu de ceux de Charlemagne. Leurs façons grossières accompagnoient parfaitement leur accoûtrement, on les eût pris pour des manans; pour surcroit d'agrément la plupart étoient galeux. J'eus toutes les peines du monde de m'empêcher de rire en considérant ces figures. Ce ne fut pas tout, on me présenta un moment après des animaux d'une autre espèce; c'étoient les ecclésiastiques, d'ont il fallut encore écouter la harangue. Ceux-ci avoient des fraises autour du cou, qui sembloient de petits paniers, tant elles étoient grandes. Celui qui me complimenta nasilloit et parloit si lentement, que je crus perdre patience. Je me défis enfin de cette arche de Noë et me mis à table, où les premiers de la noblesse furent invités. J'entamai diverses matières indifférentes pour faire raisonner ces automates, sans en pouvoir tirer que oui ou non; ne sachant plus que dire, je m'avisai de parler d'économie. Au seul nom leur esprit se développa; j'appris en un moment le détail de leur ménage et de tout ce qui y appartient; il s'éleva même une dispute fort spirituelle et intéressante pour eux. Les uns soutenoient que le bétail du bas pays étoit plus beau et rapportoit plus que celui des montagnes, quelques beaux-esprits de leur troupe prétendoient le contraire. Je ne dis mot à tout cela et j'allois m'endormir d'ennui, quand on vint m'avertir de la part de Mr. Voit, qu'il falloit commencer à boire dans un grand verre à la santé du Margrave. On m'en apporta un de si copieuse taille, que j'aurois pu y fourrer ma tête, avec cela il étoit si pesant, que peu s'en fallut que je ne le laissasse tomber. Le Maréchal de la cour répliqua à mon début buvant à ma santé; celle du roi, de la reine, et enfin de tous mes frères et soeurs suivit. Je fus éreintée à force de révérences, et dans un instant je me trouvai en compagnie de 34 ivrogues, ivres à n'en pouvoir plus. Fatiguée comme un chien et rassasiée à rendre les tripes et les boyaux de tous ces désastreux visages, je me levai enfin et me retirai fort peu édifiée de ce premier début. Pour comble de chagrin on m'annonça, qu'il falloit encore m'arrêter à Hoff le lendemain, n'étant pas séant de voyager le dimanche. On me régala d'un sermon très-convenable à la compagnie de la veille. Le ministre nous fit un détail historique, critique et scandaleux de tous les mariages qui s'étoient faits depuis la création, à commencer par celui d'Adam et d'Eve jusqu'au temps de Noë; il se piqua de bien circonstancier les faits, ce qui causa des éclats de rire des hommes et nous fit rougir de honte. Le repas fut semblable au précédent. J'eus une nouvelle fête l'après-midi; ce fut de recevoir la cour femelle, que je n'avois point encore vue; c'étoient les chastes épouses des Mrs. de la noblesse. Elles ne le cédoient en rien à leurs chers époux.

Qu'on se figure des monstres coiffés en marrons ou plutôt en nids d'hirondelles, leurs cheveux étant postiches et remplis de crasse et de vilenies? Leur habillement étoit aussi antique que ceux de leurs maris; cinquante noeuds de rubans de toutes couleurs en relevoient le lustre; des révérences gauches et souvent réitérées accompagnoient tout cela. Je n'ai rien vu de plus comique. Il y avoit quelques-unes de ces guenons qui avoient été à la cour, celles-ci jouoient les rôles des petits-maîtres à Paris, elles se donnoient des airs et des grâces, que les autres s'efforçoient d'imiter. Ajoutez à cela la façon dont elles nous examinoient, rien ne peut s'imaginer de plus ridicule et de plus risible.

Je partis enfin le jour suivant pour aller à Gefress, où le Margrave m'attendoit. Il me reçut dans un méchant cabaret; pour me consoler de ce mauvais gîte, il m'assura que l'Empereur Joseph y avoit passé une nuit. Il me fit beaucoup de politesses, et nous accabla d'amitiés le prince et moi. Après souper il me mena dans ma chambre de lit, où il m'entretint deux heures debout. La conversation ne roula que sur Télemaque et sur l'histoire romaine par Amelot de Houssayes; les deux uniques livres qu'il eût lus, aussi les savoit-il par coeur comme les prêtres leur bréviaire. Le bon prince ne possédoit pas l'éloquence; ses raisonnemens étoient comparables aux vieux sermons qu'on fait lire pour s'endormir. Ma grossesse commençoit à m'incommoder beaucoup. Je me trouvai mal et serois tombée tout de mon long, si le prince ne m'eût soutenue. J'eus une terrible foiblesse, dont je ne revins que quelques heures après. Quoiqu'encore fort indisposée, je partis le lendemain pour Bareith, qui n'en étoit éloignée que de trois milles.

J'y arrivai enfin le 22. de Janvier à six heures du soir. On sera peut-être curieux de savoir mon entrée; la voici. A une portée de fusil de la ville je fus haranguée de la part du Margrave par Mr. de Dobenek, grand-balli de Bareith. C'étoit une grande figure tout d'une venue, affectant de parler un allemand épuré et possédant l'art déclamatoire des comédiens germaniques, d'ailleurs très-bon et honnête homme. Nous entrâmes peu après en ville au bruit d'une triple décharge du canon. Le carosse où étoient les Mrs. commença la marche; puis suivoit le mien, attelé de six haridelles de poste; ensuite mes dames; après les gens de la chambre et enfin six ou sept chariots de bagages fermoient la marche. Je fus un peu piquée de cette réception, mais je n'en fis rien remarquer. Le Margrave et les deux princesses ses filles me reçurent au bas de l'escalier avec la cour; il me conduisit d'abord à mon appartement. Il étoit si beau, qu'il mérite bien que je m'y arrête un moment. J'y fus introduite par un long corridor, tapissé de toile d'araignées et si crasseux, que cela faisoit mal au coeur. J'entrai dans une grande chambre, dont le plafond, quoique antique, faisoit le plus grand ornement; la hautelice qui y étoit, avoit été, à ce que je crois, fort belle de son temps, pour lors elle étoit si vieille et si ternie, qu'on ne pouvoit deviner ce qu'elle représentoit qu'avec l'aide d'un miscroscope; les figures en étoient en grand et les visages si troués et passés, qu'il sembloit que ce fussent des spectres. Le cabinet prochain étoit meublé d'une brocatelle couleur de crasse; à côté de celui-ci on en trouvoit un second, dont l'ameublement de damas vert piqué faisoit un effet admirable; je dis piqué, car il étoit en lambeaux, la toile paroissant par-tout. J'entrai dans ma chambre de lit, dont tout l'assortiment étoit de damas vert avec des aigles d'or éraillés. Mon lit étoit si beau et si neuf, qu'en quinze jours de temps il n'avoit plus de rideaux, car dès qu'on y touchoit ils se déchiroient. Cette magnificence à laquelle je n'étois pas accoutumée, me surprit extrêmement. Le Margrave me fit donner un fauteuil; nous nous assîmes tous pour faire la belle conversation, où Télemaque et Amelot ne furent point oubliés. On me présenta ensuite les Mrs. de la cour et les étrangers; en voici le portrait, à commencer par le Margrave.

Ce prince, alors âgé de 43 ans, étoit plus beau que laid; sa physionomie fausse ne prévenoit point, on peut la compter au nombre de celles qui ne promettent rien; sa maigreur étoit extrême et ses jambes cagneuses; il n'avoit ni air ni grâce, quoiqu'il s'efforçât de s'en donner: son corps cacochyme contenoit un génie fort borné, il connoissoit si peu son foible, qu'il s'imaginoit avoir beaucoup d'esprit; il étoit très-poli, sans posséder cette aisance de manières qui doit assaisonner la politesse; infatué d'amour propre, il ne parloit que de sa justice et de son grand art de regner; il vouloit passer pour avoir de la fermeté et s'en piquoit même, mais en sa place il avoit beaucoup de timidité et de foiblesse; il étoit faux, jaloux et soupçonneux; ce dernier défaut étoit en quelque façon pardonnable, ce prince ne l'ayant contracté qu'à force d'avoir été dupé par des gens auxquels il avoit donné sa confiance; il n'avoit aucune application pour les affaires, la lecture de Télemaque et d'Amelot lui avoit gâté l'esprit, il en tiroit des maximes de morale, qui convenoient à son caractère et à ses passions; sa conduite étoit un mélange de haut et de bas, tantôt il faisoit l'Empereur et introduisoit des étiquettes ridicules, qui ne lui convenoient pas, et d'un autre côté il s'abaissoit jusqu'à oublier sa dignité; il n'étoit ni avare ni généreux, et ne donnoit jamais sans qu'on l'en fît souvenir; son plus grand défaut étoit d'aimer le vin, il buvoit depuis le matin jusqu'au soir, ce qui contribuoit beaucoup à lui affoiblir l'esprit. Je crois que dans le fond il n'avoit pas le coeur mauvais. Sa popularité lui avoit attiré l'amour de ses sujets; malgré son peu de génie il étoit doué de beaucoup de pénétration et connoissoit à fond ceux qui composoient son ministère et sa cour. Ce prince se piquoit d'être physionomiste, et de pouvoir par cet art approfondir le caractère de ceux qui étoient autour de lui. Plusieurs coquins, dont il se servoit comme d'espions, lui faisoient faire des injustices par leurs faux rapports; j'en ai souvent éprouvé les calomnies.

La princesse Charlotte, sa fille aînée, pouvoit passer pour une vraie beauté, mais ce n'étoit qu'une belle statue, étant tout-à-fait simple et ayant quelquefois l'esprit dérangé.

La seconde, nommée Wilhelmine, étoit grande et bienfaite, mais point jolie; elle en étoit récompensée du côté de l'esprit; elle étoit la favorite de son père, qu'elle avoit gouverné totalement jusqu'à mon arrivée; son humeur étoit fort intrigante; à ce défaut elle joignoit ceux d'une hauteur insupportable, d'une fausseté infinie et de beaucoup de coquetterie. Elle s'en est entièrement corrigée depuis son mariage, et je puis dire qu'elle possède présentement autant de bonnes qualités qu'elle en avoit alors de mauvaises.

Mdme. de Gravenreuther, leur gouvernante, étoit une bonne campagnarde, qui ne leur servoit que de compagnie.

Mr. le Baron Stein, premier ministre est d'une très-grande et illustre maison; il a des manières et du monde; c'est un fort honnête homme, mais qui ne pêche pas du côté de l'esprit; il est du nombre de ces gens qui disent oui à tout, et qui ne pensent pas plus loin que leur nez.

Mr. de Voit, mon grand maître, aussi d'illustre maison que ce dernier, étoit second ministre. C'est un homme de mise qui a beaucoup voyagé, et a été dans le grand monde; il est assez agréable dans la société et avec cela homme de bien; sa hauteur et son ton décisif le rendoient odieux; son désir de dominer lui faisoit commettre des fautes grossières; son peu de fermeté et ses peurs paniques lui avoient fait donner le surnom de père des difficultés. En effet il prenoit ombrage de tout, et s'inquiétoit perpétuellement sans rime ni raison.

Mr. de Fischer, aussi ministre, de roturier qu'il étoit, s'étoit poussé peu à peu jusqu'à ce qu'il fût parvenu à cet emploi. Il avoit le mérite des gens de sa sorte, qui s'élèvent ordinairement dans la bonne fortune, et oublient la bassesse de leur extraction; il tranchoit du grand seigneur; son caractère brouillon, intrigant et ambitieux ne valoit rien; il possédoit alors la confiance du Margrave; fâché de n'avoir eu aucune part à mon mariage et que Mr. de Voit, dont il étoit l'ennemi juré, y eût travaillé, il fit retomber sur le prince et sur moi toute sa rage et nous a causé de cruels chagrins.

Mr. de Corff, grand-écuyer, pouvoit passer avec raison pour le plus grand lourdaud de son siècle; il n'avoit pas le sens commun et s'imaginoit avoir beaucoup d'esprit, c'étoit ce qu'on appelle ordinairement une méchante bête, car il étoit intrigant et rapporteur.

Le grand-veneur de Gleichen est un bon et honnête homme, qui ne se mêle que de son métier; sa physionomie ostrogothique porte l'empreinte de son sort; les cornes d'Actéon convenoient à son métier; il les porte avec patience, ayant consenti à se séparer de sa femme, qui les lui avoit plantées, pour lui faire épouser son amant. J'ai vu très-souvent cette dame en compagnie de ses deux maris; celui-ci vit encore, le second, qui étoit Mr. de Berghover, est mort.

Le colonel de Reitzenstein est un très-méchant homme, rempli de vices sans mélange de vertus; il n'est plus en service.

Mr. de Wittinghoff étoit la copie de celui-ci. Je passe le reste sous silence, n'ayant fait mention de ceux-ci que parcequ'ils sont relatifs à ces mémoires.

Je fus très-mal édifiée de cette cour, et encore plus de la mauvaise chère que nous fîmes ce soir-là; c'étoient des ragoûts à la diable, assaisonnés de vin aigre, de gros raisins et d'ognons. Je me trouvai mal à la fin du repas et fus obligée de me retirer. On n'avoit pas eu les moindres attentions pour moi, mes appartemens n'avoient pas été chauffés, les fenêtres y étoient en pièces, ce qui causoit un froid insoutenable. Je fus malade à mourir toute la nuit, qui je passai en souffrances et à faire de tristes réflexions sur ma situation. Je me trouvai dans un nouveau monde avec des gens plus semblables à des villageois qu'à des courtisans; la pauvreté regnoit par-tout; j'avois beau chercher ces richesses qu'on m'avoit tant vantées, je n'en voyois pas la moindre apparence. Le prince s'efforçoit de me consoler; je l'aimois passionnément;

la conformité d'humeur et de caractère lie les coeurs; elle se trouvoit en nous, et c'étoit l'unique soulagement que je trouvasse à mes peines.

Je tins appartement le lendemain. Je trouvai les dames aussi désagréables que les hommes. La Baronne de Stein ne voulut point céder le pas à ma gouvernante. Je priai le Margrave d'y mettre ordre; il me le promit, mais n'en fit rien.

Le jour suivant il y eut table de cérémonie. Il y en avoit beaucoup dans ce temps-là; je décrirai celle-ci. Le bruit des tymbales et des trompettes se fit entendre à trois reprises différentes; savoir à onze heures, à onze et demie et enfin à midi. Le prince, suivi de toute la cour, se rendit à ce dernier signal chez son père, qu'il conduisit chez moi. Tout le monde étoit en habit de gala fort propre. Mr. de Reitzenstein nous avertit qu'on avoit servi; il passa devant avec son bâton de Maréchal. Le Margrave me donna la main et me mena dans une grande salle, meublée de la même brocatelle couleur de crasse, qui étoit dans mon cabinet. La table de 20 couverts étoit placée sur une estrade sous le dais; la garde l'environnoit. Je fus placée au haut bout. Il n'y eut que Mr. de Burstel et les ministres qui y fussent invités; le reste de la cour resta derrière nous, jusqu'à ce que le premier service fût levé. Il n'y eut que ma gouvernante qui dînât avec nous. On but plus de trente santés au bruit des tymbales, des trompettes et du canon. Cette insupportable cérémonie dura trois heures, qui me parurent des siècles, étant malade à n'en pouvoir plus. J'avois des foiblesses continuelles et ne pouvois manger ni boire quoi que ce fût. Le Margrave me régala encore de plusieurs fêtes, dont je ne pus jouir à cause de mes incommodités; je ne fus même plus en état d'aller à table. Ma gouvernante me tenoit compagnie et mangeoit à la dérobée, pour m'épargner la peine que me causoit le manger. En revanche j'étois obsédée toute l'après-midi par le Margrave, qui m'incommodoit et me gênoit cruellement. On lui représenta enfin, que je dépérissois si fort, qu'il seroit à craindre que je ne fisse une fausse-couche, puisqu'il m'empêchoit par ses visites de prendre mes commodités. J'étois très-satisfaite de lui et m'attendois à mener une vie paisible. Je comptois sans mon hôte. Ma carrière d'adversités n'étoit point encore à son terme.

La princesse Wilhelmine et Mr. de Fischer au désespoir de l'ascendant que je gagnois sur l'esprit du Margrave, troublèrent notre belle union. Je fus assez sotte pour donner lieu à la première brouillerie. Je ne ménage point mon amour propre et j'avoue sincèrement mes fautes. Mr. de Voit avoit obtenu son poste de grand-maître auprès de moi par l'intercession du roi. Le Margrave jaloux et soupçonneux, fâché de voir qu'il s'attachoit au prince et à moi, avoit conçu une violente aversion contre lui, laquelle toutefois il avoit si bien dissimulée, que personne que Mr. Fischer ne s'en étoit aperçu.

Celui-ci, ennemi juré de Voit son émule dans la faveur de ce prince, saisit cette occasion pour l'animer encore plus contre lui. Il lui fit concevoir, que Mr. de Voit, étant de la noblesse immédiate, ne manqueroit pas de prévenir le prince héréditaire en faveur de ceux qui en étoient; que cela pouvoit tirer à de fâcheuses conséquences; que la noblesse du Vogtland, étant fort mécontente, pouvoit former un parti, pour le forcer à se démettre de la régence en faveur de son fils; que selon toutes les apparences le roi soutiendroit hautement ce dernier; que les intérêts de ce prince étoient si étroitement liés avec ceux de l'Empereur, qu'on ne pouvoit douter que ce dernier n'agît de concert avec le roi, pour reduire le Margrave à prendre le parti du roi Victor Amédée de Sardaigne en abdiquant. Ce pompeux galimatias de Mr. Fischer porta coup. Le Margrave n'examina point le peu de solidité qu'il y avoit dans son raisonnement. Il ne dépend point de l'Empereur de forcer un prince souverain à se démettre de la régence, ni même de le mettre au ban de l'empire sans l'aveu de tout le corps germanique. C'étoit aussi le même Mr. Fischer qui avoit ordonné mon entrée à Bareith, et qui avoit conseillé à ce prince de commencer par nous mortifier et à nous tenir bas. Les attentions infinies que j'avois pour lui, le tenoient encore en balance; d'ailleurs il n'avoit jamais trouvé Mr. de Voit ni chez le prince ni chez moi, lorsqu'il y étoit venu à l'improviste, et peut-être ses soupçons se seroient-ils évanouis, si la conjoncture, que je vais rapporter, n'eût réveillé ses alarmes.

Mr. de Voit vint me prier un jour de représenter au Margrave, que malgré toutes les peines qu'il s'étoit données, de faire réussir mon mariage, il n'en avoit pas reçu la moindre récompense; que même le prince ne lui avoit pas donné un sol de traitement de plus pour l'emploi qu'il exerçoit auprès de moi, quoique cette charge l'engageât à des dépenses inévitables, auxquelles il n'étoit pas en état de suffire; qu'il me supplioit donc de faire ensorte que le Margrave lui conférât le grand-bailliage de Hoff, qu'il lui avoit déjà promis plusieurs fois. Je trouvai sa demande si juste, que je ne fis aucune difficulté de lui accorder mon intercession. Je voulus prendre mon temps.

Le Margrave m'avoit témoigné plusieurs fois, qu'il avoit envie de voir la vaisselle d'argent que le roi m'avoit donnée. Je lui dis en badinant, que je voulois le traiter, pour la lui montrer dans son lustre. Le prince à quelques jours de là l'invita de ma part. Il y eut bal avant le souper. Le Margrave paroissoit de fort bonne humeur; la mauvaise y succéda en nous mettant à table. On me dit après, qu'il avoit changé de couleur en jetant les yeux sur ma vaisselle, qui étoit très-belle et beaucoup plus magnifique que la sienne. Il sut si bien se contraindre, qu'il se remit d'abord. Il me disoit mille choses obligeantes, en m'assurant que je lui étois plus chère que tous ses propres enfans. Je pris de là occasion de lui présenter la lettre de Mr. Voit, en le priant de m'accorder la première grâce que je lui demandois. Il prit la lettre avec emportement. Je vous supplie, Madame, me dit-il, d'épargner à l'avenir vos sollicitations; lorsque je veux faire des faveurs aux gens, j'y pense de moi-même et n'ai besoin de personne pour m'en faire souvenir. Ma surprise m'empêcha de répondre. Il se leva un moment après. J'étois outrée contre lui; j'avoue mon foible. J'avois été élevée dans des idées de grandeurs, destinée successivement à occuper les premiers trônes de l'Europe; j'étois imbue des sentimens qu'on m'avoit insinués à Berlin, où on ne parle du roi que comme du premier et du plus puissant monarque de ce vaste hémisphère; on y traite les princes de l'empire et même les électeurs comme ses vassaux, qu'il peut exterminer quand il le juge à propos. Je croyois par ces faux préjugés le Margrave fort honoré de m'avoir pour belle-fille, et ne pouvois digérer le peu d'égard qu'il me marquoit en cette occasion; un refus obligeant ne m'auroit point choquée, son air furibond, son geste et enfin la manière sèche dont il m'avoit répondu, me piquoient vivement. J'en fis des plaintes amères à Burstel. Celui-ci, n'ayant jamais été employé dans les affaires d'état, avoit les mêmes préventions que moi; il étoit vif et bouillant; au lieu de m'appaiser il acheva de m'aigrir. Ma gouvernante, qui étoit présente, me voyant fort émue, appréhenda pour ma santé. Les invectives de

Burstel l'avoient animée; pleine d'un faux zèle elle s'approcha du Margrave, auquel elle reprocha avec beaucoup de douceur son peu de considération. Ce prince lui donna une réplique brusque; elle y répondit, et en un mot ils se disputèrent d'importance, ce qui mit fin au bal.

Dès que nous fûmes retirés, le prince, qui étoit déjà informé de toute cette scène, m'âmmena Burstel et Voit. Il étoit jeune et bouillant; c'étoit un bruit du diable. Nous parlions tous à la fois; Mdme. de Sonsfeld pleuroit sans dire mot; enfin tout ce tracas finit sans pouvoir convenir de rien.

Le jour suivant le Maréchal de Reitzenstein fut chargé de laver la tête à Mr. de Voit. Il lui remit une mercuriale par écrit de la part du Margrave, sur ce qu'il s'étoit adressé à moi pour obtenir des grâces. Ce prince lui fit même l'avanie de lui faire redemander son ordre, sous prétexte, qu'ayant celui de St. Jean, il ne pouvoit les porter tous deux à la fois. Ce Maréchal étoit très-honnête homme et bien intentionné. Il pria Mr. de Voit de m'avertir, que ce prince étoit dans une terrible colère contre moi et surtout contre Mdme. de Sonsfeld; qu'il avoit dessein d'écrire au roi, pour se plaindre de sa conduite et le prier de la rappeler à Berlin. Voit me conta toutes ces choses en présence de Burstel. Celui-ci voulut envoyer sur-le-champ une estafette au roi, pour l'informer de tout ce tripotage. J'étois de son avis, quoiqu'il fût très-mauvais. Par bonheur ma gouvernante eut plus de sang froid; elle lui conseilla, de faire le méchant en présence de ceux qu'il connoissoit pour espions du Margrave, et de leur faire accroire, qu'il auroit dépêché cet exprès à Berlin, si je ne l'en avois empêché. Cet expédient réussit; les discours simulés de Burstel lui furent rapportés. Il en eut peur; ma feinte générosité le charma si fort, qu'il m'écrivit le lendemain une lettre fort civile. J'y répondis de même, et le raccommodement se fit du moins en apparence; car dans le fond il ne m'aimoit point, ce dernier trait ayant réveillé tous ses soupçons.

Peu de temps après je reçus des lettres de mon frère, remplies de jérémiades. „Jusqu'ici, me mandoit-il, mon sort a été assez doux. J'ai vécu tranquillement dans ma garnison; ma flûte, mes livres et quelques gens affectionnés m'y ont fait passer une vie fort paisible. On veut me forcer de l'abandonner, pour me marier avec la princesse de Bevern, que je ne connois point; on m'a extorqué un oui qui m'a causé bien de la peine. Faudra-t-il toujours être tyrannisé, sans espoir de changement? Encore si ma chère soeur étoit ici, j'endurerois tout avec patience.“

Je fus fort touché de l'affliction de mon frère. Je l'aimois passionnément; cette marque de retour et de confiance me fit un sensible plaisir. La reine me notifia quelques postes après les promesses du prince royal. Voici ce qu'elle me mandoit de ma future belle-soeur.

„La princesse est belle, mais sotte comme un panier, elle n'a pas la moindre éducation. Je ne sais comment mon fils s'accommodera de cette guenuche."

Cette nouvelle outre le chagrin qu'elle me causa, par l'intérêt que je prenois au destin de mon frère, m'en attira d'autres. La princesse Wilhelmine s'étoit flatté jusqu'alors de l'épouser; dans l'idée que je pouvois y contribuer, elle m'avoit fait toutes les avances imaginables. J'avois pris ses caresses pour argent comptant, ne m'étant point doutée de son dessein. J'aurois fort souhaité qu'une de mes belles-soeurs eût pu convenir à mon frère. On voit bien par le portrait que j'en ai tracé, qu'elles n'étoient point son fait. Quoiqu'il en soit, elle fut fort piquée contre moi, s'imaginant que je lui avois été contraire, et que je n'avois pas fait un rapport assez avantageux d'elle à la reine. Sa jalousie, jointe à son dépit, la porta à se venger. Elle en trouva l'occasion peu après, comme je vais le dire.

Je reçus encore en ce temps-là une lettre de mon frère. Il me mandoit, qu'ayant beaucoup de choses à me dire, qu'il n'osoit confier à la plume, il avoit persuadé le prince Alexandre, apanagé de Wirtemberg, de passer par Bareith, pour m'informer de tout ce qui se passoit. Je fis avertir le Margrave de cette visite. Ce prince n'aimoit ni le monde ni les étrangers, parcequ'il ne savoit que leur dire et que cela l'embarrassoit. Il contrefit le malade, pour ne pas recevoir le duc, et me fit prier de faire les honneurs dans son absence. Le duc arriva fort tard. Après les premiers complimens il s'acquitta des commissions de mon frère, en me disant, qu'il étoit au désespoir de se marier; que la princesse étoit si mal élevée, qu'elle ne répondoit que oui ou non à tout ce qu'on lui disoit; que bien des gens croyoient qu'elle étoit muette par politique, un défaut, qu'elle avoit à la langue, l'empêchant de s'exprimer intelligiblement. Il m'assura, que Sekendorff et Grumkow étoient toujours les tout-puissans auprès du roi, et que la reine, malgré la contrainte qu'elle se faisoit devant le monde, étoit plongée dans un cruel chagrin. Notre conversation fut un peu longue; elle étoit trop intéressante pour la finir sitôt. On lui présenta ensuite les deux princesses; il les salua sans leur rien dire. Je passai mon temps si agréablement avec lui, que je le conjurai de rester encore le lendemain. La princesse Wilhelmine fit la diablesse de ce que je ne l'avois pas présentée d'abord au duc, et que je m'étois entretenue si long-temps avec lui. Elle commença par ma gouvernante, qu'elle traita de Turc à More, pour finir avec moi. Mdme. de Sonsfeld, qui n'étoit pas endurante, et qui avec justice ne croyoit pas qu'elle fût en droit de la maltraiter, lui dit vertement son fait. Je conservai quelque temps mon sang-froid, qu'elle me fit perdre à la fin, je lui répondis quelques piquanteries et la laissai là.

Dès que le duc fut parti, elle dépêcha une Italienne, qui étoit sa femme de chambre, au Margrave, pour le prier de lui accorder audience. Cette créature étoit méchante comme un diable; la chronique scandaleuse disoit, qu'elle étoit maîtresse de ce prince; je crois pourtant qu'on lui faisoit tort. Elle eut un long tête-à-tête avec lui, pour préparer son esprit à ce que la princesse avoit à lui dire. Il dîna ce jour seul avec sa fille. Je fus fort surprise de lui trouver l'après-midi les yeux gros et rouges. Je lui demandai, si elle avoit du chagrin, ayant l'air d'avoir pleuré? Elle me répondit d'un ton ironique, qu'elle étoit enrhumée, et qu'elle seroit bien folle de s'affliger, son père lui témoignant toutes les bontés et amitiés qu'elle pouvoit désirer. J'avois trop d'expérience pour être dupée. Je m'aperçus d'abord qu'il y avoit quelque intrigue en campagne contre moi; plusieurs bien intentionnés me confirmèrent dans cette pensée, en m'avertissant qu'elle disoit pis que pendre de moi à tout le monde. Elle avoit effectivement si bien aigri le Margrave, que depuis ce temps-là il m'a joué bien des mauvais tours. Elle se plaignoit surtout que je la traitois comme une servante, ce qui étoit entièrement faux. Non contente de semer la discorde entre son père et moi, elle voulut aussi me brouiller avec le prince. Elle l'obsédoit continuellement, couroit à la chasse et se promenoit tout le jour avec lui, de façon que je ne le voyois presque plus.

Comme il faisoit mauvais temps et que j'étois fort incommodée, je ne pouvois sortir. Je faisois semblant de dormir l'après-midi, pour me défaire de mes dames et pleurer à mon aise. L'amitié du prince pouvoit seule soulager mes peines, je me voyois à la veille de la perdre par les machinations de ma belle-soeur. J'étois si pauvre, que je n'avois pas de quoi me faire un habit; j'avois dépensé d'avance deux quartiers qu'on m'avoit donnés à Berlin, en présens indispensables, que j'avois été obligée d'y faire. Le roi ni la reine n'avoient voulu me donner un sol; personne ne vouloit me prêter, ce qui me mettoit dans une grande nécessité. J'étois comme la brebis parmi les loups, dans une cour, ou plutôt dans un village, parmi des brutaux méchans et dangereux, sans la moindre récréation. Malade et le coeur rempli de chagrin, Mdme. de Sonsfeld tâchoit de me consoler, mais dans le fond elle étoit aussi triste que moi. Je tenois cependant bonne contenance et m'efforcois de regagner le Margrave Je fais trêve àmes la mentations, pour rapporter encore une scène comique.

La St. George approchoit. Le Margrave Christian Ernst avoit institué l'ordre de l'aigle rouge ce jour-là; depuis ce temps on le célébroit toujours avec pompe et cérémonie. Le Margrave créoit des chevaliers, auxquels il ne le donnoit qu'à moins qu'ils ne fussent de très-grande maison. Cet ordre étoit si distingué, que plusieurs princes le portoient. Quoique fort foible et accablée, je suivis la cour au Brandebourger, maison de plaisance, toute proche de la ville. Je n'ai jamais rien vu de plus beau pour la situation; le bâtiment est rempli de défauts et assez incommode; le jardin sans être grand est joli; il est borné par un lac, au milieu duquel il y a une île, où on a pratiqué un port; on y voit une petite flotte, composée de yachts et de galères, ce qui fait un coup-d'oeil charmant. On fit une triple décharge du port et des vaisseaux, après quoi les fanfares des trompettes et le bruit des tymbales se fit entendre à trois reprises différentes. A la dernière nous nous rendîmes en procession, le prince avec les Mrs. et moi avec les dames, chez le Margrave. Il étoit debout, fort richement vêtu, à côté d'une table, sur laquelle il s'appuyoit d'une main, pour imiter l'étiquette de Vienne. Il tâchoit même de contrefaire l'Empereur, et affectoit un air grave et soi-disant majestueux, pour inspirer du respect. Il n'y réussit pas avec moi; je trouvai cela si ridicule, que j'eus bien de la peine à conserver mon sérieux. Le prince et moi fûmes les premiers admis à l'audience; ensuite les princesses, après quoi tout le monde entra pêle-mêle. Lorsqu'il fut assez rassasié de complimens, il conféra l'ordre à deux Mrs., auxquels il fit une harangue assez mauvaise et assez mal prononcée. On fit encore une décharge de canons, après quoi on se mit à table. Je n'y pus rester qu'un moment, ne pouvant supporter l'odeur du manger. Toutes les santés furent saluées de trois coups de canons. On y but copieusement; tout étoit ivre-mort, hors le prince. Quoique nous fussions au mois d'Avril, il faisoit un froid insoutenable. Un heureux accident nous fit retourner en ville et nous épargna deux ennuyantes fêtes, telles que celle que je viens de décrire, qui devoient encore se donner. Le feu prit la nuit dans les chambres des dames, qui étoient au dessus de moi; mon appartement en fut si endommagé, que je ne pus y demeurer. Je fus charmée de me retrouver à Bareith, le froid m'ayant fait beaucoup de mal.

Je me trouvai quelque temps après à demi-terme. Mdme. de Sonsfeld le fit savoir au Margrave par Mr. de Reitzenstein. Celui-ci lui demanda ses ordres, pour faire prier Dieu pour moi dans les églises, comme cela se pratique par-tout. Ce prince fit un grand éclat de rire, et lui répondit, que c'étoit une feinte de ma gouvernante, puisqu'il savoit positivement que je n'étois pas enceinte. Comme j'étois fort menue et que ma grossesse ne paroissoit guère, la princesse Wilhelmine lui avoit fait accroire qu'il n'en étoit rien. On eut toutes les peines du monde à le lui persuader. Mr. de Burstel fut obligé de lui en parler, pour obtenir que je fusse insérée dans la prière. Il est impossible de décrire quelle joie cette nouvelle causa dans le pays. L'extrême satisfaction qu'on en ressentit piqua le Margrave jusqu'au fond du coeur; malgré toute sa dissimulation on remarquoit combien il en étoit fâché. Sa mauvaise humeur augmenta par les insinuations de sa fille et de Mr. Fischer, qui lui soufflèrent aux oreilles, que son fils étoit plus aimé que lui et que tout le monde se tourneroit du côté du soleil levant. Ce prince quitta même sa contrainte et dit hautement, qu'il souhaitoit que j'accouchasse d'une fille, puisque si j'avois un fils, il seroit forcé, selon mon contrat de mariage, de me donner une augmentation de revenus. Rempli de rage il tira un soir le prince à part dans mon premier cabinet; après l'avoir long-temps querellé sur ses prétendues liaisons avec la noblesse immédiate, il exigea un aveu sincère de ses intrigues. Le prince eut beau jurer de son innocence et lui représenter, que cette fiction n'étoit inventée que par de méchantes gens, qui ne cherchoient qu'à les brouiller, il ne put le détromper et ne fit que l'animer davantage. Plein d'emportement il saisit son fils au collet et levoit déjà sa canne pour le frapper, si je n'étois apparue. Le prince s'étoit emparé de la canne et tâchoit de se défaire de lui, pour s'enfuir. Qu'on juge de ma frayeur! Ma présence lui fit lâcher prise et le décontenança; il me donna le bon soir et se retira.

Le prince ne se possédoit pas. J'eus une peine extrême à le tranquilliser; comme il a le coeur très-bon, je l'appaisai à force de remontrances et le fis consentir à faire des soumissions à son père. Le raccommodement se fit le jour suivant. Je pris de là occasion d'avoir un éclaircissement avec le Margrave. Je lui parlai si fortement et le persuadai si bien de la fausseté de ses soupçons, qu'il me promit de m'avertir à l'avenir de tout le mal qu'on lui diroit du prince et de moi. Cette réconciliation fut un coup de foudre pour ma belle-soeur; elle appréhenda d'en être la victime, elle se trompoit; j'étois trop généreuse pour me venger.

Je me fis saigner quelque temps après, ce qui me causa une si grande révolution, que je fus trés-mal pendant quelques jours. Ma belle-soeur ne me quitta presque point, et eut toutes sortes d'attentions pour moi. Je prévis qu'elle avoit quelque dessein, sans pouvoir le deviner. Elle me le découvrit elle-même un jour qu'elle étoit seule avec moi. Je me flatte, Madame, me dit-elle, que vous avez quelques bontés pour moi, ce qui m'engage à vous parler avec confiance. Malgré l'amitié que mon père a pour moi, il néglige entièrement le soin de mon établissement; je cours risque de rester à reverdir, si on ne le porte à y penser. Je connois mon cousin, le prince héréditaire d'Ostfrise; nous nous sommes aimés depuis notre tendre jeunesse et notre inclination s'est accrue avec l'âge. Sa mère, qui est ma tante, souhaite passionnément notre mariage; elle a prié plusieurs fois mon père de m'envoyer en Ostfrise, l'assurant qu'elle me traiteroit comme sa propre fille et me feroit épouser son fils, s'il m'agréoit encore. Je supplie donc, au nom de Dieu! votre Altesse royale, de persuader mon père de consentir à mes désirs, en me permettant d'aller à Aurich, où je brûle déjà d'être.

Je me trouvai embarrassée, ne sachant que lui répondre, et craignant que cette confidence ne fût un artifice pour approfondir mes pensées. Je suis au désespoir, lui repartis-je, de ne pouvoir vous être utile dans le service que vous exigez de moi; j'ai fait voeu de ne jamais me mêler de mariage et ne puis consentir à engager le Margrave de vous éloigner. D'ailleurs, ma chère soeur, la démarche que vous méditez est fort délicate, et mérite que vous la pesiez mûrement, avant d'en parler au prince; vous ne pouvez partir d'ici sans avoir une promesse de mariage dans les formes. Il y a long-temps que vous n'avez vu le prince d'Ostfrise, êtes-vous sûre que vous le retrouverez tel qu'il vous a quittée, et que vos inclinations mutuelles ne seront point changées? Vous seriez fort malheureuse en ce cas, car après avoir fait le premier pas, vous seriez forcée de l'épouser ou de couvrir votre maison d'opprobre. Ne vous précipitez donc pas, et ne faites rien sans avoir bien délibéré sur le pour et le contre. Elle se prit à pleurer chaudement, disant que j'avois une haine invétérée contre elle, ne voulant pas seulement lui prêter mon secours pour la rendre heureuse; qu'elle n'avoit pas le courage de parler elle-même à son père sur ce sujet; qu'elle me conjuroit de ne la point abandonner et de lui parler de sa part. Je cédai enfin à ses instances et m'acquittai de ma commission.

Le Margrave fut fort surpris en apprenant les intentions de sa fille. Il la fit venir sur-le-champ, ne pouvant croire que ce fût tout de bon. Elle tomba d'accord de tout ce que j'avois avancé et le supplia trés-fortement de consentir à ses désirs. Ce prince lui fit les mêmes objections que moi, mais elle le pressa tant et tant, qu'il lui accorda son aveu. Je n'avois point été présente à cette conversation. Le Margrave écrivit le même jour à la princesse sa soeur, et lui manda qu'il lui enverroit sa fille, si elle lui donnoit des sûretés suffisantes pour son mariage. Je laisse là cette matière jusqu'à la réponse, qui n'arriva que quelque temps après.

L'Empereur et l'Impératrice se rendirent environ en celui-ci au Carlsbad, pour s'y servir des bains et des eaux minérales. Ce prince n'avoit que trois princesses, l'Archiduc étant mort en 17..... On se flattoit que ces bains, trés-renommés pour la fécondité, procureroient un Archiduc à l'Impératrice et accompliroient par là les voeux de toute l'Allemagne. Plusieurs mauvais politiques, dont notre cour fourmilloit, conseillèrent au Margrave d'y aller rendre ses devoirs à l'Empereur. Le prince le pria de souffrir qu'il pût l'y accompagner, ce qui lui fut enfin accordé d'assez mauvaise grâce. Ils partirent ensemble avec une suite assez mesquine. Quoique Carlsbad ne fût qu'à 12 milles de Bareïth, le Margrave trouva moyen de ne les faire qu'en quatre jours; il s'arrêtoit à tous les quarts de mille pour manger et pour boire. Ce voyage ne lui procura pas la satisfaction qu'il s'étoit promise. L'Empereur et l'Impératrice distinguèrent beaucoup le prince héréditaire et ne s'entretinrent avec le Margrave que de moi, ce qui le piqua fort. Il maltraita pendant tout le temps le pauvre prince, qui fut toujours enfermé dans sa maison, sans oser aller en compagnie

A leur retour nous allâmes à l'hermitage, maison de plaisance, unique dans son genre. Je remets à en faire la description dans un autre lieu. La princesse d'Eutingen, épouse du comte de Hohenlow-Veikersheim, vint m'y trouver. Cette princesse, cousine de l'Impératrice du côté de sa mère étoit fort laide, mais fort sensée. Le Margrave qui la connoissoit depuis maintes années, l'aimoit et avoit beaucoup de confiance en elle. Il y avoit déjà long-temps que la princesse Charlotte tomboit dans une noire mélancolie. Son père, à l'instigation de la princesse Wilhelmine, ne pouvoit la souffrir et la maltraitoit; sa soeur en agissoit fort mal avec elle et se faisoit un plaisir de la turlupiner, étant jalouse de sa beauté. Malgré les soins que je m'étois donnés, pour la mettre bien avec son père, je n'avois pu y réussir. Elle ouvrit son coeur à celle de Veikersheim, qui proposa au Margrave de l'emmener avec elle, pour tâcher de dissiper son humeur noire. Elles partirent donc ensemble.

Les réponses d'Ostfrise arrivèrent dans ce temps-là. La princesse donna toutes les sûretés qu'on avoit exigées pour le mariage de sa nièce et de son fils. Le départ de celle-ci fut fixé en trois semaines. Quoique je n'eusse jamais parlé sur son sujet au prince, il fut néanmoins charmé d'en être quitte. La conduite irrégulière qu'elle menoit, jointe à ses intrigues et au mal qu'il lui avoit entendu dire ouvertement de moi, l'en avoit entièrement dégoûté. Le changement qu'elle remarqua en lui, fut en partie cause de la résolution qu'elle prit d'aller à Aurich, s'étant toujours flattée de gouverner son frère et de me tenir par-là sous sa dépendance; voyánt ses espérances déçues, elle préféra de se retirer et de faire un petit parti, au chagrin de rester oisive au sein de sa famille, où elle auroit trouvé avec le temps un meilleur établissement. Le Margrave nous laissa à l'hermitage et se rendit à Himmelcron, pour prendre congé d'elle. Elle profita de la douleur que cette séparation causoit à son père, pour nous rendre de mauvais services, à quoi elle réussit parfaitement. Elle ne fut regrettée que de lui et des brouillons de la cour. Je passois ce peu de jours fort tranquillement à l'hermitage. Le Margrave y dérangea nos petits plaisirs par son retour; je puis les appeler petits, car ils étoient bien médiocres.

Mr. de Burstel prit son audience de-congé et retourna à Berlin fort mal satisfait de ce prince. Malgré toutes les défenses que je lui avois faites, il informa le roi de notre triste situation. Ce prince, qui avoit naturellement le coeur bon, fut touché de son récit et du pitoyable état de ma santé. Voici ce qu'il m'écrivit de main propre sur ce sujet; je le copie mot pour mot.

„Je suis bien fâché, ma chère fille, qu'on vous chagrine tant. Quoique vous ne me l'écriviez point, je sais fort bien que c'est cela qui vous rend malade. Il faut que vous veniez ici auprès de votre père et de votre mère qui vous aiment; je vous ferai préparer un bon logement, pour que vous puissiez accoucher ici. Comptez que je vous témoignerai mon amitié et que j'aurai toute ma vie soin de vous."

J'en reçus encore plusieurs aussi pressantes que celle-ci. J'étois mourante; mes fréquentes foiblesses avoient fait place à des suffocations; je devenois toute noire, les yeux me sortoient de la tête et la respiration me manquoit si fort, que j'étois toujours sur le point d'étouffer, tout mon sang se portant à la poitrine. On avoit fait assembler les médecins de la ville, pour faire une consultation. Tout le monde opinoit à la saignée, mais ces Mrs. ne le voulurent pas. Jamais, disoient-ils, on n'a saigné une femme enceinte deux fois et surtout au pied. Ils ajoutoient que ces abus qui s'étoient introduits en France, étoient diamétralement opposés aux règles de leur art. Quoi que je puisse leur dire, ils ne voulurent point en avoir le démenti, de crainte de commettre un crime de lèse-faculté. Je crus, malgré toutes mes infirmités, être encore assez forte pour soutenir le voyage de Berlin. Je vivois dans un esclavage affreux. Je n'osois sortir ni faire la moindre chose sans permission; lorsque je parlois deux fois de suite à quelqu'un, je le rendois malheureux; quand le prince montoit à cheval, on disoit qu'il ruinoit les chevaux; lorsqu'il alloit à la chasse. on l'accusoit de détruire le gibier; s'il restoit en chambre, il y faisoit des intrigues; de quelque façon qu'il se conduisît, tout étoit crime et les querelles et mercuriales ne cessoient point. Nous résolûmes donc d'aller à Berlin, pour nous soustraire à cette tyrannie. Je priai le roi d'en écrire au Margrave; il le fit en termes très-obligeants. Le Margrave fut charmé de trouver ce prétexte de nous éloigner. Le prince ni moi n'étions point en état de payer le voyage, il fallut donc en parler à son père. Il n'eut garde de faire des difficultés et m'envoya le lendemain 1000 florins. La somme étoit si modique, qu'elle suffisoit à peine pour faire la moitié du chemin; je trouvai le reste dans la bourse de mes dames et de mes pauvres domestiques. Nous étions à la fin de Juin, je devois accoucher au mois d'Août.

Le public murmuroit beaucoup contre ce voyage et en attribuoit la cause aux mauvaises façons du Margrave. Ces plaintes lui furent rapportées; jaloux de sa renommée il voulut se disculper de ces accusations. Il choisit Mr. Dobenek, comme l'homme le plus éloquent de sa cour, pour me persuader de rester à Bareith. Sa rhétorique théâtrale ne me toucha point. Je lui répondis fort obligeamment sans lui rien accorder, m'excusant sur l'empressement que j'avois, de revoir ma famille, et sur la parole que j'avois donnée au roi, d'être en peu de jours à Berlin.

Je partis le lendemain et arrivai le soir à Himmelcron. Le Margrave nous y reçut fort amicalement. J'y trouvai Mr. de Bobenhausen, ministre de Cassel, que je ne connoissois point; ma maigreur et ma foiblesse le frappèrent; il conseilla le soir même à ce prince, sur lequel il avoit quelque ascendant, de ne pas souffrir que je passasse outre. Le premier médecin du Margrave d'Anspac qu'on avoit consulté sur mon état, se joignit à lui et dit hautement, que si je partois on devoit conduire mon cercueil après moi, quisque je n'endurerois pas deux postes sans courir risque de la vie. Il tint le même propos au prince héréditaire, qui ne voulut pas entendre parler de mon voyage non plus que son père. Je me vis donc obligée de céder aux bonnes raisons et aux instances qu'ils me firent. Pour comble d'infortune il fallut rester à Himmelcron. Cette maison de plaisance avoit été autrefois un couvent de religieuses. L'abbesse étant devenue protestante, on l'avoit sécularisé ainsi que ses nonnains; après leur mort il étoit retombé à la maison. La situation en est assez belle et le château fort logeable; pour toute promenade il n'y a qu'un mail, qui égale en beauté et en longueur celui d'Utrecht; le Margrave y avoit établi une fauconnerie, on pouvoit voir le vol aux fenêtres du château. Nous y menions un genre de vie fort triste. Ce prince s'ennivroit tous les jours avec sa cour; on ne voyoit que des ivrognes, privés du peu de bon sens qui leur restoit encore; nous étions environnés d'espions; tant que le jour duroit, deux méchantes trompettes, accompagnées de cors de chasse détestables, nous écorchoient les oreilles. Ce tintamarre m'empêchoit de lire, ce qui étoit mon unique récréation. J'avois pour lectrice la petite Marwitz, nièce de ma gouvernante. Cet enfant, qui n'avoit que quatorze ans, avoit été élevée par la comtesse de Fink; elle n'avoit ni éducation, ni sentimens, ni manières. Sa tante se donnoit beaucoup de peine pour la morigéner; la grande dissipation lui ôtoit tout le fruit qu'elle s'en promettoit. Cette fille possédoit un grand fond d'esprit et de mémoire; elle s'attachoit beaucoup à moi, ce qui me donna le désir de la former. Je raisonnois tous les jours avec elle sur notre lecture et tâchois de lui inspirer de sentimens et de lui apprendre à penser juste. J'aurai ample matière de parler d'elle dans la suite de ces mémoires, où elle a beaucoup de part.

Nous partîmes enfin de Himmelcron. Le Margrave avec le prince allèrent à Selb, petite ville sur les confins de Bohême. pour assister à une grande chasse, qu'on y avoit préparée pour eux, et je retournai à l'hermitage.

J'y arrivai fort malade, les insomnies s'étoient jointes à mes autres maux, je ne pouvois plus être couchée sans suffoquer. On fit appeler le médecin; celui-ci ignorantus ignorantium ignorantissime, me donna triple dose d'une médecine en elle même assez forte. Je faillis mourir lorsqu'elle commença à opérer; je tombai d'une foiblesse dans l'autre, ce qui fit craindre une fausse-couche. La bonté de mon tempérament et les soins qu'on prit de moi me rappelèrent à la vie. Une estafette que je reçus du roi, contribua à ma guérison par la joie infinie qu'elle me causa. Il me mandoit, que dans trois jours il comptoit me voir à l'hermitage.

Ce prince venoit de Prague; il s'étoit donné rendez-vous avec l'Empereur dans une petite ville, près de celle-ci, nommée Altrop. On y avoit construit une salle, qui avoit deux issues pour la commodité du cérémonial. L'Empereur, l'Impératrice et le roi devoient arriver en même temps et entrer chacun par les issues, qui étoient de leur côté, et rester à leur place à table. Malgré toutes les représentations qu'on pût faire au roi, il se rendit le premier à l'endroit assigné et surprit beaucoup l'Empereur, en allant au devant de lui pour le recevoir; il lui fit même des complimens peu séans à une tête couronnée. J'ai ouï souvent depuis conter cette entrevue à Grumkow. Il enrageoit, disoit-il, dans sa peau de voir combien son maître s'abaissoit.

J'envoyai la lettre du roi par estafette au Margrave. Il m'en renvoya une autre, pour me prier d'avoir soin de tout ce qui concernoit la réception du roi, et me mandoit, qu'il resteroit à Selb, qui étoit sur la route, pour y recevoir ce prince et l'accompagner à l'hermitage. Il m'avertissoit aussi, que le prince Albert, son frère, lieutenant-général au service de l'Empereur, et le prince de Gotha étoient avec lui. Nous étions fort à l'étroit à l'hermitage quand le Margrave y étoit, on peut juger qu'il fallut bien se presser pour y loger le roi et sa suite. Je laissai Mon-plaisir, qui est une metairie attenante, au Margrave, à son frère et au prinne de Gotha, ce dont il fut très-content. J'avois fini de faire avec beaucoup de peine mes arrangemens, lorsqu'il arriva un nouvel incident, qui fut cause de tous les chagrins que j'essuyai depuis.

Mr. de Bindeman, celui de toute la cour qui seul étoit resté auprès de moi, reçut la nuit une lettre du grand-Maréchal d'Anspac qui l'avertissoit, que le Margrave et son épouse, avec une suite de plus de cent personnes, comptoient être le soir suivant à l'hermitage. Le pauvre Bindeman, quoique fort honnête homme, n'avoit pas inventé la poudre. Il ne voulut pas me faire réveiller; l'impossibilité qu'il trouva à loger tout ce monde, lui fit répondre, que le Margrave se feroit un plaisir de recevoir celui d'Anspac, mais qu'il se trouvoit très-embarrassé n'y ayant point de place, puisqu'à peine on en avoit trouvé assez pour le roi. J'appris cette nouvelle à mon réveil. J'informai sur-le-champ le Margrave de ce contre-temps; je lui représentai, que la cour d'Anspac seroit fort piquée, si on ne trouvoit moyen de les accommoder à l'hermitage; que j'étois résolue de camper et de lui céder mes chambres, afinque cette cour trouvât place à Mon-plaisir. Ce prince me répondit tout de suite, qu'il ne souffriroit jamais que je sortisse de mon appartement, qu'il me prioit de lui faire accommoder une cellule et qu'il comprenoit très-bien, que si on désobligeoit le Margrave, il en auroit du chagrin tant de sa part que du côté du roi.

J'attendis ma soeur jusqu'à huit heures du soir, Son retardement m'inquiéta; j'envoyai des gens de tous côtés à sa rencontre, craignant qu'il ne lui fût survenu quelqu'accident. Mr. de Bindeman remarquant mon trouble: ne vous alarmez point, Madame, me dit-il d'un air victorieux, la Margrave ne viendra point, elle a certainement rebroussé chemin. Comment se peut-il, lui répondis-je, que vous en sachiez des nouvelles? Ah! Madame, nous ne sommes pas si sots qu'on se l'imagine, j'ai prévu l'embarras où ils alloient vous jeter. Il me conta alors la réponse qu'il avoit faite; il étoit tout fier de cette belle action. J'en compris d'abord la conséquence et ne doutai pas un moment, que cela ne causât une terrible brouillerie entre les deux maisons et ne me privât peut-être de tous les avantages que pouvoit me procurer la visite du roi.

Mr. de Sekendorff, grand-Maréchal d'Anspac, arriva dans ces entrefaites. J'ai déjà parlé ailleurs de lui; il étoit digne cousin du ministre à Berlin. Il me chanta pouille de la part de son maître et de sa maîtresse, disant, que jamais on n'avoit refusé si désobligeamment de recevoir un prince proche parent; que le Margrave, connoissant le peu d'égard et d'amitié qu'on avoit pour lui, ne se seroit pas avisé de venir nous voir, si le roi ne le lui eût ordonné; qu'il partoit incessamment, pour faire des plaintes à ce prince de notre procédé, et qu'il m'assuroit, que le Margrave avoit juré de ne remettre de sa vie le pied sur le territoire de Bareith. Je m'excusai sur la bévue de Bindeman et le persuadai enfin, que la bêtise de cet homme étoit cause de ce tripotage. Malgré cela il voulut partir. Je tâchai cependant de l'amuser, pour avoir le temps d'avertir le maître de poste de ne lui point donner de chevaux.

Je mandai encore le même soir au Margrave ce qui venoit d'arriver, et dépêchai un exprès à Mr. Gleichen, grand-forêtier, pour lui ordonner de venir. Je le chargeai de lettres pour ma soeur et son époux. Je leur faisois des excuses sur le quiproquo de Bindeman et les invitai à retourner à l'hermitage. Je passai une très-mauvaise nuit. Je n'avois d'autre soutien que le roi; j'appréhendois son courroux, ne doutant point que ceux d'Anspac ne l'animassent contre moi; je craignois d'être maltraitée, ce qui m'auroit été mille fois plus sensible à Bareith qu'à Berlin, par rapport aux suites. Mr. de Gleichen fut de retour deux heures avant l'arrivée du roi. Le Margrave et ma soeur repondirent très-obligeamment aux lettres que je leur avois écrites; ils furent même charmés de ma façon d'agir, mais ils ne voulurent point venir, quelques instances que Mr. de Gleichen leur fît sur ce sujet.

Le roi me reçut fort gracieusement. Il s'attendrit me trouvant à peine connoissable, tant j'étois maigre et abattue. Je voulus le conduire à son appartement, il ne voulut point le souffrir et me mena au mien, où nous restâmes seuls. La joie que je ressentois et les caresses que je lui fis, lui firent plaisir, reconnoissant qu'elles partoient du coeur.

Je lui contois naturellement le grabuge qu'il y avoit avec le Margrave d'Anspac; je lui montrai les lettres que Gleichen m'avoit remises et le suppliai de nous raccommoder. Il est fâcheux, me dit-il, que Bindeman ait fait cette incartade, et surtout que vous ayez à faire à des gens sans raison. Mon gendre s'imagine être Louis XIV.; à son avis vous auriez dû prendre la poste et lui demander pardon; lui et toute sa cour sont des fous. Cependant je suis très-satisfait de votre conduite; je vais parler à Sekendorff et leur faire dire de venir. Que le diable les emporte s'ils me le refusent. Il sortit en disant ces mots et lui ordonna, de leur dépêcher une estafette pour cet effet.

Grumkow et Sekendorff, le ministre, étoient de la suite du roi. Je leur fis beaucoup de politesses. Ils me firent de grands complimens de la part de l'Impératrice et me dirent, qu'elle avoit parlé de moi au roi dans les termes les plus avantageux. Ce prince, qui avoit entendu notre conversation, s'approcha: oui, ma chère fille, me dit-il, vous devez de la reconnoissance à cette princesse des sentimens qu'elle a pour vous; écrivez-lui pour l'en remercier.

Nous nous mîmes à table. Le roi me donna la main et s'assit à la première place qu'il trouva. Il fut de très-bonne humeur; je la dérangeai un peu. J'étois extrêmement foible et j'avois fait de grands efforts pour me contraindre; je me trouvai mal et fus obligée de me retirer. Le roi me suivit; on eut bien de la peine à le rassurer. Je me levai le lendemain de bon matin pour le mener promener. Il trouva cet endroit charmant et surtout mon petit hermitage, que j'avois fait préparer pour la tabagie. Vous avez, me dit-il, toutes les attentions imaginables pour moi, il me semble que je suis chez moi; mes chambres sont rangées comme à Potsdam, j'y ai trouvé mes escabelles, mes tables et mes tonneaux pour me laver; je ne sais comment vous avez fait faire tout cela en si peu de temps.

La violence que je me fis de promener si longtemps, me fut fatale. Je pris mes suffocations à dîner d'une force si terrible, qu'on crut que j'allois expirer. Comme je devois accoucher à la fin du mois et que c'étoit le sept, le roi s'imagina que j'étois à mon terme. Il fit chercher au plus vite son premier médecin Stahl, qui ne faisoit que d'arriver de Berlin avec la sage-femme qui devoit m'assister.

Cet homme étoit un très-habile chimiste, auquel on a l'obligation de pluiseurs découvertes curieuses, mais il n'étoit pas grand physicien. Son système étoit singulier; il prétendoit, que lorsque l'âme se trouvoit embarrassée par une trop grande affluence de matière, elle s'en dégageoit en causant des maladies au corps qui lui étoient profitables; que les maux épidémiques et dangereux ne provenoient que de la foiblesse de cette âme, qui n'avoit pas la force de repousser cette matière, la troubloit dans ses opérations, ce qui souvent entraînoit la mort. En vertu de ce raisonnement il ne se servoit jamais que de deux sortes de remèdes, qu'il appliquoit indifféremment à toutes sortes de maux; c'étoient des poudres tempérantes et des pillules. Il me trouva fort mal et me donna d'abord une prise de ses merveilleuses pillules.

Le roi et Mdme. de Sonsfeld restèrent toute l'après-midi chez moi. Il me questionna beaucoup sur ma situation présente. Je lui contai toutes mes peines, le suppliant toutefois de faire bon accueil au Margrave, puisque s'il en agissoit autrement, il ne feroit que l'aigrir davantage. Je vois bien, me dit-il, que vous n'avez pas été en état de venir à Berlin, mais il faut absolument que vous y alliez après vos couches, pour lever toute difficulté là-dessus. Mon gendre partira le premier, vous le suivrez lorsque vous serez rétablie. Je vous défraverai vous et votre suite, et tâcherai d'arranger mes affaires de façon que je puisse vous avantager; vous prendrez votre enfant avec vous; je ne puis souffrir qu'on vous maltraite. Votre beau-père et mon gendre d'Anspac sont deux fous, qu'on devroit mettre aux petites-maisons. Je ferai en votre faveur des politesses au premier, mais pour le second et votre soeur, je les rangerai à leur devoir et leur laverai la tête comme ils le méritent. Je le conjurai de se désister de cette dernière proposition, lui représentant, qu'il rendroit ma soeur plus malheureuse qu'elle ne l'étoit; qu'il les ramèneroit l'un et l'autre à leur devoir, s'il les prenoit par la douceur; que je le suppliois d'en agir bien avec eux, de crainte qu'ils ne m'accusassent de l'avoir animé, pour me venger du dernier tour qu'ils m'avoient joué. Il entra dans mes raisons et m'accorda encore cette grâce. Ils arrivèrent peu après. Le roi les reçut très-froidement; comme il étoit tard, on se mit à table, où ce prince se plaça entre ma soeur et moi. Après souper chacun se retira.

Le roi rendit visite le lendemain matin à ma soeur. Je ne sais s'il fut mécontent de la réception qu'elle lui fit, ou si quelque autre raison le mit de mauvaise humeur contre elle et son époux, mais je sais bien qu'il ne fit que les gronder tout le jour, qui se passa en mercuriales. Il y eut tabagie le soir, à laquelle nous assistâmes. Il entra dans un grand détail avec le Margrave, mon beaupère, sur l'état de son pays. Ce prince qui étoit très-ignorant sur cet article, ne put répondre aux questions qu'il lui fit. Cela fâcha le roi et le porta à lui reprocher son peu d'application aux affaires, d'où provenoit le désordre terrible qui y régnoit. On vous trompe de tous côtés, lui dit-il, et on profite de votre nonchalance. Vous vous plaignez de vos dettes, et vous ne faites rien pour les payer. Je vous ai prêté un capital de 260 mille écus, outre la dot de ma fille; au lieu de contenter vos créanciers, vous laissez pourrir cette somme dans vos coffres et perdez les intérêts qu'elle devroit vous rapporter, aussi bien que votre crédit. Il est temps que vous mettiez ordre à tout cela. Tous vos soins seront inutiles, si vous ne faites part de tout à votre fils; c'est lui qui doit vous aider à porter le poids de la régence, et c'est à vous à le mettre au fait des affaires; vos gens ayant deux surveillans, n'oseront risquer de vous duper comme par le passé, surtout quand ils verront régner une bonne intelligence entre vous; au reste je connois trop bien mon gendre, pour croire qu'il abusera jamais du crédit que vous lui donnerez. Envoyez-le tous les jours à tous les dicastères, il vous fera un rapport de tout ce qui s'y passera; sa présence obligera ceux qui y sont à devenir plus laborieux et à faire plus vîte les expéditions.

Ce discours me fit beaucoup de peine; j'en compris d'abord les suites. Le Margrave en fut interdit et y donna une réponse problématique. Le roi lui répliqua, qu'il ne se mêleroit pas de ses affaires, si l'estime qu'il avoit pour lui et l'intérêt de ses enfans ne l'exigeoient. Voulez-vous, mon cher Margrave, continua-t-il, que je vous envoie quelqu'un qui redresse vos finances, et qui vous tire de l'embarras où vous êtes, d'où vous ne sortirez jamais, si vous ne prenez des étrangers, car vos gens se soutiennent les uns les autres comme une chaîne: qui en attaque un, les attaque tous, car ils sont tous d'accord pour vous filouter, et il n'y a qu'un tiers qui puisse approfondir leurs menées. J'ai été dans la même situation que vous, en parvenant à la régence, et me suis très-bien trouvé du conseil que je vous donne.

Le Margrave, quoique piqué du premier raisonnement du roi, trouva tant de justice en celui-ci, qu'il accepta avec plaisir cette offre. Ce prince lui fit promettre, de nous envoyer à Berlin après mes couches, lui représentant, qu'il ne lui en coûteroit rien et que cela lui épargneroit beaucoup de dépenses. Le beau-père lui accorda très-volontiers cet article, et ils se séparerent en apparence très-satisfaits l'un de l'autre. Je pris le soir un tendre congé de ce cher père, non sans verser beaucoup de larmes. Il partit le jour suivant, 9. du mois d'Août.

La cour d'Anspac s'arrêta encore quelques jours après son départ. La Grumkow fut cause de cette prolongation de séjour; le Margrave, mon beau-frère, étoit devenu amoureux d'elle. Le mauvais ménage, qu'il menoit avec ma soeur, l'avoit abruti. Elle étoit si jalouse, qu'il n'osoit parler à une dame. La Grumkow n'eut pas sujet de devenir fière de sa conquète. Toute autre qu'elle auroit été fort piquée de la façon dont le Margrave lui faisoit la cour, qui étoit fort impertinente et telle, qu'on pourroit la faire à une catin. Cette fille étoit drôle comme un coffre; elle avoit hérité de la méchante langue de son oncle, sa satire emportoit la pièce; elle joignoit à ce défaut ceux de la coquetterie, de l'ogueil et de mentir effrontément. Je n'avois aucune confiance en elle, connoissant son méchant caractère. Ma soeur fut au desespoir de cet amour naissant. Je fis ce que je pus, pour faire entendre raison à la Grumkow, mais inutilement; elle savoit que j'étois obligée de la menager, à cause de son oncle, et elle se mettoit fort peu en peine de moi. La cour d'Anspac me tira d'inquiétude par son départ.

Le Margrave, qui avoit dissimulé tout ce temps, jeta alors tout son venin contre son fils et contre moi. Il me députa Mr. de Voit, auquel il ordonna de me dire, qu'il n'étoit point encore mort, et qu'il se flattoit de vivre encore de longues années, pour me faire enrager; qu'il m'assuroit, que tant qu'il seroit en vie, il prétendoit être le maître chez lui et ne souffriroit point que je me donnasse des airs de régente, comme j'avois fait en dernier lieu, en lui ôtant les appartemens qu'on lui avoit préparés à Mon-plaisir, pour y loger le Margrave d'Anspac; que c'étoit moi, qui avois instigué le roi à lui tenir les propos désagréables qu'il avoit essuyés; que Mdme. de Sonsfeld, qu'il regardoit comme sa plus cruelle ennemie, étoit cause de tout le mal; qu'il étoit las des intrigues continuelles qu'elle faisoit; qu'il avoit fermement résolu de l'envoyer à la forteresse de Plassenbourg, pour la convaincre, qu'il ne faisoit pas bon se frotter à lui, et pour lui apprendre à avoir plus de respect, qu'elle n'en avoit pour son maître.

Je l'avoue, je fus terriblement fâchée de ce compliment; j'épanchai un peu fortement ma bile contre le Margrave; que ma langue n'épargna pas.

Voit et ma gouvernante laissèrent passer mon premier mouvement. Cette dernière s'embarrassoit fort peu de ces menaces; elle n'en fit que rire et me conseilla, de lui écrire fort civilement et de répondre avec douceur à ce procédé extravagant. Il me vint dans l'esprit de charger le prince Albert de cette lettre, et de le prier de faire le raccommodement. J'avois eu le temps de faire connoissance avec lui. Il étoit lieutenant-général au service de l'Empereur, et s'étoit fort distingué dans toutes les actions où il avoit été. Ce prince étoit laid sans être choquant ses manières étoient polies et sa conversation agréable; il possédoit avec tous ces avantages un bon caractère et beaucoup de bon-sens; il avoit une forte amitié pour son neveu et pour moi, et me tenoit fidèle compagnie. Je lui avois déjà parlé plusieurs fois de mes peines; il connoissoit son frère à fond et me donnoit quelquefois des conseils. Il le condamna fort en cette occasion, surtout après que je lui eus fait voir les lettres qu'il m'avoit écrites de Selb, dans lesquelles il me mandoit, que je devois avoir soin de tout dans son absence, et que je devois lui faire accommoder une cellule. Donnez-moi ces lettres, Madame, me dit-il, il faut le convaincre par sa propre écriture; je vous promets que je lui dirai vertement la vérité; tout ceci n'est qu'une mauvaise chicane, il ne sauroit vivre deux jours en repos, sans en faire à quelqu'un; il a été tel dès sa tendre jeunesse, son tempérament mélancolique en est cause. En effet il lui démontra si bien son tort, qu'il n'eut rien à répliquer, et il fut fort honteux de se trouver si bien convaincu. Il me fit beaucoup d'assurances de tendresse, accompagnées de baisers de Judas, car il méditoit déjà de me rejouer une nouvelle niche.

Comme mon terme approchoit, on le pria de retourner à Bareith. Je trouvai ma chambre de lit fort proprement meublée, ce que j'avois obtenu avec bien de la peine, et un de mes cabinets boisés, que j'ornai de porcelaines, rendoit mon appartement plus gai.

Le Margrave avec le prince, son frère, vinrent prendre congé le jour suivant de moi, voulant aller à Himmelcron. Le Margrave me dit, qu'il ne comptoit me revoir qu'après que je serois accouchée. Je lui répondis, que j'étois bien mortifiée qu'il me quittât sitôt; que je ne savois ce que la providence avoit décrété sur mon sort; que peut-être je prenois un congé éternel de lui; que je le priois d'être persuadé que je n'avois jamais eu dessein de l'offenser, que j'avois toujours recherché les moyens de lui plaire et de vivre en bonne intelligence avec lui; que j'espérois, si Dieu me donnoit la vie, de lui prouver à l'avenir la pureté de mes intentions. Je lui remontrai ensuite, qu'il falloit envoyer quelqu'un à Berlin, pour notifier au roi la nouvelle de ma délivrance, et que je croyois que Mr. de Voit qui étoit déjà faufilé, seroit le plus propre pour cette commission; que comme Himmelcron étoit sur la route, il pourroit en même temps lui annoncer mon destin. Le Margrave rougit et fut quelque temps pensif. Il est juste, me dit-il, qu'il aille à Berlin, mais il peut s'épargner la peine de passer par Himmelcron; j'ai ordonné qu'on place des canons de distance en distance sur le chemin, je serai plutôt informé des nouvelles de votre Altesse royale, que je ne le pourrois être par courrier. Si votre Altesse n'agrée point Mr. de Voit, elle aura la bonté de me nommer celui que je dois lui envoyer; ce seroit manquer à mon devoir et à ce que je lui dois, si j'en agissois autrement. Quand on veut vivre de bonne amitié, repartit-il, il faut bannir les cérémonies, je les hais à la mort, et votre Altesse royale m'obligera infiniment de m'épargner cette ambassade; j'ordonnerai à Voit d'aller à Berlin; je souhaite de tout mon coeur de trouver à mon retour un petit fils, qui ressemble à sa mère. Il m'embrassa et sortit. Le prince Albert avoit été présent à cette conversation. Je lui demandai, quelle raison le Margrave avoit d'en agir ainsi, et ce qu'il me conseilloit de faire. Il n'en a point d'autre que son caprice, me répondit-il; il faut avoir patience avec lui, et puisqu'il ne veut pas que votre Altesse royale lui dépêche quelqu'un, il faudra s'accommoder en cela à ses volontés.

Je tombai malade le 29. au soir; je fus très-mal le 30. et en grand danger le 31. J'accouchai cependant à sept heures du soir d'une fille, dans le temps qu'on désespéroit de ma vie et de celle de mon enfant. On m'a dit dépuis, que le prince héréditaire avoit été dans un état digne de compassion. Sa joie fut extrême de me voir délivrée; il ne s'informa pas seulement de l'enfant, toutes ses pensées n'étoient fixées que sur moi. Je ne pouvois lui témoigner ma reconnoissance, car je tombois d'une foiblesse dans l'autre.

Mr. de Voit partit immédiatement après pour Berlin. On fit une triple décharge de canons dès qu'il fut hors de la ville. Les ecclésiastiques vinrent en corps faire la prière devant mon lit; je n'entendis rien, étant toujours en défaillance. Quoique le Margrave eût été averti du danger où j'avois été, il n'avoit pas daigné faire demander de mes nouvelles. Je fus très-mal toute la nuit; quelque sommeil que je pris vers le matin, me rendit un peu de force.

Le prince héréditaire reçut à midi un billet de son oncle, qui lui mandoit, que le vent ayant été contraire et les canons mal placés, le Margrave avoit ignoré que j'étois accouchée; qu'il avoit été le premier à lui en porter la nouvelle; qu'il ne savoit quelle mouche avoit piqué son frère, qu'il étoit d'une humeur horrible; qu'il faisoit son possible pour le persuader de retourner en ville, mais qu'il ne pouvoit assurer rien de positif là-dessus. Il arriva pourtant le soir à six heures. Il envoya d'abord chercher Mr. de Reitzenstein, auquel il se plaignit amèrement de son fils et de moi, disant, que nous le traitions comme un chiffon; que nous n'avions pas eu seulement la considération de lui faire part de ma délivrance; qu'il avoit été le dernier de toute sa cour à l'apprendre; que ce peu d'égard avoit épuisé sa patience; qu'il vouloit enfin faire voir par des actions de vigueur qu'il étoit le maître, étant fermement intentionné d'envoyer son fils à Plassenbourg. Je vous ordonne, continua-t-il, de les informer l'un et l'autre de cette résolution. Reitzenstein, plus mort que vif de l'emportement dans lequel il le voyoit, lui répondit, qu'il le supplioit de charger quelqu'autre de cette commission; qu'il n'avoit pas le coeur assez dur pour me porter une telle nouvelle dans l'état dangereux où je me trouvois encore, la moindre altération pouvant me coûter la vie; qu'il ne pouvoit comprendre par où le prince avoit mérité une telle colère et qu'il le conjuroit de bien peser ce qu'il vouloit faire, avant que d'en venir à de pareils éclats. Le prince Albert, se doutant de quelque chose, entra dans ces entrefaites; il prit hautement notre parti. Mon Dieu! mon cher frère, lui dit-il, j'ai été présent à la conversation que vous avez eue avec Son Altesse royale avant que de partir, et de la défense absolue que vous lui avez faite, de ne vous point faire avertir lorsqu'elle seroit accouchée; elle en a été inquiète, et je lui ai conseillé moi-même de suivre en cela vos volontés. Le Margrave resta stupifié, ne s'étant point aperçu que son frère eût été témoin de notre pourparler. Il fut fort décontenancé, et ne sachant que dire, il s'en prit à sa mémoire, contre laquelle il se déchaîna beaucoup, sur ce que, disoit-il, elle s'affoiblissoit de jour en jour. Il fit appeler le prince, auquel il voulut faire bon accueil, mais son embarras montra qu'il n'étoit pas sincère. Ils se rendirent tous chez moi. Chacun remarqua la contrainte qu'il se fit, pour me parler obligeamment. Il me fit un long galimatias sur la coutume du pays, qui exigeoit, que l'enfant fût baptisé le troisième jour de sa naissance; que cette cérémonie devoit se faire avec pompe et dignité le matin suivant, car, dit-il, la petite princesse a un roi pour aïeul et doit avoir plus de prérogatives pour cette raison, qu'elle n'en auroit sans cela. Je lui répondis, qu'il étoit le maître d'ordonner comme il le jugeroit à propos, mais que je le conjurois de permettre que je restasse tranquille, étant trop foible pour voir beaucoup de monde et recevoir leur complimens. Il me pria de choisir les parrains et les marraines. Je m'en défendis long-temps, mais voyant qu'il s'y opiniâtroit, je nommai lui, le roi, la reine, l'Impératrice, la reine de Danemarc, sa soeur, la Margrave douairière de Culmbach, sa mère, mon frère, ma soeur d'Anspac et le prince Albert. Il fut très-content de ce compérage et se retira un moment après.

Le lendemain signal se donna par les tymbales et les trompettes. Le Margrave, accompagné de toute la cour, se rendit chez moi. La princesse Charlotte, qui étoit depuis quelques jours de retour, porta ma fille au baptême. Elle reçut le sacrément sous le dais dans ma chambre d'audience. On tira le canon lorsque le ministre donna la bénédiction. Il y eut un dîner table de cérémonie et bal le soir.

Le prince Guillaume, mon beau-frère, arriva quinze jours après, de retour de ses voyages de France et de Hollande. Le prince héréditaire s'étoit fort réjoui de le revoir, l'aimant beaucoup; son bon coeur le portant à avoir les mêmes sentimens pour toute sa famille. Il le conduisit d'abord chez moi. Ce prince, âgé de 20. ans, étoit de la grandeur d'un enfant de quatorze; son visage étoit beau, mais sans agrément; malgré sa petite taille il étoit bienfait; ses manières étoient aussi enfantines que sa figure; son génie très-borné, ou pour mieux dire il n'en avoit point; il avoit étudié à Utrecht sans rien apprendre, son esprit distrait et volage ne pouvant s'appliquer qu'à chasser les mouches; il avoit le coeur bon plutôt par tempérament que par principes. Le prince et moi nous fîmes notre possible pour le morigéner tant qu'il resta à Bareith, mais nous y perdîmes nos peines. Il étoit colonel d'infanterie au service de l'Empereur, et devoit aller joindre son régiment en Italie et s'arrêter quelque temps avec son oncle à Vienne.

Mr. de Voit revint aussi de Berlin. Il me remit les lettres les plus gracieuses du roi et de la reine et m'assura, que le roi avoit parlé du prince héréditaire et de moi dans les termes les plus tendres, et qu'il y avoit eu une joie universelle à Berlin de ma délivrauce.

Je commençois à goûter quelque tranquillité. lorsqu'elle fut dérangée par une lettre du roi, qui ordonnoit au prince héréditaire, de se rendre incessamment à Berlin, pour aller de là à son régiment; il l'assuroit de son amitié, et des preuves éclatantes qu'il lui en donneroit. Ce fut un coup de foudre pour moi. J'aimois passionnément le prince, notre union étoit des plus heureuses; une longue séparation me faisoit tout appréhender. Je craignois, que jeune comme il étoit il ne s'abrutît et ne tombât dans la débauche, sachant d'avance que les officiers prussiens, à leur métier près, sont fort butors et libertins. J'avois vu plusieurs princes fort aimables, lorsqu'ils étoient entrés au service du roi, perdre leur esprit et leurs manières et devenir de vrais brutaux. Il en étoit fort fâché lui-même; tout ce que nous pûmes faire fut de reculer le voyage tant qu'il fut possible. Il fallut pourtant partir le 3. d'Octobre. Le Margrave n'ayant point voulu lui donner d'argent, il fut obligé d'en emprunter. Ma santé, qui commençoit à se remettre, fut de nouveau dérangée par les inquiétudes que me causa son absence. Toute la famille, hors le Margrave, se rassembloit tous les soirs chez moi; nous tâchions de tuer le temps ensemble.

Je fis enfin ma première sortie et me préparois pour aller à Berlin, lorsque je reçus une lettre du roi, qui me replongea dans de nouveaux embarras. Il m'ordonnoit d'aller à Anspac. Je ne souhaite rien tant, me mandoit il, que la bonne union entre vos deux maisons; votre politique, votre intérêt, enfin tout vous la rend nécessaire. Je suis averti que mon gendre et ma fille seront fort piqués, si vous manquez à les aller voir; il faut éviter et étouffer toute animosité par votre présence, vous pourrez venir ensuite recevoir les caresses d'un père qui vous aime et qui vous le prouvera. J'envoyai cette lettre au Margrave. Il me fit répondre par Mr. de Voit, que le conseil que le roi me donnoit étoit très-juste, et qu'il approuvoit fort que je le suivisse.

Tout cela étoit bel et bon, mais je n'avois point d'argent. J'avois épuisé ma bourse en faveur du prince et personne ne vouloit me faire crédit. Je me résolus donc de parler sur cet article et sur plusieurs autres au Margrave. J'ai appris par Mr. de Voit, lui dis-je, que votre Altesse approuve mon voyage d'Anspac. Je suis au désespoir de lui être à charge en cette occasion, mais votre Altesse sait l'impuissance dans laquelle je suis, de suffire à des dépenses extraordinaires; le peu de revenu que j'ai ne fournit qu'à peine à mon entretien, ce qui me met dans l'impossibilité de faire ce voyage et celui de Berlin à mes propres frais. D'ailleurs je ne crois pas que je puisse risquer d'emmener ma fille avec moi à ce dernier endroit, la saison étant trop avancée. Je ne puis pas non plus la laisser à l'abandon entre les mains de ses femmes; je souhaiterois fort pouvoir lui donner une gouvernante, qui pût avec le temps avoir soin de son éducation. Je penserai à tout cela, me dit-il, et je chargerai Mr. de Voit de ma réponse. Elle fut digne de lui. Il me fit dire, qu'il étoit très-mortifié de ne pouvoir m'accorder les deux articles en question; qu'il n'y avoit rien de stipulé dans mon contrat de mariage pour les frais des voyages que j'aurois envie de faire, ni pour l'entretien des filles que je mettrois au monde; qu'étant obligé d'équiper son fils cadet, ses finances en étoient si fort dérangées, que cela le mettoit hors d'état de m'assister.

J'avois reçu plusieurs fois des nouvelles du prince, qui ne pouvoit assez se louer des bontés que le roi lui témoignoit. Il me mandoit, que ce prince aussi bien que la reine marquoient une vive impatience de me revoir, et que tout le monde l'assuroit, que le roi avoit dessein de se signaliser en notre faveur: qu'il alloit incessamment à son régiment et qu'il passeroit par Rupin, pour y rendre visite à mon frère. Ses lettres me firent naître quelque espérance, que roi me payeroit la course. J'eus mon recours à lui et je le suppliai, de m'envoyer de l'argent et de me mander ce que je ferois de ma fille. Pour ne point perdre de temps, Mr. de Voit me fit avoir 2000 écus qu'il emprunta sous son nom.

Le Margrave tomba malade dans ces entrefaites. Quoiqu'on cachât beaucoup le danger dans lequel il étoit, tout le monde en étoit informé, ce qui me fit reculer mon départ de quelques jours. Il refusa mes visites et ne voulut voir personne. Sa retraite nous mit un peu à notre aise, car le bon prince avoit le malheur d'endormir par son éternelle morale et ses répétitions continuelles ceux qui étoient obligés de l'entendre. Nous fûmes dédommagés de son absense par un autre personnage aussi ennuyeux que lui. Ce fut le cadet de ses frères, que je nommerai à l'avenir le prince de Neustat, parcequ'il y faisoit sa résidence.

Celui-ci étoit colonel d'un régiment au service de Danemarc et débarquoit fraîchement de Copenhague, dans l'intention de se marier, comme nous l'apprîmes depuis. Il notifia son arrivée à Neustat au Margrave et lui manda, qu'il iroit dans quelques jours à Bareith. Ce prince étoit le rebut de sa famille. Le Margrave ne le pouvoit souffrir et n'étoit point impatient de le revoir, surtout étant malade. Il lui répondit, qu'il lui feroit plaisir de venir lorsque je serois de retour d'Anspac et qu'il se porteroit mieux. Le prince reçut cette lettre proche de Bareith. Les chemins étoient si mauvais, qu'il ne put retourner sur ses pas. Sa grandeur se trouva fort offensée de cette lettre de son frère; pour s'en venger, il descendit à la maison de poste, où il passa la nuit sans faire annoncer son arrivée au Margrave, ni à aucun de la famille. Ce prince le fit prier plusieurs fois de venir occuper les appartemens qu'on lui avoit préparés au château. Il le refusa constamment, disant, que son frère lui avoit fait une avanie, à laquelle il vouloit répondre en refusant de le voir. Après bien des allées et des venues, on lui depêcha le prince Guillaume, qui amena enfin cette aimable figure chez le Margrave, et de là chez moi. Je commencerai son portrait du bon côté. Il étoit plus grand que petit et assez bienfait; la quantité de rats, qui logeoient dans sa cervelle, exigeoient beaucoup de place; aussi y en avoit-il dans sa caboche, qui étoit copieusement grande; deux petits yeux de cochon d'un bleu pâle remplaçoient assez mal le vide de cette tête; sa bouche carrée étoit un gouffre, dont les lèvres retirées laissoient voir les gencives et deux rangées de dents noires et dégoûtantes; cette gueule étoit toujours béante; son menton à triple étage ornoit ces charmes; un emplâtre servoit d'agrément à l'inférieur de ce menton; il y étoit flanqué, pour cacher une fistule, mais comme il tomboit souvent, on avoit le plaisir de la centempler à son aise et d'en voir sortir une cascade de matière, très-utile au bien de la société, qui pouvoit épargner par sa vue l'émétique et les vomitifs; aussi dit-on, que les médecins et les apothicaires employoient tout leur art pour le guérir, ne pouvant plus avoir de débit de leurs drogues évacuatives; à toutes ces beautés se joignoit celle d'une chevelure dorée et fort en désordre, qui accompagnoit très-bien un habit sans goût, mais si chargé d'or et d'argent, qu'à peine pouvoit-il le porter. Son âme étoit aussi bien avantagée que son corps; son cerveau se détraquoit par fois; il étoit furieux dans ses absences d'esprit et vouloit tüer tout le monde. Toute la famille se trouvoit rassemblée par sa présence.

Je partis enfin le 21. d'Octobre pour Anspac. Je devois m'arrêter à Erlangue, pour voir la ville et dîner chez la Margrave douairière, veuve du Margrave George Guillaume. Cette princesse avoit fait beaucoup de bruit dans le monde par sa beauté et sa mauvaise conduite. C'étoit une vraie Messaline, qui avoit tué plusieurs de ses enfans en se faisant avorter afin de conserver sa belle taille. Je n'étois pas fort empressée de la voir et priai le Margrave, de me permettre de passer la nuit à Beiersdorf, ne voulant point dormir dans une maison remplie des plus affreux désordres.

J'arrivai par des chemins épouvantables le soir à cette petite ville, qui est tout près d'Erlangue. J'y trouvai Mr. de Fischer, Mr. d'Egloffstein, chef d'un canton de la noblesse immédiate, Mr. de Wildenstein, membre de ce même canton, et Mr. de Bassewitz, lieutenant-général du cercle. Ces Mrs. me complimentèrent sur mon arrivée. Mr. de Fischer me dit, que le Margrave lui avoit ordonné de me recevoir avec les mêmes honneurs, qu'on avoit coutume de lui rendre; qu'il avoit averti la Margrave, de me traiter comme devoit l'être la fille d'un roi et de me céder le rang; que n'ayant rien pu obtenir d'elle sur cet article, il avoit commandé, qu'on me servît une table dans l'appartement qui m'étoit destiné; qu'il me conseilloit, de ne la point voir, ni meme de lui faire annoncer ma venue. Il finissoit à peine ce discours, qu'on vint m'avertir, que le grand-maître de cette princesse demandoit à me parler. Je le fis entrer. Il me harangua une bonne demi-heure, toujours en bredouillant, et finit par me dire, que sa maîtresse alloit se mettre en carosse, pour venir me prier à souper. Je me défendis le mieux que je pus de la visite et du souper, m'excusant sur la fatigue du voyage. Voyant qu'il ne gagnoit rien de ce côté-là, il m'invita à dîner pour le lendemain. Mr. de Fischer prit la parole et lui dit: Son Altesse royale ira chez la Margrave, si elle veut lui rendre ce qui lui est dû, sans quoi elle ne l'honorera pas de sa présence. L'autre lui répliqua fort décontenancé, que sa maîtresse savoit trop bien ce qui étoit dû à la fille d'un grand roi pour y manquer, et qu'elle me rendroit tous les honneurs qui dépendroient d'elle. Je renvoyai d'abord un des Mrs. de ma suite lui rendre son compliment, après quoi je me mis à table. Pendant le souper Mr. de Fischer ne discontinua point de faire les éloges de mon beau-frère et ne daigna pas nommer le prince mon époux. J'en fus si piquée, que je me levai et donnai le bon soir à la société.

Je partis le jour suivant à dix heures. Je fus escortée par 4 compagnies de cavalerie, partie milice de Beiersdorf, partie d'Erlangue. Un grand cortége de Mrs., tant étrangers qu'en service, m'accompagna. J'entrai avec tout ce train en ville. La bourgeoisie et milice y étoient rangées sous les armes et bordoient les rues; l'affluence du monde qui accourut pour me voir, fut extrême. Je parvins enfin au château. Je trouvai la Margrave au bas de l'escalier avec toute sa cour. Après les premières politesses de part et d'autre, je montai à mon appartement, où elle me suivit. Cette princesse mérite bien, que j'en dise un mot.

Elle étoit née princesse de Saxe-Weissenfeld et soeur du duc Jean Adolf; elle avoit été belle comme un ange, à ce qu'on disoit; pour lors elle étoit si changée, qu'il falloit étudier son visage, pour trouver les débris de ses charmes; elle étoit grande et paroissoit avoir eu la taille belle; son visage étoit fort long ainsi que son nez, qui la défiguroit beaucoup, ayant été gelé, ce qui lui donnoit une couleur betterave fort désagréable; ses yeux, accoutumés à donner la loi, étoient grands, bien fendus et bruns, mais si abattus, que leur vivacité en étoit diminuée; au défaut de sourcils naturels, elle en portoit de postiches fort épais et noirs comme l'encre; sa bouche, quoique grande, étoit bien façonnée et remplie d'agrémens; ses dents blanches comme de l'ivoire et bien rangées; son teint, quoiqu'uni, étoit jaunâtre, plombé et flasque; elle avoit bon air, mais un peu affecté; c'étois la Laïs de son siècle; elle ne plut jamais que par sa figure, car pour de l'esprit, elle n'en avoit pas l'ombre.

Nous nous assîmes ensemble. La conversation fut assez indifférente; au lieu des hauteurs qu'elle avoit témoignées deux jours auparavant, elle me fit maintes bassesses, me baisant à tout moment la main, malgré bongré que j'en eusse. Fort satisfaite des politesses que je lui fis, elle me dit, qu'elle étoit très-charmée d'avoir le bonheur de me connoître; qu'elle avoit eu bien peur de moi, puisqu'on lui avoit dit, que j'étois fière et hautaine et que je la traiterois du haut en bas. Elle me présenta sa soi-disante gouvernante (car elle n'en avoit jamais que d'emprunt) et ses deux filles d'honneur. Ces dernières étoient jumelles, très-petites et si replètes, qu'elles pouvoient à peine marcher; ces deux paquets de chair voulant se baisser pour me baiser la main, perdirent l'équilibre et roulèrent à terre, ce qui dérangea mon sérieux et celui de la noble assemblée. On ne sauroit se représenter rien de si hideux, que la cour de cette Margrave; je crois que tous les monstres du pays et des alentours s'étoient rassemblés à son service; peut-être étoit-ce par bonne politique, voulant relever par ces horreurs ses charmes surannés. On servit enfin. La Margrave fut fort embarrassée pendant tout le repas. Mr. d'Egloffstein, son amant favorisé d'alors, l'avoit si bien sermonnée, qu'elle n'osoit ni manger ni parler sans sa permission. Je lui rendis visite l'après-dîner. Je trouvai dans son appartement les dames de la ville, qui me furent présentées. Après avoir pris le café, je voulus prendre congé d'elle, mais elle s'opiniâtra à vouloir m'accompagner jusqu'au bas de l'escalier, disant, que Mr. d'Egloffstein lui avoit ordonné ainsi, et qu'elle suivoit en tout ses volontés. J'eus beau m'opposer à cette extravagante politesse, il fallut la souffrir.

Comme il étoit tard et que les chemins étoient détestables, je fus obligée de rester la nuit à Carlsbourg, où je trouvai plusieurs officiers de la maison du Margrave d'Anspac et quelques Mrs. de cette cour, qu'il y avoit envoyés exprès pour y faire les honneurs.

J'arrivai enfin le soir suivant à cette ville, où je fus reçue à bras ouverts de mon beau-frère et de ma soeur. J'eus tout lieu d'être satisfaite de leurs attentions et de l'amitié qu'ils me témoignèrent. Il y eut pendant tout le séjour que j'y fis, table de cérémonie. Je priai en vain ma soeur, de lever cet ennuyant cérémonial et de vivre avec moi de bonne amitié, elle me répondit, qu'on ne pouvoit rien changer à cela; qu'ils seroient blâmés de tout le monde s'ils en agissoient autrement, puisque c'étoit un usage introduit dans toutes les cours. Elle se trouvoit enceinte de trois mois, ce qui causoit une joie universelle dans tout le pays. Son sort n'en étoit pas plus heureux. J'ai déjà dit ailleurs qu'elle avoit été fort mal élevée; on auroit pu redresser en partie cette négligence, si on lui avoit donné une femme d'esprit pour gouvernante, car elle n'avoit que 14 ans lorsqu'elle se maria; on gâta tout en lui donnant une campagnarde, pour laquelle elle n'avoit aucune considération.

Le Margrave s'étoit enfin lassé de ses caprices; deux indignes favoris, dont l'un étoit le grand-

Maréchal de Sekendorff et l'autre un certain Mr. de Schenk, le gouvernoient entièrement et l'avoient plongé dans les débauches. Il avoit pris depuis peu une maîtresse de basse extraction, qui avoit vécu de son corps et s'étoit prostituée à tout venant. Il l'aimoit passionnément; son amour a été constant; il a encore actuellement cette catin, qui lui a donné trois enfans, dont, à ce que dit la chronique scandaleuse, il n'est point le père. Il a fait baroniser son fils putatif et lui a donné le nom de Falk, qui signifie faucon en françois, parcequ'il fait lui-même la profession de fauconnier, et en remplit jusqu'au plus vil emploi. Il étoit brouillé pour lors à toute outrance avec ma soeur. Celle-ci piquée qu'il lui préférat une infâme servante qui nettoyoit le château, lui en avoit fait de sanglans reproches, ce qui n'avoit fait qu'aigrir le mal. Je fis mon possible pour les raccommoder, et si je n'y réussis pas entièrement, j'obtins du moins qu'on bannît les éclats. Comme j'avois des attentions continuelles pour obliger chacun, je me fis beaucoup d'amis. Le Margrave lui-même lia avec moi une amitié qui a souvent été utile à ma soeur. Ce prince devant aller à Pommersfelde, pour y voir le prince de Bamberg, nous partîmes ensemble le 28. Octobre, la route étant la même jusqu'à Beiersdorf où le Margrave prit congé de moi.

J'y trouvai la réponse du roi à la dernière lettre que je lui avois écrite. Elle étoit de main propre; la voici mot pour mot.

„Ma chère fille, j'ai bien reçu votre lettre, et suis fâché d'apprendre qu'on continue à vous chagriner et à vous refuser de l'argent pour votre voyage. J'ai écrit une lettre fort dure à votre vieux fou de beau-père, pour qu'il vous paye ces voyages. Il faut que la Flore Sonsfeld reste auprès de la petite Frédérique, cela vous épargnera les gages d'une gouvernante. Je vous attends avec impatience et suis etc."

Cette lettre me fit faire de cruelles réflexions; je prévis d'abord que le roi m'avoit dupée et que j'allois me trouver entre deux selles. Les duretés qu'il avoit écrites au Margrave, me chiffonnoient l'esprit; la douceur et les bonnes façons pouvoient seules le ramener. Le prince continuoit à m'assurer des bonnes intentions du roi; il me mandoit, que mon frère s'employoit fortement en ma faveur et que son ancienne tendresse sembloit se rallumer; que la reine paroissoit fort portée pour nous et me promettoit tous les agrémens qui dépendroient d'elle; que même elle témoignoit beaucoup de joie et d'impatience de me revoir. Mon frère m'écrivit à peu près les mêmes choses, mais la reine le contredisoit entièrement. Que venez-vous faire dans cette galère, me disoit-elle, est-il possible que vous puissiez encore vous fier aux promesses du roi, après qu'il vous a si cruellement abandonnée? Restez chez vous et épargnez vos continuelles lamentations, vous deviez vous attendre à tout ce qui vous arrive. Les lettres de Grumkow à sa nièce n'étoient remplies que de pronostiques fâcheux. Tout cela me causoit de cruelles inquiétudes. Cependant je ne pouvois plus me dispenser d'aller à Berlin, ne pouvant m'attendre qu'à de mortels chagrins après ce que le roi venoit d'écrire au Margrave.

Je partis le 29. de Beiersdorf et me rendis le même soir à Bareith. Le Margrave me reçut très-bien en apparence; il me demanda d'abord, si j'avois fixé le jour de mon départ pour Berlin? Je lui répondis, que n'ayant point encore reçu de réponse du roi, je n'avois point d'argent pour le voyage. Il me dit d'un air ironique: je vois bien que cela traînera en longueur, et pour vous faire partir, je sacrifierois volontiers 10 mille florins. Je le remerciai de ses bonnes intentions, l'assurant, que s'il vouloit me donner 2000 écus, je lui en serois très-redevable. Il me conta ensuite, qu'il se présentoit deux partis pour la princesse Charlotte; c'étoient le duc de Weissenfeld et le prince de Usingen; que sa fille s'étoit déclarée pour le second de ces princes et qu'il demandoit mon avis là-dessus. Je fis ce que je pus pour l'y persuader, mais il refusa, quoiqu'on pût lui dire, ces deux concurrens, ne voulant pas, disoit-il, marier sa fille aînée avant la cadette. Celle-ci étoit très-mécontente en Ostfrise. Elle y avoit tout gâté par ses hauteurs et par ses mauvaises façons envers son oncle et sa tante; elle vouloit à toute force retourner à Bareith et prioit instamment son père de la faire revenir. Le Margrave n'étoit point de son avis, en concevant très-bien les suites. Il étoit résolu, si le mariage se rompoit, de lui faire faire un tour en Danemark avant que de retourner à Bareith, pour empêcher l'éclat que feroit cette rupture. Au lieu de 2000 écus, que j'avois demandés, il m'envoya le jour suivant 1000 florins, ce qui ne suffisoit pas pour payer la poste. Pour comble d'infortune je fus encore obligée d'aller à Cobourg voir ma tante, la duchesse de Meiningen, qui étoit venue me rendre visite l'été précédent. C'étoit un voyage de politique; elle m'avoit donné quelque espérance de me faire héritière des biens immenses qu'elle possédoit, et dont elle étoit maîtresse absolue. Cette méchante princesse auroit réparé par cette action tous les maux qu'elle avoit causés au pays et à la maison de Culmbach, qu'elle avoit totalement ruinée et réduite dans le triste état où je l'avois trouvée.

Cobourg n'étant qu'à huit milles de Bareith, je m'y rendis en un jour et y arrivai le soir 3. Novembre. Je trouvai ma bonne tante requinquée, à son ordinaire, en fleurs et en colifichets. Notre entrevue coûta cher à ses tetons flétris et surannés, elle les fouetta doublement à mon honneur et gloire, m'appelant mille fois sa chère âme. Son appartement et celui qu'on m'avoit préparé étoit de la plus grande magnificence, tant en meubles qu'en argenterie; on y voyoit partout les armes de Brandebourg, ce qui me fit faire de tristes réflexions. Je passai le jour suivant à causer et à travailler avec la duchesse, n'y ayant point de noblesse ni de cour à Cobourg que la sienne, qui étoit très-médiocre. Je ne pus obtenir aucune résolution favorable pour moi; elle me réitéra ses promesses, mais ne voulut faire point de testament en ma faveur; on m'avertit même secrètement, qu'elle m'avoit dupée comme bien d'autres, qu'elle avoit leurrés pour en tirer des présens.

Je retournai le 5. à Bareith, en maudissant cette vieille sempiternelle. Le Margrave étoit de nouveau incommodé; sa santé étoit si dérangée depuis quelque temps par la boisson, qui lui attaquoit la poitrine et les nerfs, que la faculté n'en auguroit rien de bon. Il fut charmé du choix que j'avois fait de Mlle. de Sonsfeld pour rester auprès de ma fille. J'eus bien de la peine à persuader celle-ci d'accepter cet emploi. Le Margrave, qui l'estimoit beaucoup, joignit ses prières aux miennes, ce qui la détermina enfin d'acquiescer à nos désirs. N'ayant donc plus rien qui pût m'arrêter à Bareith, j'en partit le 12. Le congé que je pris du Margrave, ne fut pas des plus tendres, nous étions réciproquement charmés de nous séparer. Je laissai Mr. de Voit auprés ne lui, pour lever tout ombrage. Mr. de Sekendorff, qu'il m'avoit donné pour écuyer, fut de ma suite. C'étoit un garçon d'esprit, qui avoit voyagé et qui étoit assez agréable dans la société.

La saison et les chemins étoient diaboliques; cependant ne me reposant que deux on trois heu res la nuit, j'arrivai le 16. à Berlin. Pour mes péchés le roi en étoit parti la veille, pour aller à Potsdam, et la reine avoit fait ce jour-là ses dévotions. Quoiqu'elle fût informée par une estafette, que j'avois envoyée d'avance, de mon arrivée, elle fit semblant de l'ignorer. Je descendis de carosse sans lumière; mes jambes étoient si engourdies, que je tombai de mon long. Mr. de Brand, grand-maître de la reine, se trouva par hazard à mon passage, et eut la charité de m'aider à marcher. Personne ne vint au devant de moi que mes soeurs, qui me reçurent à la porte de la chambre d'audience. Je vis de loin la reine dans sa chambre de lit, qui balançoit à venir à ma rencontre. Elle prit enfin ce parti, et après m'avoir embrassée, elle me présenta le prince, qu'elle avoit caché. J'eus tant de joie de le revoir, que j'oubliai la mauvaise réception qu'on m'avoit faite. Je n'eus pourtant pas le temps de lui parler; elle me prit par la main et me conduisit dans son cabinet, où elle se flanqua sur un fauteuil, sans m'ordonner de m'asseoir. Me regardant alors d'un air sévère: que venez-vous faire ici? me dit-elle. Tout mon sang se glaça par ce début. Je suis venue, lui répondis-je, par ordre du roi, mais principalement pour me mettre aux pieds d'une mère que j'adore et dont l'absence m'étoit insupportable. Dites plutôt, continua-t-elle, que vous y venez pour m'enfoncer un poignard dans le coeur, et pour convaincre tout le genre humain de la sottise que vous avez faite d'épouser un gueux. Après cette démarche vous deviez rester à Bareith, pour y cacher votre honte, sans la publier encore ici. Je vous avois mandé de prendre ce parti. Le roi ne vous fera aucun avantage et se repent déjà des promesses qu'il vous a faites. Je prévois d'avance que vous nous rabattrez les oreilles de vos chagrins, ce qui m'ennuiera beaucoup, et que vous nous serez à charge à tous.

Ces propos me percèrent le coeur. Je fondis en larmes; je craignois la reine plus que la mort; j'étois dans la galère, il falloit y voguer; je me jetai à ses genoux; je lui tins les discours les plus tendres. Elle me laissa une bonne demi-heure dans cette situation; soit que mes larmes l'eussent touchée, ou qu'elle voulût pourtant garder quelque bienséance, elle me releva enfin. Je veux bien, me dit-elle d'un air méprisant, avoir compassion de vous et oublier le passé, à condition que vous changiez de conduite à l'avenir. (On verra plus loin ce qu'elle entendoit par-là) Elle sortit en prononçant ces dernières paroles.

Mlle. de Pannewitz entra dans ces entrefaites. Elle avoit été beaucoup de mes amies; je courus l'embrasser et lui faire part de mon désastre. Elle ne me répondit rien, me regardant du haut en bas. Les autres dames, à l'exception de Mdme. de Kamken, en firent de même. Celle-ci me dit tous bas, que je devois me contraindre, qu'elle feroit son possible pour me rendre service et que tout changeroit dans quelques jours. Le prince, qui remarquoit mon trouble, me regardoit tristement, ne pouvant rien comprendre au changement subit de la reine. Le repas s'accorda avec le début. Ma soeur Charlotte se mit sur ma friperie et n'épargna pas sa sanglante satire. La reine lui jetoit des regards d'approbation à chaque trait malin qu'elle me lançoit. Je gardois le silence à ces propos offensans, mais le diable n'y perdit rien, car je crevois de dépit. Mes soeurs Sophie et Ulrique me dirent en passant tout bas, qu'elles m'aimoient toujours; qu'elles auroient bien des choses à me communiquer, mais qu'elles n'osoient me parler, la reine le leur ayant défendu. Malgré toutes les fatigues que j'avois endurées ce jour-là, elle me retint jusqu'à une heure après minuit.

Dès que je fus retirée, nos jérémiades commencèrent. Je contai au prince et à Mdme. de Sonsfeld l'accueil que la reine m'avoit fait. Elle me dit, que celui qu'elle en avoit reçu valoit le mien. Le prince me flattoit encore que mon sort changeroit par le retour du roi; mais mon Dieu! qu'il le connoissoit peu. J'écrivis le lendemain à ce prince, pour lui notifier mon arrivée. J'eus cependant la consolation de recevoir une lettre de mon frère, que Mr. de Knobelsdorff, son gentil-homme, me rendit. Il m'assuroit, qu'il comptoit me voir le surlendemain. Je l'aimois toujours bien tendrement et son amitié faisoit mon unique espérance. Ma soeur Charlotte vint aussi me rendre visite, ou plutôt au prince, car elle ne fit que badiner avec lui, sans me regarder. La reine me fit un peu meilleur visage que la veille. Elle vivoit alors dans une retraite profonde, ne voyant pas même les princesses du sang; elle se faisoit lire l'après-dîner et jouoit le soir. J'eus beaucoup de monde ce jour-là, qui vint chez moi plus par bienséance, que par autre raison, car j'essuyai bien des discours désagréables.

Le roi arriva le soir suivant. Il me reçut fort froidement. Ha, ha! me dit-il, vous voilà; je suis bien aise de vous voir, m'éclairant avec une lumière; vous êtes bien changée, continua-t-il; que fait la petite Frédérique? Que je vous plains, poursuivit-il, après que je lui eus répondu, vous n'avez pas le pain et sans moi vous seriez obligée de gueuser. Je suis aussi un pauvre homme je ne suis pas en état de vous donner beaucoup; je ferai ce que je pourrai; je vous donnerai par dix ou douze florins, selon que mes affaires le permettront; ce sera toujours de quoi soulager votre misère; et vous, Madame, adressant la parole à la reine, vous lui ferez quelquefois présent d'un habit, car la pauvre enfant n'a pas la chemise sur le corps. Je crevois dans ma peau de me voir traitée si charitablement, et maudissois ma sotte crédulité, qui m'avoit entraînée dans ce labyrinthe. Ce pompeux raisonnement me fut encore répété le jour suivant en pleine table. Le prince en rougit jusqu'aux ongles; il répondit au roi, qu'un prince qui possédoit un pays tel que le sien, ne pouvoit passer pour un gueux que son père étoit seul cause de la triste situation où il se trouvoit, ne voulant rien lui donner, suivant en cela l'exemple de beaucoup d'autres. Le roi rougit à son tour, se sentant coupable de cette foiblesse, et changea de discours.

J'eus enfin le lendemain le plaisir de voir mon frère. Il fut si charmé de me trouver auprès de la reine, qu'il se donna à peine le temps de lui dire deux mots, pour venir m'embrasser. Il est aisé de s'imaginer que notre entrevue fut des plus tendres. Nous avions tant de choses à nous dire, que nous ne savions par où commencer. Je lui contai tous mes désastres. Il me parut surpris de la réception qu'on m'avoit faite et me dit qu'il falloit que quelque chose secrète, qu'il ignoroit encore, eût produit ce subit changement; qu'il tâcheroit de s'en éclaircir et parleroit à Grumkow et à Sekendorff en ma faveur, ces deux personnages étant entièrement dans ses intérêts, et que pour ce qui regardoit la reine, il se chargeoit de lui faire entendre raison, ayant un grand ascendant sur elle. Elle se promenoit pendant toute cette conversation avec ma soeur et paroissoit inquiète. Nous nous rapprochâmes d'elles.

La reine fit tomber le discours à table sur la princesse royale future. Votre frère, me dit-elle en le regardant, est au désespoir de l'épouser et n'a pas tort; c'est une vraie bête, elle répond à tout ce qu'on lui dit par un oui et un non, accompagné d'un rire niais, qui fait mal au coeur. Oh! dit ma soeur Charlotte, votre Majesté ne connoît pas encore tout son mérite. J'ai été un matin à sa toilette; j'ai cru y suffoquer, elle puoit comme une charogne; je crois qu'elle a pour le moins dix ou douze fistules, car cela n'est pas naturel. J'ai remarqué aussi qu'elle est contrefaite; son corps de jupe est rembourré d'un côté, et elle a une hanche plus haute que l'autre. Je fus fort étonnée de ces propos, qui se tenoient en présence des domestiques et surtout en celle de mon frère. Je m'aperçus qu'il changeoit de couleur et qu'ils lui faisoient de la peine. Il se retira aussitôt après souper. J'en fis autant. Il vint me voir un moment après. Je lui demandai s'il étoit satisfait du roi? Il me répondit, que sa situation changeoit à tout moment; que tantôt il étoit en faveur et tantôt en disgrâce; que son plus grand bonheur consistoit dans l'absence; qu'il menoit une vie douce et tranquille à son régiment; que l'étude et la musique y faisoient ses principales occupations; qu'il avoit fait bâtir une maison et fait faire un jardin charmant, où il pouvoit lire et se promener. Je le priai de me dire, si le portrait que la reine et ma soeur m'avoient fait de la princesse. de Brunswick étoit véritable? Nous sommes seuls, repartit-il, et je n'ai rien de caché pour vous, je vous parlerai avec sincérité. La reine par ses diables d'intrigues est la seule source de nos malheurs. A peine avez-vous été partie, qu'elle a renoué avec l'Angleterre; elle a voulu vous substituer ma soeur Charlotte et lui faire épouser le prince de Galles. Vous jugez bien qu'elle a employé tous ses efforts pour faire réussir son plan et pour me marier avec la princesse Amélie. Le roi en a été informé aussitôt que ce dessein a été tramé, la Ramen (qui est plus en grâce que jamais auprès d'elle) l'en ayant averti. Ce prince a été piqué au vif de ces nouvelles manigances qui ont causé maintes brouilleries entre la reine et lui. Sekendorff s'en est enfin mêlé, et a conseillé au roi de mettre fin à ces tripoteries, en concluant mon mariage avec la princesse de Brunswick. La reine ne peut se consoler de ce revers; le désespoir où elle est lui fait exhaler son venin contre cette pauvre princesse. Elle a prétendu de moi que je refuse absolument ce parti, et m'a dit, qu'elle ne se soucioit point, si la mésintelligence recommençoit entre le roi et moi; que je devois seulement témoigner de la fermeté et qu'elle sauroit bien me soutenir. Je n'ai point voulu suivre son conseil et lui ai déclaré nettement, que je ne voulois pas encourir la disgrâce de mon père, qui m'a fait assez souffrir par le passé. Pour ce qui regarde la princesse, je ne la hais pas tant que j'en fais semblant; j'affecte de ne pouvoir la souffrir, pour faire d'autant plus valoir mon obéissance auprès du roi. Elle est jolie, son teint est de lis et de roses, ses traits sont délicats et tout son visage ensemble fait celui d'une belle personne; elle n'a point d'éducation et se met très-mal, mais je me flatte, que lorsqu'elle sera ici, vous aurez la bonté de la former. Je vous la recommande, ma chère soeur, et j'espère que vous la prendrez sous votre protection. On peut bien juger que ma réponse fut telle qu'il pouvoit la désirer.

Le roi nous annonça qu'il avoit fait venir une troupe de comédiens allemands. Nous vîmes le soir ce beau spectacle, qui étoit propre à dormir debout. Il y prit tant de goût, qu'il engagea la troupe. On étoit excommunié quand on n'y alloit pas. Le spectacle duroit quatre heures; on n'osoit ni remuer ni parler sans s'attirer des mercuriales; le froid y étoit excessif, ce qui faisoit beaucoup de tort à ma santé. Mon frère me dit, qu'il avoit parlé en ma faveur avec Sekendorff et Grumkow; que ce premier l'avoit prié de lui obtenir une audience secrète auprès de moi, et qu'il me conseilloit fort de le voir. C'est un brave homme ajouta-t-il en riant, car il m'envoie souvent des espèces dont j'ai grand besoin. J'ai déjà imaginé qu'il pourroit vous en procurer aussi; mes galions sont arrivés hier et j'en partagerai la charge avec vous. En effet il m'apporta le lendemain 1000 écus, m'assurant qu'il m'en feroit avoir davantage. Je fis beaucoup de difficultés pour les accepter, ne voulant pas lui être à charge. Il hocha la tête et me répondit prenez-les hardiment, car l'Impératrice me fait tenir autant d'argent que j'en veux, et je vous assure que je déloge d'abord le diable de chez moi quand il vient s'y nicher. Mdme l'Impératrice, lui repartis-je, est donc meilleure exorciste que les autres prétres? Oui, me dit-il, et je vous promets qu'elle fera déloger votre diable aussi bien que le mien.

Quoique je fusse environnée d'espions de la reine, qui l'informoient tout de suite de toutes les allées et venues qui se faisoient chez moi, le prince trouva pourtant moyen d'introduire secrètement Sekendorff dans mon appartement. Je lui détaillai ma situation présente, tant du côté de Berlin que de celui de Bareith. Ce ministre étoit fort estimé du prince mon beau-père, qui avoit une grande confiance en lui. Il me répliqua d'abord, qu'il considéroit mon état comme un mal sans remède. Je connois à fond le Margrave, me dit-il, c'est un prince faux, dissimulé et soupçonneux; son petit génie est sans cesse agité de mille craintes; il s'est fiché dans la tête qu'on veut le forcer d'abdiquer; quel temps ne faudra-t-il pas pour lui ôter cette idée; je suppose même qu'on y réussisse, cela ne vous servira de rien, car il trouvera toujours de nouveaux sujets d'exercer son imagination et de vous faire enrager; il n'y a donc rien à espérer de ce côté-là. J'en dis autant du roi. Celui-ci est idolâtre de son argent, les beaux yeux de sa cassette l'attachent uniquement. Vous le connoissez, Madame, et vous devez savoir qu'il n'est pas facile à gouverner; nous pouvons faire Grumkow et moi tout le mal qu'il nous plait, en revanche nous n'avons aucun crédit pour faire du bien. Il est vrai que ce prince a des intervalles de générosité, lorsqu'on saisit son premier mouvement, mais ce premier mouvement passé, on n'en tire plus rien. Il en est au repentir de toutes les promesses qu'il a faites à votre Altesse royale à l'hermitage et vous cherchera noise, pour pouvoir les rétracter. Vous voyez donc bien, Madame, qu'il faut vous armer de patience, la mort du Margrave étant le seul remède à vos maux, sa santé a toujours été très-foible, et il ne manquera pas de se tuer à force de boire. Cependant il vous reste encore une ressource. L'Impératrice m'ordonne de vous assurer de la haute estime et tendresse qu'elle a conçue pour votre Altesse royale sur le portrait avantageux qu'on lui a fait d'Elle; elle tâchera de vous convaincre en toute occasion de ses sentimens. Cette princesse est fort touchée d'apprendre l'éloignement que le prince royal semble avoir pour la princesse de Brunswick, sa nièce; elle souhaite avec ardeur une bonne harmonie entre ces époux futurs, se flattant de resserrer encore plus étroitement par cette alliance les noeuds de l'amitié qui régne entre les maisons d'Autriche et de Prusse. Votre Altesse royale y peut contribuer mieux que personne par l'ascendant qu'Elle a sur l'esprit du prince son frère. Elle vous recommande cette nièce si chère et vous assure, qu'elle vous marquera sa reconnoissance par des preuves authentiques et qu'elle tâchera de vous faire plaisir en toute occasion. Je suis très-redevable, lui répondis-je, aux bontés que l'Impératrice me témoigne; j'aurois prévenu ses désirs quand même elle ne les auroit pas expliqués. Mon frère étant promis et n'y ayant, selon toute apparence, aucun obstacle qui puisse mettre empêchement à son mariage, je croirois agir contre mon devoir, si je ne travaillois de tout mon pouvoir à fomenter une bonne harmonie entre lui et sa future épouse. Il suffit qu'elle porte ce titre pour m'engager d'avoir pour elle tous les égards et toute considération qu'exige une personne qui appartient de si près à un frère qui m'est cher, et que j'aime avec tant d'ardeur. Je souhaiterois, Monsieur, que vous pussiez me donner d'aussi favorables résolutions que celles-ci sur le détail de mes chagrins, auxquels je sens bien que je succomberai. Je rompis cet entretien, dont je fus très-peu édifiée.

Mon frère retourna quelques jours après à son régiment, ce qui acheva de m'accabler de toute manière. Le roi s'occupoit de la comédie et de force repas qu'on lui donnoit. Grumkow, Sekendorff et plusieurs généraux le traitoient tous les jours à la ronde; on s'y enivroit à ne pouvoir rester debout. Le pauvre prince héréditaire étoit de toutes ces fêtes. Le roi le forçoit à boire malgré qu'il en eût. Il nous maltraitoit l'un et l'autre et ne nous parloit que pour nous dire des duretés. La reine au contraire en agissoit bien avec le prince et très-mal avec moi. Ma soeur, qui la gouvernoit entièrement, jalouse de l'amitié que mon frère m'avoit témoignée, l'animoit et tournoit en mal toutes mes actions et mes paroles. Elle ne pouvoit cacher le penchant qu'elle avoit pour le prince, tout le monde s'en apercevoit; elle lui attiroit les caresses de la reine et chantoit sans cesse ses louanges. Il badinoit avec elle, feignant de ne point s'apercevoir de l'inclination qu'elle avoit pour lui.

Les fatigues et les chagrins commençoient à me ruiner la santé. J'étois très-inquiète à l'égard de celle du prince. Il revint un jour d'un de ces fameux repas, qui s'étoit donné chez le général Glasenap, plus pâle que la mort et dans un emportement si terrible, qu'il trembloit comme une feuille. Je fus fort effrayée de le voir en cet état, et ma frayeur fut augmentée par une défaillance qu'il prit un moment après. Quoiqu'à demi-morte moi-même, je lui donnai promptement du secours et le rappelai à la vie. Il me conta alors la scène qui s'étoit passée entre le roi et lui. Ce prince, contre sa coutume, ne l'avoit point placé à table à côté de lui. Sekendorff avoit été obligé par son ordre de se mettre entre eux deux. Le roi, adressant la parole à Sekendorff, lui dit assez haut pour que le prince pût l'entendre: je ne puis souffrir mon gendre, c'est un sot; je fais ce que je puis pour le morigéner et j'y perds mes peines; il n'a pas seulement l'esprit de vider un grand verre et ne prend plaisir à rien. Le prince en tenoit justement un qu'on lui avoit porté à la santé du roi. Outré de ce qu'il venoit d'entendre: je voudrois dit-il tout haut à Sekendorff, que le roi ne fût pas mon beau-père, je lui ferois voir bientôt que ce sot dont il parle, pourroit lui faire changer de langage, et qu'il n'est pas homme à se laisser maltraiter. Il avala en même temps cette furieuse lampée, qui lui fut quasi aussi funeste que du poison. Le roi devint cramoisi de colère; il se contint toutefois assez pour ne rien répliquer. Il se leva peu après de table et s'en retourna seul dans sa chaise, sans y faire placer le prince, qui fut obligé de retourner à pied au château, n'ayant point de voiture. Il étoit dans une telle fureur, que je crus qu'il prendroit une attaque d'apoplexie.

Comme il n'étoit pas en état d'aller a la comé die et que j'y craignois de nouvelles catastrophes, je fis faire ses excuses et les miennes à la reine, sous prétexte qu'il étoit incommodé. Elle me fit répondre, que le prince pouvoit faire ce qui lui plaisoit; qu'elle ne feroit point nos excuses au roi et qu'absolument je devois sortir. Il ne voulut pas rester seul; nous allâmes l'un et l'autre à cette chienne de comédie. Je mis une coëffe, pour cacher mon désordre, et ne fis qu'y pleurer. Le prince étoit si défait, que tout le monde s'en aperçut.

Nous nous retirâmes aussitôt après souper. Il fut très-malade toute la nuit et voulut à toute force retourner à Bareith. J'étois de son avis, mais Sekendorff et Grumkow l'en détournèrent, en l'assurant, qu'ils parleroient très-fortement à son sujet au roi et tâcheroient de lui faire changer de conduite. Ils boudèrent ensemble tant qu'il resta à Berlin. Il retourna enfin à Potsdam, où nous le suivîmes l'année 1733.

La santé du prince étoit fort dérangée; il maigrissoit à vue d'oeil et se trouvoit incommodé d'une toux qui ne lui laissoit de repos ni jour ni nuit. Les médecins de Berlin commençoient à craindre qu'il ne prît l'étisie, ce qui me mettoit dans de cruelles alarmes. Le séjour de Potsdam ne fit que les augmenter; les veilles et les fatigues continuelles qu'il enduroit augmentèrent son mal. La triste vie que nous y menions abattoit l'esprit autant qu'elle nuisoit au corps. On dînoit à midi. Le repas étoit mauvais et si mince, qu'on ne pouvoit se rassasier. Un fou, placé vis-à-vis du roi, lui contoit les nouvelles des gazettes, sur lesquelles il faisoit des commentaires politiques aussi ennuyeux que ridicules. Au sortir de table le prince dormoit dans un fauteuil, placé à côté de la cheminée; nous étions tous à l'entour de lui à le voir ronfler; son sommeil duroit jusqu'à trois heures, puis il alloit se promener à cheval. J'étois obligée de rester toute l'après-midi chez la reine et de lire devant elle ce que je ne pouvois supporter. Les piquanteries et les mercuriales ne cessoient point. A force d'en entendre j'aurois dû m'y accoutumer, mais ma sensibilité naturelle me les faisoient sentir bien vivement. Je ne voyois presque point le prince, la reine ne le vouloit pas; le moindre coup-d'oeil que je lui faisois, étoit un crime qu'il falloit expier par de sanglantes railleries. Le roi revenoit à six et se mettoit à peindre ou plutôt à barbouiller jusqu'à sept; ensuite il fumoit. La reine jouoit pendant ce temps au tocadille. On soupoit le soir à huit heures chez cette princesse; la table duroit toujours jusqu'à minuit; la conversation étoit semblable au sermon de certains prédicateurs, qui sont des remèdes contre l'insomnie. C'étoit la Montbail qui en faisoit les frais et qui nous assommoit avec ses vieux contes et légendes de la cour d'Hannovre que nous savions par coeur. Toutes les différentes situations de ma vie ne m'ont rien paru en comparaison de celle-là; rien ne m'étoit plus cher que le prince, je le voyois dépérir journellement, sans pouvoir le soigner ni le secourir. J'étois maltraitée de tous côtés, je n'avois pas un sou et je souffrois continuellement. La seule pensée réjouissante qui me restât encore, étoit celle d'une mort prochaine, toujours le dernier secours des malheureux; j'avois un dégoût continuel; je ne me suis nourrie deux ans entiers que d'un morceau de pain sec et d'eau toute pure, sans rien prendre hors des repas, mon estomac ne pouvant même supporter le bouillon.

Le roi fut fort affligé en ce temps-ci en apprenant la nouvelle du décès du roi de Pologne. Ce prince avoit rendu l'esprit à Varsovie, où il s'étoit rendu pour assister à la diète. Grumkow l'avoit vu sur la route à Frauenblatt, où il avoit été le complimenter de la part du roi de Prusse. Ils firent une forte débauche ensemble en vin d'Hongrie, ce qui accéléra la fin de ce prince. Le congé qu'il prit de ce ministre, qu'il aimoit beaucoup, fut des plus tendres; adieu! mon cher Grumkow, lui dit-il, je ne vous reverrai plus. Quelques jours avant l'arrivée du courrier, Grumkow dit au roi en ma présence et celle de plus de 40 témoins: Ah! Sire, je suis au désespoir, le pauvre patron est mort. J'étois cette nuit bien éveillé, tout-à-coup le rideau de mon lit s'est ouvert; je l'ai vu, il avoit un habit mortuaire; il m'a regardé fixement; j'ai voulu me lever, étant fort altéré, mais ce fantôme a disparu. Il se trouva par hazard que le roi de Pologne décédât cette même nuit. Je crois que Grumkow ayant l'esprit frappé des dernières paroles que lui avoit dites ce prince, avoit pris ce songe pour une vérité. Quoiqu'il en soit, cette vision le rendit mélancolique pendant quelque temps, et ce ne fut qu'avec le secours du vin de Hongrie qu'il reprit sa gaieté naturelle.

Cependant le prince héréditaire s'affoiblissant à vue, succomba sous le poids de son mal et n'étoit plus en état de quitter le lit. J'envoyai chercher le chirurgien-major du régiment du roi, qui lui trouva de la fièvre. Il se chargea de faire ses excuses au roi, auquel il exagéra si bien le danger dans lequel il se trouvoit, que ce prince en fut fort effrayé. L'inquiétude que ce récit lui causa l'obligea de venir nous voir. Il parut surpris de trouver en si peu de temps le prince si changé; la peur qu'il eut de sa mort prochaine lui fit dépêcher sur-le-champ une estafette à Berlin, pour en faire venir les plus fameux médecins. Je vis entrer le jour suivant toute la faculté en procession dans ma chambre. Le prince ne put s'empêcher de rire en voyant ces doctes personnages, et me demanda, si je voulois le faire recevoir médecin, ou l'envoyer à l'autre monde? Après que cette noble faculté eut examiné toutes les circonstances de son mal, elle conclut, que moyennant du repos et beaucoup de régime, on pourroit prévenir l'étisie.

J'étois seule avec Mdme. de Sonsfeld à Potsdam, ayant été obligée de laisser le reste de ma suite à Berlin par ordre du roi. Je ne quittois ni nuit ni jour le prince, et ne m'absentois qu'un quart d'heure pour rendre mes devoirs à la reine et au roi. Ce dernier me faisoit mille caresses et louoit mon assiduité auprès de mon époux, en disant que toutes les femmes devoient suivre le bon exemple que je leur donnois. Je suis très-bien informé, me dit-il une après-midi que je lui faisois ma cour, de ce qui cause la maladie de votre mari. Il s'est fâché de quelques propos que j'ai tenus sur son sujet le jour que je dînai chez Glasenap, et il s'est fort emporté ici contre quelques-uns de mes officiers, qui l'ont raillé assez fortement par mon ordre. J'ai eu tort, mais tout ce que j'ai fait n'a été que par bonne intention et par amitié pour vous et pour lui. J'ai voulu le dégourdir, il faut qu'un jeune homme ait de la vivacité et de l'étourderie et qu'il ne soit pas toujours comme un Caton; mes officiers sont tous propres à le former.

La mauvaise humeur de la reine continuoit toujours, elle me cherchoit noise sur tout ce que je faisois. Lorsque je venois le matin chez elle, elle me disoit: bon jour! Madame, mon Dieu! comme vous voilà bâtie; vous êtes coëffée comme une folle, et toujours ce cou alongé; je vous l'ai dit déjà cent fois que je ne puis souffrir votre mauvais air, vous me ferez enfin perdre patience. C'étoit le refrain de tous les jours. Elle vouloit que je fusse habillée à la mode de Berlin; on y portoit les cheveux tout plats sans la moindre frisure; les miens étoient accommodés à la françoise, le prince héréditaire l'ayant voulu comme cela, et d'ailleurs on les portoit ainsi par tout pays, hors à Berlin. J'étois si maigre, que j'avois peine à me tenir dans mon corps de jupe, et ayant toujours l'estomac enflé, je souffrois beaucoup quand je voulois me redresser; mais tout cela n'étoient qu'excuses frivoles qu'on n'acceptoit pas.

Les nouvelles que je reçus dans ce temps-là de Bareith furent bien satisfaisantes. Mlle. de Sonsfeld me mandoit que la santé du Margrave dépérissoit à vue. Il étoit allé à Neustat voir son malotru de frère, dont j'ai fait le portrait ci-dessus. Ce prince venoit d'épouser une princesse d'Anhalt-Schaumbourg. Le Margrave fit des dépenses énormes pendant son séjour de Neustat; il y passoit les journées entières à boire et à se divertir. Il fit une terrible chûte dans son ivresse, étant tombé d'un escalier. On l'emporta à demi-mort dans son appartement. Je ne sais s'il se blessa intérieurement, les médecins qu'il avoit autour de lui étant si ignorans, qu'on ne pouvoit se fier à leur rapport. Soit donc la chûte ou la boisson, l'une des deux au moins lui causa une si terrible perte de sang par les hémorroïdes, qu'on s'attendoit à le voir expirer. On envoya même chercher un ecclésiastique, pour lui faire la prière et le préparer à la mort, mais son tempérament le sauva encore pour cette fois et il se remit, quoique fort lentement.

Tout le monde crioit depuis ce temps après notre retour. Le Margrave le souhaitoit lui-même et m'écrivit, que je devois lui mander de quelle façon il devoit s'y prendre pour nous faire retourner à Bareith. Je montrai sa lettre à quelques personnes dont j'étois sûre qu'ils le rediroient au roi, et leur contai toutes les circonstances que je viens de rapporter. On ne manqua pas d'en avertir le roi. Il ne vouloit pas nous perdre et malgré cela il ne vouloit pas en agir bien avec nous. Cependant il résolut de tâcher de nous regagner, pour nous ôter toute idée de départ. Il me fit mille caresses et me parla avec éloge du prince héréditaire, mais tout cela ne me touchoit plus, j'avois été trop souvent trompée pour être plus long-temps sa dupe. Le roi ne se portoit point bien; il étoit fort changé de visage et le corps lui enfloit toutes les nuits. Une après-midi qu'il dormoit et que nous étions toutes assises autour de lui, il lui prit une suffocation. Comme il ronfloit toujours extrêmement fort, nous ne nous en aperçûmes pas d'abord. Je fus la première à remarquer qu'il devenoit tout noir et que le visage lui enfloit. Je me mis à crier en le disant à la reine; elle le poussa plusieurs fois pour le réveiller, mais inutilement. Je courus appeler du monde; on lui coupa la cravate et nous lui jetâmes tous de l'eau dans le visage, ce qui le fit enfin revenir peu à peu. Il fut fort altéré de cet accident mais tous les médecins qu'il avoit autour de lui pour lui faire leur cour, traitèrent cela en bagatelle, quoique dans le fond il fût fort dangereux et chacun se disoit à l'oreille que c'étoit une goutte remontée, qui pouvoit lui jouer de mauvais tours.

Le belle saison qui réjouit et fait revivre la nature ne fut pour nous qu'une nouvelle pénitence; nous étions obligés d'aller tous les soirs au ardin du roi. Ce prince lui avoit donné le nom de Marli je ne sais pourquoi. C'étoit un très-beau jardin potager, où le roi s'étoit fait un plaisir de ramasser toutes des meilleurs sortes de fruits qu'il y ait en Europe; mais il n'y avoit pas le moindre agrément à s'y promener, n'y ayant point d'ombre. Nous y allions à trois heures de l'après-midi pour nous griller à la fraîcheur de Mr. de Vendôme. On y soupoit à huit heures très-frugalement et sans se charger l'estomac, et on se retiroit à neuf heures. Le roi se levait tous les jours à quatre heures du matin, pour être présent à l'exercice de son régiment. Cet exercice se faisoit sous mes fenêtres, et comme je logeois au rez de chaussée, je ne pouvois fermer les yeux de toute la nuit, car on tiroit par divisions et par pelotons. Un soldat, voulant charger trop vîte, et n'ayant pas eu le temps de tirer la baguette de son fusil, le coup donna dans ma chambre et abattit le miroir de ma toilette, qui par un hazard sans exemple resta dans son entier.

Je supportois toutes ces fatigues avec patience, le retour du prince héréditaire me causoit trop de joie pour penser à autre chose. Il arriva le 21. de Mai à Potsdam en compagnie de mon frère. J'eus la satisfaction de lui trouver beaucoup meilleur visage que lorsqu'il étoit parti, mais sa toux continuoit toujours, quoiqu'elle fût fort diminuée. Le roi le reçut très-bien et fut très-content du rapport qu'il lui fit de son régiment. La Margrave Albertine, sa fille et le prince de Berenbourg arrivèrent le même soir. Les noces de ce dernier étoient fixées au lendemain. La princesse Albertine étoit dans un contentement parfait, et ne faisoit que rire lorsqu'on lui parloit de son futur. Elle avoit deux dames qui faisoient son écho; le prince donnoit le signal par un éclat de rire, ses deux dames y répondoient et nous trouvions cela si drôle, que nous en riions aussi, si bien que ce n'étoient que risées. Le roi qui aimoit à tourmenter la promise, lui disoit maintes gravelures, auxquelles elle ne répondoit qu'en riant et s'attiroit à elle et à nous tous de grosses sottises. Je me tuois de lui dire de prendre son sérieux, mais c'étoit peine perdue, et sa joie d'avoir bientôt un si aimable mari étoit trop vive pour la contenir.

Le prince héréditaire et le prince Charles de Brunswick, que le roi avoit aussi invité à la noce, allèrent le lendemain rendre visite au promis, plus pour s'en divertir que par civilité. Il n'y avoit que lui qui ignorât qu'il devoit se marier le soir, ses distractions ou sa courte mémoire le lui avoient fait oublier. Il juroit comme un charretier qu'il n'avoit ni habit ni robe de chambre, et qu'il falloit remettre la noce au lendemain. Cela divertit beaucoup le roi. Le prince héréditaire fut obligé de lui prêter sa robe de chambre. Il en fut si reconnoissant, qu'il lui demanda conseil sur tout ce qu'il devoit faire. Dieu sait en quelles mains charitables il étoit tombé et les conseils qu'il lui donna. Je sais bien que je n'ai rien vu de plus comique que cette noce. Il y eut trois jours de suite bal, où nous nous en donnâmes au coeur joie. Mais cette joie s'évanouit bien vite, car le prince héréditaire fut obligé de retourner à son régiment. Il repartit le 26. de Mai aussi bien que mon frère et toutes les autres principautés.

Le roi avoit été fort charmé du prince héréditaire; il me dit qu'il le trouvoit fort changé à son avantage. Ce sera mon gendre favori, ajouta-t-il; et adressant la parole à la reine: j'aime trop mes enfans, lui dit-il, oui, que le diable m'emporte! si je ne donne à mon gendre tout l'argent que je lui ai prêté, pourvu qu'il continue à en agir comme il le fait à présent. Je m'approchai de lui, et lui baisant la main je le remerciai avec les termes les plus tendres, et comme il me répéta encore une fois ce qu'il venoit de dire à la reine, je lui répondis, que je serois au désespoir s'il pouvoit s'imaginer qu'il y eût quelques vues d'intérêt dans notre conduite; qu'il étoit vrai que nous avions eu besoin de son secours, mais que nous ne voulions point lui être à charge, et que, si je savois que la promesse qu'il venoit de me faire l'incommodât le moins du monde je serais la première à refuser cette grâce. Les larmes lui vinrent aux yeux, et me regardant tendrement: non, dit-il, ma chère fille, je ne me résoudrai jamais à vous laisser partir d'ici et j'aurai soin de vous tant que je respirerai. Je fus touchée de ces dernières paroles, mais elles m'alarmèrent beaucoup; je connoissois trop l'inconstance du roi pour me fier à toutes ces belles paroles. J'y fus pourtant sensible; je l'aimai tendrement, et sans la jalousie que la reine avoit contre moi, j'aurois pu regagner son coeur; mais il étoit impossible qu'on pût être bien auprès de l'un sans se brouiller avec l'autre. Elle me rendit bien cher ce moment de douceur que je venois de goûter, et ne fit que me quereller depuis le matin jusqu'au soir. Je n'ai jamais pu approfondir une intrigue qu'on avoit formée contre le prince héréditaire et moi, je ne sais pas encore qui en étoit l'auteur; mais je sais bien qu'en ce temps-là on fit ce que l'on put pour mettre la désunion entre nous. On venoit me dire pis que pendre de lui, pendant qu'on lui en disoit autant de moi. Mais tout cela ne faisoit aucune impression sur nous, et nous nous avertissions mutuellement de ces belles menées.

Le roi me dit un jour; j'ai fait un plan pour votre établissement ici. Je donnerai une pension à votre mari, afin qu'il puisse tenir son ménage sans s'incommoder; il restera à Basewaldt et vous irez le voir de temps en temps; car si vous étiez toujours auprès de lui, il négligeroit le service. On peut bien juger combien ce beau plan fut de mon goût. Cependant je ne voulus point rompre en visière au roi et lui répondis simplement, que j'encouragerois toujours le prince héréditaire à faire son devoir. Le roi remarqua bien que ses idées ne me plaisoient pas et il changea de discours. Comme il devoit partir avec la reine le 8. de Juin, pour se rendre à Brunswick et y assister aux nôces de mon frère, qui devoient y être célébrées, je lui demandai la permission d'aller joindre le prince héréditaire à son régiment. Il me l'accorda d'abord, mais ayant rêve quelque temps il me dit: cela ne vaut pas la peine de faire ce voyage; je serai de retour dans huit jours et je le ferai venir alors.

Je fus fort estomaquée de cette réponse; je craignois Berlin comme le feu; je m'attendois à y recevior de nouveaux désagrémens, et la reine y avoit pourvu, ayant défendu à mes soeurs de venir chez mo et ayant fait ordonner la même chose à ses dames. Tout cela me mit le sang si fort en mouvement, que je me trouvai mal le soir et fus obligée de me retirer. Je me mis tout de suite au lit, où je m'endormis de foiblesse et de fatigue. J'avois reposé environ trois heures, lorsque j'entendis un bruit épouvantable dans ma garderobe. Je m'éveillai en sursaut, et ouvrant mon rideau j'appelai ma bonne et fidèle Mermann, compagne de tous mes chagrins et qui ne me quittoit jamais; mais j'avois beau m'égosiller, personne ne venoit et le bruit augmentoit. Mais quelle fut ma frayeur quand je vis enfin ouvrir la porte, et qu'à la lueur de la lampe qui brûloit dans ma chambre, j'aperçus une douzaine de grands grenadiers avec leurs moustaches noires, et que je vis étinceler leurs armes. Je me crus pour le coup perdue et qu'on venoit m'arrêter; je m'examinois déjà, pour savoir quel crime j'avois commis, sans me trouver coupable de rien. Ma femme de chambre me tira enfin d'inquiétude; elle entra dans ma chambre et me dit, qu'elle n'avoit pu venir plutôt, s'étant disputée avec ces gens pour les empêcher d'entrer; que le feu étoit au château et qu'il étoit cause de cette rumeur. Je lui demandai où il brûloit? Elle biaisa quelque temps; enfin elle me dit que c'étoit dans la chambre de mes soeurs, et que leurs domestiques n'y vouloient laisser entrer personne, disant que c'étoit chez moi. Ma gouvernante étoit d'abord accourue au premier bruit; elle amusa assez long-temps les officiers, pour me donner le temps de me lever. Ils visitèrent toute ma chambre, où tout étoit en très-bon ordre et où ils ne trouvèrent pas la moindre apparence de feu. Ils passèrent ensuite dans celle de mes soeurs, qui logeoient porte à porte avec moi. Ils la trouvèrent en flammes, leurs lits étoient déjà à demi consumés et la boiserie de la chambre étoit toute en feu. A force de bras on l'éteignit et ils allèrent en faire le rapport au roi. Ce prince étoit fort rigide sur de pareilles choses, et les domestiques innocens ou coupables étoient chassés sans rémission.

J'aurois été bien lotie si cet accident étoit arrivé chez moi. A la première alarme on avoit déjà eu la bonté de dire au roi que c'étoit dans ma chambre, et il en avoit fait beaucoup de bruit; dès qu'il sut que c'étoit dans celle de mes soeurs, il se rappaisa. Celles-ci vinrent tout effrayées chez moi et crioient miséricorde, ne sachant où coucher. J'offris mon lit à ma soeur Charlotte, les deux autres s'accommodèrent de celui du prince héréditaire et la Montbail fut obligée de se contenter d'un lit de repos, ce qui la fit grogner non entre ses dents, car il y avoit belle saison qu'elle les avoit perdues, et il ne lui en restoit plus qu'une, sur laquelle elle jouoit de l'épinette. Je crus que dans son désespoir cette dernière relique mâchelière nous sauteroit à la tête, car elle ne pouvoit se consoler de n'avoir point de lit de plume, pour y dorloter sa vieille carcasse décharnée. Ma soeur s'endormit tout de suite, mais n'étant pas accoutumée à coucher à deux, elle me donnoit des coups en dormant pour se faire place, qui me réveilloient en sursaut à demi-endormie; je lui en rendois; nous nous mettions à rire et à peine avions-nous fermé les yeux que cette bataille recommençoit. Mes deux soeurs cadettes faisoient le même ménage de leur côté. Voyant enfin que nous ne pouvions avoir de repos, nous appelâmes nos gens et nous fîmes donner le déjeûner. La Montbail voulut en faire l'ornement; elle vint nous apparoître comme le soleil levant, tout son déshabillé étant jonquille aussi bien que son visage. Elle nous chanta ses doléances sur l'incommodité qu'elle avoit soufferte toute la nuit, ayant été si mal couchée, et se plaignant que toutes ses côtes lui faisoient mal. J'eus une joie maligne de cette petite mortification qu'elle venoit d'essuyer, elle m'en procuroit tous les jours par douzaine, animant la reine et ma soeur Charlotte contre moi. Cette dernière obtint avec beaucoup de peine la grâce de ses domestiques du roi. Ce prince me dit, que j'avois été bien bonne de m'incommoder ainsi toute la nuit pour accommoder mes soeurs. Nous lui contâmes nos aventures nocturnes, qui le firent rire de bon coeur. Il devoit partir le jour suivant avec la reine. Cette princesse étoit dans une noire mélancolie; elle étoit changée de visage que cela faisoit peine à voir, mais sa mauvaise humeur empêchoit qu'on en pût avoir compassion, car elle devenoit quasi aussi méchante que le roi, et personne ne pouvoit durer avec elle, pas même ma soeur. Mon frère arriva le soir. Il fut de très-bonne humeur avec moi, mais dès que quelqu'un le regardoit, il faisoit la moue et affectoit d'être triste. Nous nous séparâmes tous le lendemain et j'allai à Berlin avec mes soeurs.

Le roi nous avoit ordonné d'aller tous les soirs à la comédie allemande, de quoi nous enragions de bon coeur. Les princesses du sang qui étoient toujours fort de mes amies, y venoient par complaisance pour moi et je m'entretenois avec elles sans prendre garde au spectacle, qui étoit la plus pitoyable chose du monde. La Margrave Philippe m'invita plusieurs fois à souper. Je me divertissois fort bien auprès d'elle; nous y avions une petite coterie de gens d'esprit, qui rendoit nos soupers fort agréables. J'évitai de hanter tant qu'il m'étoit possible tous ceux que je connoissois propres à me chagriner, ce qui me fit passer mon temps assez paisiblement à Berlin.

Sastot, chambellan de la reine venoit souper chez moi. Quoiqu'il fût intime avec Grumkow, il étoit fort honnête homme et m'étoit fort attaché. Il n'avoit pas un grand génie, mais il avoit beaucoup de bon-sens. Je lui faisois part de tous mes chagrins et de la résolution que j'avois prise, de m'en retourner à Bareith,. à quelque prix que ce fût, après la revue du régiment du prince héréditaire. Il me conta là-dessus que Grumkow l'avoit chargé de me dire, qu'il avoit reçu, il y avoit quelque temps, une lettre du prince héréditaire, qui lui avoit marqué avoir les mêmes intentions que moi et sembloit même vouloir se défaire de son régiment prussien; que lui, Grumkow, en avoit fait la confidence au roi et lui avoit répresenté combien nous étions mécontents de sa façon d'agir envers nous; que le roi avoit été fort surpris, et qu'après avoir rêvé quelque temps il lui avoit dit: je ne puis me résoudre à laisser partir ma fille et mon gendre, je lui donnerai vingt mille écus de pension après la revue, à condition qu'il reste à son régiment; et pour ma fille, elle restera auprès de sa mère et pourra l'aller voir de temps en temps; que Grumkow ne sachant point nos intentions, n'avoit rien voulu répondre là-dessus, mais qu'il me prioit de lui faire savoir ce qu'il devoit faire. Je chargeai Sastot d'un compliment très-obligeant pour ce ministre, et le fis prier instamment de faire ensorte que nous pussions partir; que ma santé étoit ruinée; que j'étois accablée de fatigues et de chagrins, et que je ne voulois pas vivre séparée du prince héréditaire; qu'il ne nous convenoit ni à l'un ni à l'autre d'aller nous ensévelir dans une garnison; que le Margrave baissoit à vue d'oeil et que notre présence étoit nécessaire à Bareith.

Sastot vint le lendemain m'apporter sa réponse Il me faisoit assurer, qu'il emploiroit tous ses efforts pour nous faire partir, mais qu'il étoit nécessaire que le Margrave fît des démarches pour cela, et qu'il falloit commencer par prévenir le roi sur la maladie de ce prince. Il me fit dire aussi, que les états du pays de Clève avoient envoyé, il y avoit quelque temps, des députés au roi, pour le supplier de me nommer gouvernante de leur province, s'offrant de m'entretenir à leurs dépens et sans qu'il en coutât une obole au roi; mais que ce prince les avoit renvoyés avec une forte mercuriale, et leur avoit défendu sous peine de punition de ne jamais revenir lui faire de pareilles propositions. Je fus très-fâchée du chagrin que ces bonnes gens s'étoient attiré pour l'amour de moi. Je n'avois pas eu la moindre idée de la démarche qu'ils avoient faite, sans quoi je l'aurois empêchée pouvant bien prévoir que le roi la refuseroit.

J'étois dans l'impatience de recevoir des nouvelles de Brunswick, et de savoir les particularités qui s'y passoient. Mon frère eut l'attention pour moi de m'en faire informer; il m'envoya Mr. de Kaiserling, son favori, dans ce temps là. Il me dit, que mon frère étoit fort content de son sort, qu'il avoit très-bien joué son personnage le jour de ses nôces, qui avoient été célébrées le 12. de Juin, ayant affecté d'être d'une humeur épouvantable et ayant beaucoup grondé ses domestiques en présence du roi; que le roi l'en avoit plusieurs fois repris et avoit paru fort rêveur; que la reine étoit enthousiasmée de la cour de Brunswick, mais qu'elle ne pouvoit souffrir la princesse royale et qu'elle avoit traitée les deux duchesses comme des chiens; que la duchesse regnante avoit voulu s'en plaindre au roi et qu'on l'en avoit empêchée avec beaucoup de peine. Je reçus aussi le soir une lettre de main propre du roi; elle étoit des plus obligeantes. Ce prince m'ordonnoit de me rendre le jour suivant à Potsdam avec mes soeurs, et m'assuroit, que j'y reverrois bientôt le prince héréditaire. Ce dernier article me causa une joie sans égale, et je partis gaiement pour Potsdam.

Le roi y arriva avant la reine. Il me témoigna mille bontés. Il me dit, qu'il étoit charmé de sa belle-fille, que je devois lier amitié avec elle; qu'elle étoit une bonne enfant, mais qu'il falloit encore l'élever. Vous serez bien mal logée, continua-t-il, je ne puis vous donner que deux chambres; vous vous y accommoderez avec votre Margrave, votre soeur et toute votre suite. La reine qui arriva dans ces entrefaites, rompit la conversation. Elle me fit assez bon accueil et dit à ma soeur en l'embrassant: je vous félicite, ma chère Lottine, vous serez fort heureuse, vous aurez une cour magnifique et tous les plaisirs que vous pourrez souhaiter. Elle me conta ensuite, que mon frère ne pouvoit pas souffrir la princesse royale et que le mariage n'étoit point consommé; qu'elle étoit plus bête que jamais, malgré les soins que Mdme. Katch, sa grande gouvernante, se donnoit pour la morigéner. Elle vous plaira au premier coup-d'oeil, me dit-elle, car son visage est charmant, mais elle n'est pas supportable quand on la voit plus d'un moment. Elle se mit à rire ensuite de la belle ordonnance que le roi avoit faite pour nous loger, et nous demanda comment nous ferions? Ma soeur lui répondit, que le roi avoit beau ordonner, et qu'il étoit impossible que nous pussions nous accommoder ensemble. En effet je crois que jamais personne ne se seroit avisé de pareille chose. Les deux chambres qu'on nous destinoit n'avoient point de dégagement et l'une étoit un petit cabinet. Nous allâmes, ma soeur et moi, faire nos petits arrangemens; je lui laissai le cabinet pour elle et sa femme de chambre, et à force de paravens je fis tout un appartement de ma chambre; nous y étions dix personnes, compté le prince héréditaire et nos domestiques. Ma gouvernante qui se trouvoit depuis quelque temps fort incommodée, tomba tout d'un coup malade d'une inflammation à la gorge, accompagnée d'une grosse fièvre. Je fus fort alarmée de son mal d'autant plus que je n'avois personne autour de moi.

J'attendois le prince héréditaire le surlendemain, et la princesse royale; le duc, la duchesse de Brunswick et le duc et la duchesse de Bevern avec leur fils devoient arriver le 22. de Juin. La reine m'avoit fait un terrible portrait de celle de Brunswick. Cette princesse étoit mère de l'Impératrice et prétendoit en cette qualité des honneurs et des distinctions qu'elle n'étoit pas en droit d'exiger. Elle étoit d'une hauteur insupportable et avoit voulu prétendre le pas devant la princesse royale. La reine me dit, que si je ne prenois mes mesures d'avance, j'aurois beaucoup de tracasseries avec elle.

Je me trouvai fort embarrassée. Le roi vivoit

comme un gentil-homme campagnard et ne vouloit pas qu'il y eût un ombre de cérémonie chez lui. Il traitoit mes soeurs comme filles de la maison et vouloit qu'elles en fissent les honneurs, ne pouvant souffrir les disputes de rang; elles cédoient à toutes les princesses étrangères qui venoient à Berlin. Je savois que c'étoit une corde fort difficile à toucher et qui pouvoit me causer beaucoup de chagrin, mais je savois aussi que si je perdois une fois mes prérogatives comme fille de roi, je ne les rattraperois jamais. Après bien des réflexions je me résolus de risquer le paquet et d'en parler au roi. La reine promit de m'appuyer de toutes ses forces.

Cette princesse avec mes fréres et soeurs lui souhaitoient toujours le bon soir, et restoient auprès de lui jusqu'à ce qu'il se fût endormi. Je m'étois dispensée de cette étiquette depuis que j'étois mariée, mais comme le roi étoit ordinairement de bonne humeur le soir, je me proposai de prendre ce temps pour lui parler. Dès qu'il me vit il me dit: ah! venez-vous me voir aussi? Je lui dis, que je venois de recevoir une lettre du prince héréditaire, qui l'assuroit de ces respects et qu'il m'avoit chargée de m'informer de ses ordres, pour savoir s'il devoit se rendre à Potsdam ou à Berlin. Il me dit: je vais demain à Berlin, mandez-lui qu'il s'y trouve; je vous l'aménerai demain au soir. Je suis très-content de lui, ajouta-t-il, il a mis son régiment dans le plus bel ordre du monde, et je sais qu'il ne se donne de repos ni nuit ni jour pour le bien discipliner. Ce début me donna un peu de courage. Je tournai insensiblement la conversation sur les principautés de Brunswick, et je demandai enfin au roi comment je devois me comporter avec eux, puisque je ne voulois rien faire sans ses ordres, et que je savois que la duchesse de Brunswick me disputeroit la préséance. Le roi me répondit: cela seroit bien ridicule, elle n'en fera rien. Point du tout, dit la reine, elle l'a prétendue sur la princesse royale et je lui ai donné une bonne mercuriale de cette affaire-là. C'est une vieille folle, lui dit le roi, mais il faut pourtant la ménager, puisqu'elle est mère de l'Impératrice; et m'adressant la parole: vous n'irez point lui rendre visite, continua-t-il, avant qu'elle ne soit venue chez vous, et vous passerez par-tout devant elle; mais je ferai tirer tous les jours aux billets, pour qu'elle ne soit pas tout-à-fait indisposée. Je fus très-charmée de m'être tirée si heureusement de ce mauvais pas et me retirai.

J'eus enfin le plaisir de recevoir le jour suivant le prince héréditaire, ce qui fit disparoître tous mes chagrins. Il me conta que son oncle, le prince de Culmbach, arriveroit dans quelques jours. Le roi l'avoit invité à venir à Berlin, et je me réjouissois fort de le revoir, espérant qu'il nous aideroit à sortir d'esclavage par le crédit qu'il avoit sur l'esprit de son frère.

Cependant toute la cour de Brunswick arriva le lendemain le 24. de Juin. Le roi accompagné de mon frère, du prince héréditaire et d'une grande suite de généraux et d'officiers alla au devant de la princesse royale à cheval. La reine, mes soeurs et moi nous la reçûmes sur le perron. Je ferai son portrait ici telle qu'elle étoit alors, car elle a bien changé depuis.

La princesse royale est grande; sa taille n'est point fine; elle avance le corps, ce qui lui donne très-mauvaise grâce; elle est d'une blancheur éblouissante et cette blancheur est relevée des couleurs les plus vives, ses yeux sont d'un bleu pâle et ne promettent pas beaucoup d'esprit; sa bouche est petite; tous ses traits sont mignons sans être beaux, et tout l'ensemble de son visage est si charmant et si enfantin, qu'on croiroit que cette tête appartient à un enfant de douze ans; ses cheveux sont blonds et bouclés naturellement; mais toutes ses beautés sont défigurées par ses dents, qui sont noires et mal rangées; elle n'avoit ni manières ni la moindre petite façon; beaucoup de difficulté à parler et à se faire entendre, et l'on étoit obligé de deviner ce qu'elle vouloit dire, ce qui étoit fort embarrassant.

Le roi la conduisit, après qu'elle nous eût toutes saluées, dans l'appartement de la reine, et voyant qu'elle étoit fort échauffée et dépoudrée, il dit à mon frère de la conduire chez elle. Je l'y suivis. Mon frère lui dit en me présentant à elle: voilà une soeur que j'adore et à laquelle j'ai toutes les obligations imaginables; elle a eu la bonté de me promettre d'avoir soin de vous et de vous assister de ses bons conseils; je veux que vous la respectiez plus que le roi et la reine, et que vous ne fassiez pas la moindre démarche sans son avis, entendez-vous? J'embrassai la princesse royale et lui fis toutes les assurances possibles de mon attachement, mais elle resta comme une statue sans nous dire un mot Ses gens n'étant pas encore arrivés, je la repoudrai moi-même et raccommodai un peu son ajustement, sans qu'elle m'en remerciât, ne répondant rien à toutes les caresses que je lui faisois. Mon frère s'en inquiéta à la fin et dit tout haut: peste soit de la bête! remerciez donc ma soeur. Elle me fit enfin une révérence sur le modèle de celle d'Agnès dans l'école des femmes. Je la reconduisis chez la reine, fort peu édifiée de son esprit.

J'y trouvai les deux duchesses. Celle de Brunswick pouvoit avoir 50 ans, mais elle étoit si bien conservée, qu'elle paroissoit n'en avoir que 40. Cette princesse a beaucoup d'esprit et de monde, mais il régne un certain air de coquetterie dans tout son maintien, qui dénote assez qu'elle n'a pas été une Lucrèce. Mr. de Stoeken étoit son amant dans ce temps-là. Il est mal aisé de comprendre comment une princesse de tant d'esprit avoit pu si mal placer ses inclinations, car je n'ai rien vu de plus maussade et de plus insupportable que ce Monsieur-là. Le duc, son époux, ne l'étoit pas moins; les plaisirs de Cythère lui avoient coûté cher, ce prince n'avoit point de nez. Mon frère pour badiner disoit, qu'il l'avoit perdu dans une bataille contre les François. Ce prince joignoit à plusieurs autres belles qualités celle d'être excellent mari. Il n'ignoroit pas la conduite de la duchesse son épouse, mais il la souffroit patiemment et avoit pour elle tous les égards et la tendresse imaginable. On dit qu'elle le maîtrisoit au point, qu'il étoit obligé de lui faire des présens très-considérables toutes les fois qu'il venoit coucher avec elle. Sa fille, la duchesse de Bevern et moi nous fûmes charmées de nous revoir; j'étois intimement liée avec elle et son époux, comme on l'aura vu ci-dessus. Nous tirâmes aux billets et on se mit à une grande table de 40 couverts. Le roi nous régala de la musique des janissaires, composée de plus de 50 nègres. Leurs instrumens consistoient en de longues trompettes, de petites tymbales et des plaques d'un certain métal qu'ils frapppoient l'une contre l'autre; tout cela ensemble faisoit un bruit épouvantable. Au sortir de table nous prîmes le café chez la reine, et le roi nous mena ensuite à la verrerie. La princesse royale ne me quittoit pas d'un pas, mais je n'avois pas pu réussir encore à la faire parler. Le roi nous fit à tous des présens. On retourna chez la reine, où on joua le soir.

Le lendemain, le 25. de Juin, nous allâmes tous à six heures du matin à la revue du régiment du roi. Nous retournâmes à midi en ville, où on se mit d'abord à table. Le roi partit l'après-dîner avec le prince héréditaire et mon frère pour se rendre à Berlin, et nous autres principautés femelles nous nous rendîmes à Charlottenbourg. La reine se mit en carosse avec les deux duchesses et le vieux duc de Brunswick; la princesse royale, ma soeur et moi nous fûmes placées dans le second carosse. La chaleur étoit excessive et la poussière nous incommodoit beaucoup. La princesse royale se trouva mal et ne fit que rendre pendant tout le chemin. Cela causa une grande joie à tout le monde hors à la reine, car on espéroit que ces maux de coeur provenoient d'une bonne cause.

Nous arrivâmes enfin à huit heures du soir à Charlottenbourg, où je fus charmée de trouver mes dames. La princesse royale alla se coucher et nous nous mîmes à table. Mr. de Eversmann qui avoit eu le soin de régler les logemens, eut la bonté de l'accommoder de façon que j'étois obligée de traverser la cour du château à pied pour aller chez la reine. Je fus fort piquée de cette espèce d'avanie, car on avoit logé toutes les dames des duchesses dans les premiers appartemens et on m'avoit donné le plus simple de tous. La reine avoit été d'une humeur plus supportable envers moi depuis son retour de Brunswick, mais ses mauvaises façons recommencèrent; elle me dit mille piquanteries tant que dura le souper et me regarda du haut en bas.

Le jour suivant la duchesse de Brunswick vint me rendre sa première visite, en me faisant beaucoup d'excuses de ne me l'avoir pas faite plutôt. Nous allâmes toutes ensemble chez la reine. Cette princesse nous dit, qu'elle ne vouloit manger qu'une fois ce jour-là; qu'il falloit toutes nous retirer de bonne heure, pour pouvoir être en état d'être prêtes le jour suivant pour l'entrée de la princesse royale. Elle nous fit venir les violons et on dansa toute l'après-midi jusqu'à dix heures du soir. Je me flattois, mais inutilement, que le prince héréditaire viendroit nous surprendre, mais le roi n'avoit jamais voulu lui en accorder la permission. Il étoit resté à Berlin à s'ennuyer, et quoiqu'il eût l'habitude de souper, le roi n'avoit pas eu la considération de lui faire apprêter la moindre chose, et on lui avoit même refusé jusqu'au beurre et au fromage. Notre bal ne fut donc guère animé; j'en étois la spectatrice, ne pouvant danser à cause de mon extrême foiblesse. La reine congédia toutes les principautés à 9 heures, et entra dans sa chambre à coucher. Elle nous demanda, à ma soeur et à moi, si nous voulions souper? Je lui répondis, que je n'avois pas faim et que j'irois me coucher, si elle me le permettoit. Elle me regarda de travers sans me dire mot. Nous avions ordre d'être prêtes à 3 heures du matin, pour assister à la grande revue; nous devions toutes être parées de notre mieux, et il n'y avoit pas beaucoup de temps pour dormir. Je priai Mdme. de Kamken de me procurer mon congé, étant harassée de fatigue, mais elle me conseilla de rester, la reine voulant souper. Je restai donc et nous nous mîmes à table toutes les quatre. La reine ne fit que se déchaîner contre toute la maison de Brunswick et contre moi; il n'y eut point d'invectives qu'elle ne dît contre la princesse royale et contre sa mère; ma soeur faisoit son écho et n'épargnoit pas même le prince Charles. Ce beau repas dura jusqu'à minuit; la fin couronna l'oeuvre. Nous sommes toutes des étourdies! s'écria la reine tout d'un coup, en jetant les yeux sur moi; nous parlons ici trop librement devant des gens suspects, et toute la clique sera informée dès demain de notre conversation; je connois les espions qui sont autour de moi et qui font amitié avec mes ennemies, mais je saurai les faire rentrer dans leur devoir. Bon soir! Madame, continua-t-elle en m'adressant la parole, ne manquez pas d'être prête à 3 heures, car je ne suis pas d'humeur à vous attendre. Je me retirai sans dire mot. J'étois outrée de tout ce que j'avois entendu, et je comprenois fort bien que ces gens suspects et ces espions n'étoient que ma petite personne.

Je me retirai dans ma chambre, où je trouvai ma bonne gouvernante qui commençoit à se rétablir avec sa nièce, la Marwitz. Je leur fis part de l'agréable soirée que je venois de passer. Je pleurois à chaudes larmes; je voulus faire la malade et rester dans ma chambre, mais elles trouvèrent moyen de me tranquilliser et de m'en empêcher. Il étoit si tard, que je n'eusse que le temps de m'habiller et j'arrivai avant 3 heures toute parée dans l'appartement de la reine. On peut bien juger que j'y avois l'entrée libre, elle me fut pourtant refusée cette fois; la Ramen avec son air de suffisance m'arrêta à la porte de la chambre. Eh mon Dieu! Madame, me dit-elle, c'est vous? quoi, déjà toute prête? la reine ne fait que s'éveiller et elle m'a ordonné de ne laisser entrer personne; je vous avertirai quand il sera temps de venir. J'allai en attendant me promener dans la galerie avec mes dames. Les deux duchesses s'y rendirent un moment après. Celle de Bevern me regardant tendrement me dit: vous avez du chagrin, vous avez sûrement pleuré. Cela est vrai, lui dis-je, et j'espère qu'on sera bientôt content, et que la mort me délivrera de mes peines, car je ne puis quasi me traîner et je sens que mes forces diminuent journellement. Vous avez de l'ascendant sur Sekendorff et vous en avez sur le roi, tirez-moi d'ici, pour l'amour de Dieu! et faites ensorte qu'on me laisse mourir en paix à Bareith. Je ferai tout mon possible pour vous contetner, Madame, me répondit ma bonne duchesse; quoique vous ne vous expliquiez pas avec moi, je sais tout ce qui s'est passé hier au soir, et je veux bien vous nommer mon auteur, c'est la princesse Charlotte. Je fus frappée de ce qu'elle me disoit. Vous êtes surprise, continua-t-elle, mais je ne le suis pas; j'aurai une belle-fille qui nous donnera du fil à retordre, mon fils la connoît aussi bien que moi, mais il saura la ranger. La reine nous interrompit; elle entra dans la chambre, accompagnée de ma soeur et de la princesse royale, auxquelles elle n'avoit pas fait refuser sa porte comme à moi. Après avoir salué les duchesses, elle me dit en me regardant du haut en bas: vous avez dormi long-temps, Madame, je crois que vous pourriez bien être éveillée quand je le suis. Je suis depuis 3 heures ici, lui dis-je, la Ramen le sait et n'a pas voulu me laisser entrer. Elle a fort bien fait, dit-elle, vous êtes mieux à votre place avec les duchesses qu'avec moi. En même temps elle se mit dans une espèce de petit char avec la princesse royale. Je montai dans un carosse de parade avec ma soeur, les deux duchesses dans un autre et tous les princes et Mrs. de la cour montèrent à cheval.

Nous fûmes une bonne heure en chemin pour arriver au rendez-vous. Il faisoit une chaleur excessive. On avoit fait tendre une douzaine de tentes de simple toile, qui pouvoient contenir cinq personnes chacune. Ces tentes étoient destinées pour la reine, les princesses et toutes les dames de la ville et de la cour. Plus de 80 carosses, remplis de dames, se mirent à notre suite. Tous les équipages étoient magnifiques et tout le monde s'étoit réuni pour briller ce jour-là. Nous passâmes toutes dans cet ordre devant les troupes, au nombre de 22,000 hommes, qui étoient rangés en bataille. Le roi étoit à l'entrée de la tente préparée pour la reine. Il nous y fourra toutes de façon qu'il y avoit toujours quatre de nous qui étoient debout, pendant que les autres étoient couchées à terre ou assises. Le soleil nous dardoit à travers cette fine toile et nous succombions sous la pesanteur de nos habits. Ajoutez à cela qu'il n'y avoit pas le moindre rafraîchissement. Je me couchai à terre au fond de la tente; les autres qui étoient toutes devant moi me garantissant un peu du soleil. Je restai dans cette attitude depuis 5 heures du matin jusqu'à 3 heures de l'après-midi, où nous nous remîmes toutes en carosse. Nous allions pas à pas, de façon que nous ne débarquâmes qu'à 5 heures du soir au château, sans avoir pu prendre une goutte d'eau.

Nous nous mîmes tout de suite à table avec tous les princes. Le roi vint à la fin du répas. Il étoit de fort bonne humeur et un peu gris, ayant traité tous les généraux et colonels de l'armée. Nous nous levâmes de table à 9 heures, et après avoir pris le café, nous nous mîmes en carosse dans le même ordre qu'à l'entrée et allâmes conduire la princesse royale à son palais. Nous y restâmes jusqu'à 11 heures, après quoi chacun se retira.

Nous eûmes toutes ordre de la reine d'être habillées à 8 heures du matin, devant aller avec le roi à la dédicace de l'église St. Pierre. Je ne pus être de cette partie, ayant été malade à mourir toute la nuit, et me trouvant encore si mal le matin, que je ne pouvois me remuer. J'envoyai faire mes excuses à la reine. Elle m'envoya la Ramen pour me dire, que je devois sortir à quelque prix que ce fût; que j'étois toujours malade imaginaire et qu'elle n'acceptoit point d'excuses. Je dis à cette femme, qu'elle pouvoit assurer la reine que j'étois réellement malade et hors d'état de quitter le lit; que je ferois faire mes excuses au roi, et que j'étois persuadée qu'il ne trouveroit point mauvais que je restasse dans ma chambre. J'envoyai pourtant la Grumkow chez la reine. Cette fille étoit hardie et avoit la langue bien pendue. La reine avoit des égards pour elle à cause de son oncle. Je lui fis la leçon. Dès que la reine la vit elle lui dit bon jour! Grumkow; eh bien! ma fille a ses caprices aujourd'hui, elle ne veut pas sortir et se donner des airs de rester dans sa chambre et de prendre ses aises, pendant que moi, qui suis plus qu'elle, suis obligée de me fatiguer. Madame (c'est la Grumkow qui parle), Votre Majesté lui fait tort; Son Altesse royale est déjà incommodée depuis longtemps, sa santé est fort dérangée, elle n'est pas en état de supporter les fatigues, elle a été fort mal cette nuit et je ne sais si elle sera en état de faire demain sa cour à Votre Majesté. Demain, dit la reine, demain! je crois que vous rêvez; il faut savoir se contraindre dans ce monde, il faut qu'elle sorte, et dites-lui de ma part que je le lui ordonne. Ma foi! Madame, dit la Grumkow, je n'en ferai rien; Mdme. la Margrave fera fort bien de retourner le plus tôt qu'elle pourra à Bareith, où elle pourra prendre ses aises et ses commodités, et où elle ne sera pas traitée comme ici. La reine fut un peu décontenancée de cette réponse hardie, à laquelle elle ne répondit rien. J'avois fait faire mes excuses au roi. Il envoya d'abord demander de mes nouvelles et me fit dire, que je devois ménager ma santé et faire ensorte que je ne fusse pas malade aux noces de ma soeur. En se mettant à table, il s'informa encore de moi auprès du prince héréditaire. Tout le monde lui dit que j'étois dans une très-mauvaise peau. La duchesse de Bevern appuya fort là-dessus et lui dit, que si je ne me servois d'une cure, je courois risque de voyager bientôt à l'autre monde. Il en parut touché, mais la reine crevoit de dépit de voir que tout le monde lui donnoit le tort. Je sortis le jour suivant. La reine ne me dit rien, mais elle boudoit avec moi. Le soir il y eut comédie allemande.

Le prince de Culmbach, qui m'avoit rendu visite dès mon arrivée à Berlin, étoit fort mécontent de la réception que le roi lui avoit faite. J'avois fait ce que j'avois pu pour l'appaiser. Le roi l'avoit invité à venir à Berlin, et il s'étoit attendu à y être bien reçu. Je lui promis de faire tous mes efforts pour lui procurer plus d'agrémens, mais je comptois sans mon hôte. On continuoit de tirer le midi et à soir aux billets; tous les princes et les princesses, tant du sang qu'étrangers, se rendoient le matin chez la reine, et dînoient avec le roi sans y être invités. Le prince de Culmbach s'y trouva le jour suivant comme les autres. Mr. de Schlippenbach qui faisoit les fonctions de grand-

Maréchal, vint lui dire d'un air fort piteux, qu'il étoit au désespoir de se voir obligé de l'informer que le roi lui avoit défendu de l'inviter à table et de ne lui point donner de billet; qu'il aimoit mieux l'en avertir d'avance, afin qu'il pût prendre ses mesures là-dessus. Le prince de Culmbach outré de colère de l'affront qu'on lui faisoit, vint s'en plaindre à ma gouvernante, qui vint aussitôt me le dire. Je fus au désespoir de tout cela; outre l'estime que j'avois pour le prince de Culmbach, l'avanie qu'on lui faisoit retomboit sur nous Il n'étoit pourtant pas temps de faire des plaintes et des représentations, le pauvre prince fut donc obligé de se retirer sans manger. Il s'assit dans mon antichambre, où je le trouvai. Il étoit piqué au vif; le prince héréditaire l'étoit aussi; ils vouloient partir sur-le-champ l'un et l'autre, et j'eus bien de la peine à les appaiser. Je promis au prince de Culmbach de lui faire avoir satisfaction. Le général Marwitz étoit à Berlin. Je l'envoyai chercher et le chargeai de raccommoder cette affaire. Il en parla si fortement au roi, qu'il fit faire le lendemain des excuses au prince de Culmbach sur ce qu'il étoit arrivé un mal-entendu.

Tout l'amusement qu'on donnoit à toutes ces principautés étrangères étoit la comédie allemande, où tout le monde s'endormoit d'ennui. La duchesse de Bevern, le prince héréditaire, le prince Charles et moi, nous nous y placions toujours de façon, que le roi ni la reine ne pouvoient nous voir, et nous causions ensemble. J'allois toujours à ce chien de spectacle avec la duchesse de **Brunswick**. Elle ne vouloit point se mettre en carosse avec la reine, ne voulant pas céder le pas à la princesse royale. Elle affectoit tous les jours de prendre les devans, pour entrer en carosse avant moi et se mettre à la droite. Je ne suis ni hautaine ni tracassière, mais je veux que chacun me rende ce qui m'est dû, et lorsque je vois qu'on y manque, je sais me mettre sur mon quant à moi aussi bien qu'un autre. J'avois eu la patience de ne faire semblant de rien les premiers jours, mais je la perdis à la fin et je pris si bien mon temps, que je passai la première et me mis à la droite. De ma vie je n'ai vu une femme dans une pareille fureur. Elle devint cramoisie et elle eut besoin de toute sa raison pour ne pas m'arracher les yeux; elle étoit toute bouffie de colère. Enfin après avoir ravalé plusieurs fois quelque impertinence qu'elle vouloit me dire, je ne suis point sur mon rang, me dit-elle, c'est le moindre de mes soucis. Ni moi non plus, Madame, lui dis-je, et je trouve en effet qu'il n'y a rien de plus ridicule que de vouloir s'attribuer des prérogatives qui ne nous appartiennent pas, et encore plus ridicule de ne pas maintenir celles qu'on a. En disant cela je portai la main à ma coëffure, car je craignois fort qu'elle ne la fît voler; mais heureusement le carosse arrêta et elle en sortit en grognant entre ses dents.

Je contai cette scène en arrivant à la reine.

Elle oublia sa bouderie, tant cette conversation la divertit; elle approuva fort mon procédé et me promit de la faire bien enrager le soir. Cette princesse étoit détestée de tout le monde par sa hauteur. De peur que les dames qui alloient chez elle ne s'assissent dans sa chambre, elle en avoit fait ôter tous les sièges, ce qui ne se faisoit jamais chez la reine, où il étoit permis à chacun se s'asseoir dans la première antichambre. Les dames de la cour et de la ville en furent si choquées, qu'elles en voulurent plus remettre le pied chez elle. Elle se donna encore un nouveau ridicule dans une aventure qui arriva quelques jours après.

Nous étions tous à la comédie. Ce spectacle se donnoit dans un endroit où avoit été autrefois le manège. Il n'y avoit que deux issues; celle par laquelle nous y venions étoit par l'écurie, qu'il falloit traverser et d'où on entroit dans un petit corridor si étroit, qu'à peine une personne pouvoit y passer. Le roi se plaçoit à côté de la porte, de façon que nous passions tous en revue devant lui. Je me mettois toujours à l'autre bout du banc avec ma petite coterie que j'ai déjà nommée. A peine la pièce eut-elle commencé, qu'il s'éleva un orage épouvantable. Les éclairs donnoient de toutes parts et il sembloit que le théâtre fût en feu; un coup de tonnerre qui fit un bruit affreux, succéda à ces éclairs. Il n'y eut personne qui ne fit le plongeon, croyant que la foudre avoit donné au milieu du théâtre. Un moment après nous entendîmes des cris terribles, et on vint avertir le roi que la foudre étoit tombée dans l'écurie. Ce prince étant près de la porte, sortit aussitôt avec la reine et la princesse royale. Mais à peine furent-ils dehors, que chacun se précipita dans ce corridor, de façon que mes soeurs, la duchesse de Bevern, le prince héréditaire, le prince Charles et moi ne pûmes sortir. La vieille duchesse de Brunswick faisoit tous ses efforts pour se sauver, mais inutilement. Nous attendîmes long-temps, dans l'espérance que la foule se dissiperoit, mais commençant à craindre pour notre vie, nous résolûmes de faire un généreux effort pour passer. Le prince héréditaire et Charles nous frayèrent le chemin à grands coups de poing. Il pleuvoit si fort que l'eau tomboit du ciel comme un déluge. Je montai en carosse avec mes trois soeurs et la duchesse de Bevern. Celle de Brunswick, par les soins des deux princes et de son cher Mr. Stoeken, s'étoit dépétrée de la foule et nous suivoit; elle se mit en carosse avec le duc, son époux. Les deux princes voulurent s'y mettre, mais elle eut l'effronterie de leur dire, qu'ils étoient encore de jeunes gens, que la pluie ne leur feroit aucun mal et qu'il falloit que Mr. Stoeken fût dans son carosse. Les deux princes ne lui pardonnèrent pas ce tour-là, et firent des railleries piquantes sur son compte, qui donnèrent à rire au public; car quoique le prince Charles fût son petit-fils, il ne la ménagea pas moins que le prince héréditaire.

J'ai déjà dit que le roi se trouvoit incommodé depuis quelque temps, et que les médecins prenoient son mal pour une goutte remontée. Les inquiétudes où nous étions pour lui se dissipèrent; il prit ce jour-là la goutte à la main droite. Il souffroit beaucoup, mais on étoit bien aise que son mal se fût dissipé par-là.

Le jour suivant, le 2. de Juillet, fixé pour les nôces de ma soeur, nous nous rendîmes toutes dans l'appartement du roi, où ma soeur fit sa renonciation. Nous allâmes ensuite dîner chez la reine. Le roi s'étoit couché; il nous fit appeler après le dîner, la reine, ma soeur et moi. Nous prîmes des sièges et nous nous rangeâmes autour de son lit. Ma soeur avoit l'air triste; la reine avoit eu le jour précédent une longue conversation avec elle et lui avoit confié le mortel chagrin, dans lequel elle se trouvoit, de voir toutes ses espérances ruinées. Ma chère Charlotte, lui avoit-elle dit, le coeur me saigne, quand je pense que vous allez être sacrifiée demain; j'ai caché mon secret à tout le monde mais j'avois fait jouer tant de ressorts, que je me flattois encore qu'on feroit quelques démarches en Angleterre pour rompre votre mariage. Je suis dans un chagrin mortel, mes ennemis triomphent par-tout de moi, et vous allez épouser un gueux qui n'a pas le sens commun. Cette conversation me fut rapportée par mes soeurs cadettes. Ses grandes vues d'ambition que la reine avoit mises en tête à ma soeur, lui donnoient cet air triste dont je viens de parler.

Le roi qui savoit tout ce qui se passoit dans la chambre de la reine par la Ramen qui étoit son espion, jugea bien de quoi il étoit question. Qu'avez-vous, ma chère Lotte? lui dit-il, êtes-vous fâchée de vous marier? Il est bien naturel, lui repartit-elle, d'être un peu pensive un jour de nôce; l'engagement que je vais prendre est pour toute ma vie, et il est tout simple que je fasse des réflexions là-dessus. Le roi se mit à rire malicieusement: des réflexions! dit-il; c'est Mdme. votre mère qui vous en fait faire, et qui travaille toujours au malheur de ses enfans par des chimères qu'elle leur met dans l'esprit; consolez-vous, vous ne seriez jamais allée en Angleterre, on ne vous y a jamais souhaitée et on n'a pas fait la moindre démarche pour cela; j'aurois été charmé de vous y établir, mais ils ne veulent point de paix avec moi et me chagrinent tant qu'ils peuvent. Pour vous, me dit-il, je vous avoue que je suis cause que votre mariage s'est rompu; je m'en repens tous les jours, mais ce sont ces diables de ministres qui m'ont trompé. Je vous demande pardon, je vous ai causé bien du chagrin, mais ce sont de méchantes gens qui m'ont porté à cela; si j'en avois agi en homme d'esprit, j'aurois congédié Grumkow dans le temps que Hotham étoit ici, mais j'étois ensorcelé alors, et je suis plus à plaindre qu'à condamner. Je lui répondis, qu'il n'avoit aucun reproche à se faire là-dessus; que j'étois très-contente de mon sort, ayant un époux qui m'aimoit et que j'aimois passionnément, et que

Dieu pourvoiroit au reste. Ma réponse lui plut; il m'embrassa: vous êtes une honnête femme, me dit-il, et Dieu vous bénira. Nous nous retirâmes ensuite pour aller nous habiller. La reine m'ordonna de me trouver à 8 heures aux grands appartemens du château.

J'y trouvai tout le monde assemblé. On me mena dans une chambre destinée pour les principautés. La princesse royale y étoit avec mes deux soeurs cadettes, les princesses du sang et les deux duchesses. La reine y vint un moment après, accompagnée de la mariée. Le prince Charles lui donna la main et la conduisit à la salle où se devoit donner la bénédiction. Nous suivîmes toutes selon notre rang, conduite chacune par un prince. Le roi étoit assis vis-à-vis de la table nuptiale. Toute la cérémonie des nôces fut pareille à la mienne à cela près, que la reine déshabilla toute seule ma soeur et ne voulut pas souffrir qu'un autre lui mît une épingle. Tout fut fini à deux heures après minuit.

Mon jour de naissance étant le lendemain, tous les princes et princesses vinrent me rendre visite le matin. Ils se firent tous un plaisir de m'apporter des présens; j'en reçus des paniers remplis de tout le monde, hors de la reine. Nous allâmes toutes ensemble chez ma soeur, et de-là je me rendis chez le roi. Ce prince étoit au lit, fort incommodé de la goutte. Dès qu'il me vit il m'appela et me félicita, me souhaitant beaucoup de bonheur; et se tournant vers la reine, il la chargea de chercher un présent pour moi. Laissez-le lui choisir à elle même, lui dit-il, je le payerai, et il faut que vous lui en donniez aussi un. L'après-midi la reine fit venir quelques marchands bijoutiers, et me dit de choisir ce qui me plairoit le plus. Il y avoit une petite montre de jaspe garnie de brillans, dont le marchand demandoit 400 écus; mon choix tomba sur cette montre. La reine la considéra pendant quelque temps, puis me regardant d'un oeil de mépris: vous vous imaginez, dit-elle, Madame, que le roi vous fera un présent si considérable; vous n'avez pas le pain et vous voulez des montres? un présent beaucoup moindre pourra vous contenter. En même temps elle renvoya toute la boutique, ne retenant qu'une petite bague de dix écus, qu'elle me donna, et elle dit ensuite au roi, que tout ce qu'elle avoit vu étoit si cher, qu'elle n'avoit rien voulu choisir. Son procédé me mortifia plus que la perte de mon présent, mais je m'étois armée de patience, et l'espoir de me retrouver bientôt à Bareith m'aidoit à supporter toutes ces avanies.

Le jour suivant il y eut bal. Comme il y avoit un monde infini, on dansa dans quatre endroits différens et on divisa le bal en quadrille. Ma soeur de Brunswick menoit la première; la reine, la princesse royale, mes soeurs et moi en étions; la Margrave Philippe menoit la seconde; la princesse de Zerbst la troisième et Mdme. de Brand la quatrième. Le bal commença à 4 heures de l'après-midi. Tous les cierges, car je ne puis les appeler bougies, étoient allumés et il faisoit une chaleur à mourir. Il y eut deux bals de cette espèce, où tout le monde crevoit de fatigue et de chaleur.

J'étois sur les dents; mon mal augmentoit à vue d'oeil et ma foiblesse étoit si grande, que je ne pouvois quasi marcher. Le prince héréditaire étoit dans des inquiétudes mortelles de me voir dépérir comme cela, et sur-tout d'être obligé de me quitter. Il partit le 9. de Juillet, pour se rendre à son régiment, dont la revue étoit fixée au 5. d'Août. Comme il faisoit le plus beau temps du monde, je fis partie avec la princesse royale d'aller nous promener sur le vourst. C'est une espèce de voiture découverte, où 12 personnes peuvent être placées, ce qui est fort joli, puisque l'on peut jouir en même temps du plaisir de la promenade et de la conversation. J'allois souper chez la princesse royale en petite coterie, et nous passâmes la soirée très-agréablement.

Le lendemain il y eut grande promenade. Nous étions toutes en phaëton, parées de notre mieux; toute la noblesse suivoit en carosse; on en compta 85. Le roi dans une berline menoit le branle; il avoit ordonné d'avance tout le tour que nous devions faire; il s'endormit. Il vint une pluie et un orage épouvantable; malgré cela nous nous promenions toujours pas à pas. On peut bien s'imaginer comme nous fumes accommodées; nous étions mouillées comme des canes; les cheveux nous pendoient autour de la tête et nos habits et coiffures étoient abymées. Nous débarquâmes enfin aprés 3 heures de pluie à Mon-bijou, où il devoit y avoir une grande illumination et bal. Je n'ai rien vu de si comique que toutes ces dames, faites comme des Xantippes et dont les habits leur colloient sur le corps. Nous ne pûmes pas même nous faire sécher et il fallut rester tout le soir avec nos habits mouillés. Tous les jours suivans il y eut comédie.

Ma santé et mes forces diminuant journellement, et Mr. Stahl, premier médecin du roi, dont j'ai déjà fait mention, me négligeant totalement, je m'adressai à celui du duc de Brunswick et le consultai sur mon état. Après en avoir examiné toutes les circonstances, il conclut, que j'avois une fièvre lente et un commencement de squirre à l'estomac. Il me dit, que si je ne me soumettois à temps à une cure, je courois risque de mourir avant qu'il y eût un an. Je le priai de mettre son sentiment sur mon mal par écrit, ce qu'il fit. Mon frère ayant été informé de cette consultation et de la conclusion du médecin, en fut alarmé et fit venir son chirurgien-major, homme fort habile. Il fut du même avis que le médecin. Ils vouloient l'un et l'autre me faire une cure, mais je ne voulus point, sachant d'avance qu'elle ne me feroit aucun bien, ne pouvant me ménager et ayant l'esprit trop abattu.

J'avois écrit à Bareith, pour faire ensorte que le Margrave nous tirât de Berlin. Sa lettre, que j'attendois avec tant d'impatience, arriva enfin. Elle étoit tournée de façon que je pus la montrer au roi. Ce prince en avoit reçu une pareille à la mienne, et je me flattois que je ne trouverois aucune difficulté à partir. Lorsque j'entrai le matin chez la reine, j'y trouvai le roi et la duchesse de Bevern. J'ai reçu, me dit-il, une lettre de votre beau-père, qui veut vous ravoir auprès de lui; il veut vous augmenter vos revenus de 8000 écus, afin que vous puissiez tenir votre ménage à part à Erlangue, mais je crois que cela ne sera pas nécessaire, puisque je compte que vous resterez ici; que voulez-vous que je lui réponde là-dessus? Je lui dis, que je serois charmée de pouvoir rester à Berlin auprès de lui, mais que la santé du Margrave s'affoiblissant, je croyois qu'il vaudroit mieux que nous retournassions à Bareith et que le prince héréditaire apprît à connoître son pays. Le roi fronça les sourcils: voulez-vous donc avoir votre ménage à part? continua-t-il. Cela est impossible, répliquai-je, avec 8000 écus; s'il vouloit en donner une fois autant, cela se pourroit. Si je puis l'obtenir, repartit le roi, je vous laisserai aller, mais s'il fait des difficultés, vous resterez ici. La duchesse de Bevern prit alors la parole et lui dit, que j'étois en très-mauvais état et que j'avois besoin de ménager fort ma santé, ce que je pourrois mieux faire à Bareith qu'à Berlin. Elle lui fit le détail de mon mal, concluant que le médecin m'avoit prescrit de prendre les eaux. Elle les prendra à Charlottenbourg, dit le roi; si elle veut je lui tiendrai sa table et elle y sera mieux qu'à Bareith. La duchesse ni moi nous n'osâmes rien répliquer à cela, et je fus au désespoir de voir que je n'étois pas si près de sortir de Berlin, que je me l'étois figuré.

Les ducs et les duchesses partirent le jour suivant. Ma soeur les suivit le 17. de Juillet. Le congé que je pris d'elle ne fut guère touchant; la reine en revanche fut fort triste de son départ. Cette princesse a le coeur bon, mais ses soupçons, sa jalousie et ses intrigues étoient cause des fautes qu'elle commettoit.

Ma soeur ne fut pas plutôt partie, qu'elle devint plus traitable avec moi. Je tâchois par toutes sortes de moyens de regagner son amitié; et du moins si je ne réussis pas, je gagnai sur elle qu'elle en agissoit mieux avec moi que par le passé. J'avois informé le Margrave de la conversation que j'avois eue avec le roi, touchant mon départ, et je l'avois fort prié de rester ferme sur notre retour, sans quoi il ne l'obtiendroit point.

Le roi étoit parti pour la Poméranie le même jour du départ de ma soeur. Il fut enthousiasmé du régiment du prince héréditaire; rien n'étoit plus beau, plus en ordre et mieux discipliné. Il le ramena avec lui à Berlin le 8. d'Août. Je pressai fort mon frère de nous faire obtenir notre congé. Il conclut avec Sekendorff et Grumkow d'en parler au roi le lendemain, mon frère devant traiter le roi ce jour-là. Le bonheur voulut que je reçusse le matin une lettre du Margrave, dans laquelle il m'en adressoit une pour le roi. Je la présentai à ce prince au sortir de table. Il étoit de bonne humeur et avoit une petite pointe de vin. Tout son visage se changea pourtant en lisant cette lettre. Il garda quelques momens le silence, et le rompant enfin: votre beau-père ne sait ce qu'il veut; vous êtes mieux ici que chez lui; il faut que mon gendre s'applique au militaire et à l'économie, cela lui est beaucoup plus utile que de planter des choux à Bareith. Grumkow et Sekendorff lui représentèrent alors, que s'il refusoit de nous laisser aller, il nous brouilleroit avec le Margrave; que tout cassé qu'il étoit il pourroit lui prendre envie de se remarier, ce qui nous seroit fort préjudiciable; enfin tout le monde se joignit à eux. Le roi me regardant me demanda, ce que j'en pensois? Je lui répondis, que ces Mrs. avoient raison et que le roi nous feroit une grâce de nous laisser partir. Eh bien! partez donc, dit-il, mais vous n'êtes pas si pressés, vous pouvez attendre jusqu'au 23. d'Août. Jamais joie n'égala la mienne d'avoir obtenu mon congé.

Je passai fort tranquillement les quinze jours, que je restai encore à Berlin. La reine me regrettoit, ayant commencé à se raccoutumer à moi. J'eus même une grande explication avec elle. Elle me dit, que Grumkow avoit été cause de son mauvais procédé envers moi, et qu'il lui avoit dit, que ma seule timidité avoit été cause de la rupture avec l'Angleterre; que l'empressement du roi à me faire épouser le prince héréditaire n'avoit été que simagrée, et que si j'avois eu plus de fermeté dans le temps qu'il m'envoya ces Mrs., cela ne seroit jamais arrivé; que je devois juger si elle avoit des sujets de plaintes contre moi. Je lui démontrai clairement la fourberie de Grumkow.

Le roi vint me dire adieu le jour de mon départ, mais d'une façon fort froide. Ce fut la dernière fois que je vis ce cher père, dont la mémoire me sera à jamais en vénération. Le congé que je pris de mon frère fut des plus touchans. La reine fondoit en larmes lorsque je me séparai d'elle, et je partis toute en pleurs.

Je dînai à Sarmund; après un leger repas je me remis en voiture. Le cocher eut encore la bonté de nous verser à bas d'une chaussée. Le carosse fit deux fois la culbute et tomba sur l'impériale. Comme je ne m'y étois pas attendue, je m'écorchai tout le visage et me fit plusieurs contusions à la tête. Cela ne m'empêcha pas de continuer mon voyage.

J'arrivai le jour suivant à Halle, où je fus reçue en cérémonie. On m'envoya d'abord une députation de l'université, qui me harangua sur mon heureuse arrivée; et Mr. de Vachhotlz, qui commandoit à Halle dans l'absence du prince d'Anhalt, me donna une garde et vint me demander la parole. Je trouvai en cette ville la duchesse de Ratziville, soeur de la Margrave Philippe, qui étoit venue exprès de Dessau pour me voir. Je la connoissois très-particulièrement; elle avoit beaucoup d'esprit et d'acquis, ce qui rendoit sa société très-agréable.

Je partis le lendemain de Halle et j'arrivai le 30. d'Août à Hoff. Mr. de Voit, qui vint me joindre à Schleitz, m'avertit que le Margrave y étoit et qu'il témoignoit beaucoup de joie et d'impatience de nous revoir. Il vint au devant de nous avec un cortège de 30 carosses à quelques portées de fusil de la ville. Je fis arrêter ma voiture et je descendis de carosse, voyant qu'il en faisoit de même. Il me reçut le plus obligeamment du monde et caressa fort le prince héréditaire. Nous nous remîmes tous dans mon carosse, où il prit place. Il me dit, qu'il me trouvoit prodigieusement changée et maigrie, mais qu'il espéroit que ma santé se rétabliroit bientôt, ayant fait l'acquisition d'un très-habile médecin.

Nous nous arrêtâmes un jour à Hoff et j'arrivai le 2. de Septembre à Bareith. J'y trouvai Mlle. de Sonsfeld, qui fut charmée de me revoir et qui me présenta ma petite fille, que je n'aurois sûrement pas reconnue. On lui avoit appris nombre de singeries, et je puis dire que c'étoit le plus bel enfant qu'on pût voir.

Dès le lendemain je reçus la visite de ce fameux médecin, qu'on m'avoit tant prôné. Je lui montrai le sentiment de ceux que j'avois consultés à Berlin et qu'ils m'avoient donné par écrit. Il me dit, qu'il n'étoit pas de leur avis, que mon mal provenoit d'un estomac gâté et d'un sang corrompu, et qu'il commenceroit par me faire saigner, qu'ensuite il me feroit boire tous les matins des bouillons avec de l'orge et qu'il étoit persuadé que je me trouverois bientòt mieux. Il débuta par me faire tirer le jour suivant 10 onces de sang, ce qui augmenta si fort ma foiblesse, que je fus obligée de garder quelques jours la chambre. La Marwitz lisoit devant moi les après-midis et le Margrave venoit me voir le soir. Ce prince avoit toutes sortes d'attentions pour moi; mais j'en avois l'obligation à Mlle. de Sonsfeld, qui s'étoit acquis un tel ascendant sur son esprit, qu'elle en disposoit entièrement. Pour comble de bonheur il alla à Himmelcron et me laissa à Bareith. Il vint me dire en prenant congé de moi, qu'il s'en alloit exprès pour me laisser le temps de rétablir ma santé; qu'il savoit bien que je me contraignois à sortir et à m'habiller quand il y étoit, et que cela m'incommodoit; qu'il me prioit de me divertir tant que je pourrois jusqu'à son retour. Je fus charmée de toutes ces attentions, et j'étois bien résolue de me ménager, de façon que je pusse conserver toujours cette bonne harmonie. Ma soeur d'Anspac vint aussi me rendre visite pour quelques jours, et je commençois à goûter quelque tranquillité, lorsqu'un nouvel incident me replongea dans de nouvelles inquiétudes. Mais il faut que je reprenne ces événemens de plus haut.

J'ai déjà parlé de la mort inopinée d'Auguste, roi de Pologne. Après le trépas de ce prince il s'étoit formé deux partis dans cette république, dont l'un, porté pour l'électeur de Saxe, étoit appuyé par l'Empereur et la Russie, l'autre, porté pour Stanislas, étoit soutenu par la France. La politique de l'Empereur toujours opposée à celle de cette monarchie, celle du roi de Prusse qui ne se soucioit point d'avoir un voisin protégé par une aussi grande puissance, et celle de Russie toujours alliée de l'Empereur et des électeurs de Saxe, s'opposoient ouvertement à une pareille élection. Cependant malgré tous leurs efforts la faction françoise prédomina et élut Stanislas Leczinski pour roi de Pologne. La Russie, très-choquée de cette élection, fit marcher des troupes en Pologne et commença ses exploits militaires par le siège de Dantzick. Tout se préparoit à une rupture entre la France et l'Empereur. Ce dernier commençoit à faire défiler des troupes en Italie et du côté du Rhin. Par le traité secret que le roi avoit fait avec l'Empereur, il devoit lui fournir 10,000 hommes. On me manda de Berlin, que le roi se préparoit à faire la campagne lui-même, et qu'il comptoit fort que le prince héréditaire la feroit avec lui.

C'étoit-là le sujet de mes inquiétudes. J'étois si accoutumée à en avoir, que je m'alarmois de tout. J'étois plongée dans une noire mélancolie. Tous les chagrins que j'avois eus à Berlin m'avoient si fort abattu l'esprit, que j'eus bien de la peine à reprendre mon humeur enjouée. Ma santé étoit toujours la même et tout le monde me croyoit étique

Je m'attendois bien moi-même à ne pas réchapper de cette maladie et j'attendois la mort avec fermeté. La seule récréation que j'eusse étoit l'étude. Je m'occupois tout le jour à lire et à écrire, je raisonnois avec la Marwitz et tâchois de lui apprendre à penser juste et à faire des réflexions. J'avois beaucoup d'amitié pour cette fille, qui avoit un attachement extrême pour moi. Elle commençoit à prendre beaucoup de solidité, et tâchoit de me prévenir en tout ce qu'elle croyoit pouvoir me faire plaisir.

Cependant les troupes impériales s'assembloient peu à peu. Le duc de Bevern en avoit le commandement. Le prince héréditaire brûloit d'envie de faire le campagne. Elle ne pouvoit durer longtemps cette année, la saison étant trop avancée, et d'ailleurs le Margrave s'opposoit ouvertement à ses désirs. Tout ce qu'il put obtenir fut la permission d'aller voir l'armée proche de Heilbronn. Il partit le 30. de Septembre et fut de retour le 1. de Novembre.

Nous eûmes dans ce temps-là la visite de la princesse de Culmbach, fille du Margrave George Guillaume L'histoire de cette princesse est si singulière, qu'elle mérite bien une place dans ces mémoires.

Elle avoit été élevée jusqu'à 12 ans auprès de la reine de Pologne. sa tante. Mdme. sa mère, qui étoit cette Margrave dont j'ai fait le portrait dans ma relation du voyage que je fis à Erlangue, ne jugea pas à propos de la laisser plus long-temps à Dresde et la fit revenir à Bareith. Cette jeune princesse étoit belle et ses charmes ne cédoient en rien à ceux de Mdme. sa mère à cela près, que sa taille étoit contrefaite et que ce défaut étoit si grand, qu'on ne le pouvoit cacher par l'art. Le Margrave, mon beau-père, qui étoit héritier présomptif du Margraviat, le Margrave George Guillaume n'ayant point d'enfans mâles, fut du nombre des prétendans de cette princesse. Il étoit déjà séparé dans ce temps-là de son épouse, et par conséquent libre de contracter une autre mariage. La Margrave ne pouvoit souffrir ce prince. Sa fille étoit dans les mêmes dispositions pour lui. Sa beauté, sa modestie, ses manières donnoient une jalousie affreuse à sa mère. Elle résolut de plonger cette pauvre princesse dans le malheur. Le Margrave, son époux, penchoit pour le mariage de sa fille avec le prince de Culmbach La Margrave pour le rompre jeta les jeux sur un certain Vobser, gentil-homme de la chambre de son époux. Elle lui fit promettre 4000 ducats, s'il pouvoit s'insinuer de façon auprès de la princesse, qu'il pût lui fabriquer un enfant. Vobser se trouva très-charmé de cette proposition. Il fit long-temps la cour à la princesse sans autre récompense que des mépris et des dédains. La Margrave voyant qu'elle ne parviendroit à son but de cette façon, fit cacher Vobser une nuit dans la chambre de la princesse. Ses domestiques étoient gagnés. On l'enferma avec lui; malgré ses pleurs et ses cris il vint à bout d'en avoir la possession. Ses soumissions, ses respects et ses larmes fléchirent la princesse. Il lui fit accroire, qu'il ne dépendoit que du Margrave de le faire déclarer comte et ensuite prince de l'empire, ce qui le mettoit en état de pouvoir l'épouser; que comme elle étoit fille unique, il ne dépendroit que du Margrave de lui laisser la plus grande partie de son pays, en augmentant les allodiaux, qui étoient très-considérables. L'amour joint à ces autres considérations, portèrent la princesse à lier une intrigue avec son amant et de lui donner des rendez-vous. Ces entrevues furent enfin si fréquentes, qu'elle devint enceinte. La Margrave qui conduisoit toute l'intrigue de concert avec Mr. Stuterheim, premier ministre du Margrave, fut d'abord avertie de la réussite de ses désirs; mais elle fit semblant d'ignorer la grossesse de sa fille, qui tâchoit de son côté de cacher son état autant qu'il étoit possible. Le prince de Culmbach de son côté ne pensoit qu'à faire réussir son mariage avec cette princesse. Il étoit au point de se rendre à Bareith pour la demander au Margrave, lorsqu'il reçut une lettre de Stuterheim, qui lui faisoit part de tout ce que je viens d'écrire. Il renonça tout de suite à son entreprise bien heureux d'en avoir été averti à temps et avant qu'il eût encore fait la moindre démarche. Cependant la princesse affectoit d'être fort malade et de craindre une hydropisie. Plusieurs personnes charitables, qui avoient approfondi les desseins de la Margrave et la maladie de sa fille, lui offrirent leurs services pour la tirer de ce mauvais pas, mais, guidée par son amant, elle ne voulut jamais leur rien avouer. Le temps de son terme s'approchoit. La Margrave se rendit avec elle à l'hermitage, tandis que le Margrave et Mr. Vobser étoient à la chasse à quelques lieues de-là. La pauvre princesse y prit les douleurs d'enfantement; elle n'eut pas la fermeté de retenir ses cris. Sa mère accourut dans le temps qu'elle donnoit le jour à deux garçons jumeaux, dont les visages étoient noirs comme de l'encre. La Margrave, malgré les prières et les représentations de tous ceux qui étoient autour d'elle, prit ces deux enfans, et courant par-tout elle les montra à tout le monde criant que sa fille étoit une dévergondée et qu'elle venoit d'accoucher. On envoya sur-le-champ une estafette au Margrave, pour lui faire part de cette terrible nouvelle. Vobser étoit à côté de lui lorsqu'il lut la lettre, et remarquant que ce prince changeoit de visage, il jugea par-là du contenu de la lettre et se sauva au plus vite. Le Margrave fut si troublé de cette catastrophe, qu'avant qu'il pût revenir de son étonnement Vobser étoit déjà loin. La princesse fut envoyée quelques jours après à Plassenbourg. La Margrave avoit tant badiné avec ses deux enfans, qu'ils moururent l'un et l'autre. Pour Vobser, il écrivit une grande lettre au Margrave, dans laquelle il demanda le payemens des 4000 ducats qui lui avoient été promis. Ce prince se seroit peut-être vengé de son épouse, si la mort qui le surprit peu de temps après, ne l'en eût empêché. Le Margrave, mon beau-père, voulut en parvenant à la régence faire relâcher la princesse, mais la reine de Pologne s'y opposa. Cependant comme elle n'étoit plus si exactement gardée, quelques prêtres catholiques tâchèrent de la voir, et lui persuadèrent, que si elle changeoit de religion, elle auroit la protection puissante de l'Impératrice Amélie, qui la tireroit bientôt de la captivité où elle languissoit, et lui donneroit suffisamment de quoi soutenir son caractère. Elle se laissa éblouir par ces belles raisons et fit secrètement abjuration de la foi luthérienne. La reine de Pologne étant morte quelque temps après, et cette princesse ayant été élargie, elle embrassa publiquement la foi catholique. Un remords de conscience qui lui prit peu avant mon retour à Bareith, lui fit de nouveau quitter cette religion et retourner à la foi protestante. Le Margrave qui voulut témoigner en cette occasion son zèle pour la religion, l'invita à venir à Bareith, où elle fut reçue selon son caractère et où il tâcha de la réhabiliter. Cette princesse a du mérite; sa conduite a été des plus réglées; elle fait un bien infini et ses bonnes qualités effacent la faute dans laquelle elle a eu le malheur de tomber.

La princesse ne s'arrêta pas long-temps à Bareith; elle retourna quelques jours après son arrivée à Culmbach, pour y recevoir le Margrave et le prince héréditaire, qui devoient y aller à la chasse Ma santé ne me permettant pas de les suivre, je restai à Bareith.

Comme je n'omets rien de tout ce qui m'est arrivé, et que j'aime à diversifier ces mémoires par toutes sortes de petites anecdotes, je vais en raconter une qui fit impression sur bien des gens, hors sur moi, m'étant défaite à force d'étude et de réflexions de beaucoup de préjuges et me piquant d'être un peu philosophe.

Les appartemens du prince héréditaire consistoient en deux grandes chambres de suite et un cabinet à côté. Ces chambres n'avoient que deux issues; l'une par ma chambre de lit et l'autre par un petit vestibule, où il y avoit deux sentinelles et un des demestiques du prince, qui y dormoient. La nuit du 7. au 8. de Novembre les deux sentinelles et le domestique du vestibule entendirent marcher dans cette grande chambre pendant long-temps, après quoi ils ouïrent des plaintes et enfin des lamentations terribles. Ils y entrèrent à diverses reprises sans rien voir, et aussitôt qu'ils ressortoient de cette chambre, le bruit recommençoit. Six sentinelles qui furent relévées cette nuit-là, attestèrent toutes la même chose. Sur le rapport qu'on en fit au Maréchal de Reitzenstein, la chose fut examinée à la rigueur, sans que l'on pût decouvrir ce que ce pouvoit être. On me fit un mystère de cela. Quelques personnes prétendoient que c'étoit la femme blanche, qui venoit pronostiquer ma mort; d'autres craignoient qu'il n'arrivât un malheur au prince héréditaire. Cette dernière crainte fut bientôt dissipée, car le 11. de Novembre le Margrave revint avec le prince à Bareith. A peine étoient-ils débarqués, qu'il arriva un courier avec la triste nouvelle de la mort du prince Guillaume, mon beau-frère, et ce qu'il y a de plus extraordinaire, c'est que ce prince avoit expiré la même nuit qu'on avoit entendu tout ce bruit au château. Il étoit parti de Vienne avec le prince de Culmbach pour se rendre à son régiment, qui étoit à Crémone. A peine y fut-il arrivé, qu'il prit la petite vérole, qui l'emporta en 7 jours de temps. Ce fut un bonheur pour toute la famille; ce prince avoit un si petit génie, qu'il auroit fait du tort à toute sa maison, s'il avoit vécu.

Le Margrave reçut cette nouvelle avec beaucoup de fermeté et ne versa pas une larme. Le prince héréditaire en fut inconsolable, et j'eus toutes les peines du monde à le distraire de sa douleur. Le prince de Culmbach trouva moyen de faire transporter secrètement son corps à Bareith. Nous nous rendîmes tous avec le Margrave à Himmelcron, pour n'être pas témoins de son enterrement. Son corps devoit être déposé dans l'église de St. Pierre, où sont les tombeaux de tous les princes de la maison. Le caveau où ils reposent est muré. On l'ouvrit quelques jours avant l'enterrement pour y donner de l'air, mais quelle fut la surprise de ceux qui y descendirent de trouver tout ce caveau rempli de sang. Toute la ville accourut pour voir ce miracle. On en tiroit déjà force conséquences fâcheuses. On vint me conter ce phénomène à

Himmelcron et on m'apporta un mouchoir teint de ce sang miraculeux. Personne ne vouloit en informer le Margrave, de crainte de l'inquiéter. Pour moi, qui n'ai pas beaucoup de foi aux miracles, je jugeai qu'il seroit bon d'avertir le Margrave de ce qui se passoit; je le priai instamment d'envoyer Mr. Goerkel, son premier médecin, pour examiner ce que ce pouvoit être. Le Margrave m'accorda ma demande, et prévoyant bien lui-même quelle peur panique cela imprimeroit dans les esprits, il me pria d'avoir soin d'approfondir ce qui pouvoit y avoir donné lieu. Goekel vint me rapporter le soir, que le sang ruisseloit tellement dans le caveau, qu'il en avoit fait emporter quelques baquets remplis, et qu'après avoir fait une exacte visite, il avoit trouvé qu'il découloit par une fente imperceptible d'un cercueil de plomb, qui renfermoit une princesse de la maison, morte depuis 80 ans, et qu'on ne pouvoit mieux faire pour se mettre au fait, que d'ouvrir ce cercueil. Le Margrave donna des ordres pour cela, mais on ne put en venir à bout sans le briser totalement, ce qu'on ne voulut pas faire. Il n'y avoit point de chimiste assez habile à Bareith, pour approfondir par la force de son art si c'etoit du sang ou quelque liqueur. Un des médecins de la ville nous tira enfin d'embarras et eut le courage d'en goûter. Le miracle disparut sur-le-champ; c'étoit du baume. La princesse qui étoit enfermée dans le cercueil d'où sortoit cette liqueur, avoit été extraordinairement replète; on l'avoit embaumée, sa graisse, jointe au baume, avoit produit tout ce phénomène, que les médecins trouvèrent cependant très-singulier par rapport à la longueur du temps qui s'étoit écoulé depuis sa mort. L'enterrement du prince se fit le 3. de Décembre. J'avois permis à mes deux dames, la Grumkow et la Marwitz, d'y aller. Elles rentrèrent le soir.

Le lendemain étant seule avec la Marwitz et la trouvant distraite et rêveuse, je lui en demandai le sujet. Elle se mit à soupirer, en me disant qu'elle étoit fort triste, mais qu'elle n'osoit parler. Cette réponse m'inspira de la curiosité; je la pressai beaucoup de me confier son chagrin. Plût au ciel que je pusse vous le dire, Madame, me répondit-elle; j'ai plus d'envie de vous le faire savoir, que vous n'en avez de l'apprendre, mais j'ai fait un serment affreux de garder le silence; tout ce que je puis vous dire est, que cela vous regarde. L'air et le ton dont elle me parloit m'alarmèrent. Je ne pouvois comprendre ce que ce pouvoit être, et je tâchai de le deviner en l'interrogeant sur toutes sortes de matières. Elle branloit toujours la tête en signe de négative; enfin elle me dit que cela regardoit le Margrave. Comment! dis-je, veut-il se marier? Elle me fit un signe d'approbation. Mais mon Dieu! lui dis-je, avec qui? et comment venez-vous à en être informée la première? en ce cas, sans me dire de quoi il s'agit, vous pouvez me le signifier. Sur cela elle se leva, et sautant par la chambre, elle prit un crayon, avec lequel elle se mit à écrire sur la muraille, après quoi elle s'enfuit. J'étois déjà fort inquiète, mais je demeurai immobile en lisant ce qu'elle avoit tracé. Voici ce que c'étoit.

J'ai été ce matin chez ma tante Flore (c'étoit le nom de baptême de Mlle. de Sonsfeld, que je continuerai à lui donner dans la suite de ces mémoires) et la trouvant fort pensive et occupée, je lui ai demandé ce qu'elle avoit? Elle m'a répondu, qu'elle avoit bien des choses en tête, qui me surprendroient fort si elle me les disoit. Je l'ai pressée de s'expliquer. Je vous confierai mon secret, m'a-t-elle dit, mais j'exige de vous que vous me juriez de garder un silence inviolable sur ce que je vous dirai. Je lui ai promis ce qu'elle m'a demandé. Sur cela elle m'a conté, que le Margrave avoit commencé à lui faire la cour après notre départ pour Berlin, et qu'il avoit conçu une si haute estime pour elle, qu'il avoit résolu de l'épouser; qu'il vouloit la faire déclarer comtesse de l'empire, afin qu'elle pût prendre le rang de princesse après son mariage; qu'il vouloit en ce cas quitter tout-à-fait Bareith et s'établir avec elle à Himmelcron; qu'il lui donneroit un capital assez considérable qu'il placeroit dans quelque pays étranger, et qui lui servant de douaire la mettroit à l'abri de toutes les chicanes que le prince héréditaire pourroit lui faire, et que le Margrave n'attendoit que l'enterrement de son fils, pour faire part à Votre Altesse royale de son dessein. Je lui ai représenté, que ni Votre Altesse royale ni le prince héréditaire ne consentiroient jamais à un tel mariage; que le roi soutiendroit Vos Altesses de tout son pouvoir; que toute notre famille étoit dans les états de ce prince, qui pourroit se venger sur nos parens du tort qu'elle vouloit faire à Votre Altesse royale; que la gouvernante seroit obligée de quitter sa cour; qu'elle se chagrineroit à la mort et qu'enfin je ne pouvois m'imaginer qu'elle pût donner dans de pareilles chimères. Ce ne sont point de chimères, m'a dit ma tante; je ne sais pourquoi je ne profiterois pas de la fortune, qui se présente pour moi; quel tort ferai-je au prince héréditaire et à Son Altesse royale? si ce n'est pas moi qui épouse le Margrave, c'en sera une autre, et au bout du compte le Margrave n'a pas besoin de leur consentement. Mais, si vous avez des enfans? lui dis-je. Si j'en ai, a-t-elle reparti, je creverai, mais je suis trop vieille pour en avoir. Prenez garde à ce que vous ferez, lui ai-je dit, et ne traitez pas cela en bagatelle, car j'en prévois de terribles suites. Oh! vous n'êtes qu'une jeune personne, a dit la tante, vous vous effarouchez sans raison et je suis bien fâchée de vous avoir confié mon secret, au moins gardez-vous d'en parler à personne; j'irai à Himmelcron, et je tâcherai peu à peu de prévenir ma soeur là-dessus, car elle n'en sait rien.

De ma vie je n'ai été si surprise; une foule de réflexions me roulèrent d'abord dans la tête. Le temps étoit court; Mlle. de Sonsfeld devoit venir le jour suivant, et selon toute apparence le Margrave devoit me faire part de tout ce beau dessein J'effaçai d'abord ce que la Marwitz avoit écrit et je fis appeler le prince héréditaire, auquel je fis part de tout ce mystère. Nous nous mîmes à la torture pour chercher l'un et l'autre des expédients, sans en trouver.

Je m'étois fort altérée. Je fis la malade le soir à table, mon trouble m'empêchant de tenir contenance. Nous ne pûmes dormir de toute la nuit, le prince héréditaire et moi, et ne fîmes que nous promener par la chambre. La chose étoit de grande conséquence de toutes façons. Premièrement il n'étoit guère honorable pour nous d'avoir une belle-mère si fort au dessus de notre caractère; secondement cette belle-mère ne pouvoit que nous faire un tort infini, achever de ruiner le pays, et qui plus est, de nous brouiller de nouveau avec le Margrave; troisièmement la gouvernante, que j'aimois comme ma mère et qui m'étoit attachée à brûler, et la Marwitz à laquelle je voulois un bien infini, étoient obligées de me quitter et devenoient les plus malheureuses personnes du monde, car le roi les auroit forcées à retourner à Berlin, où il les auroit fait enfermer, et en quatrième lieu cette aventure ne pouvoit que me faire un tort infini dans le monde; on ne pouvoit que penser que je m'étois laissé duper, personne ne pouvant que soupçonner ma gouvernante et ma soeur d'intelligence pour me tromper. Tout cela me mit si fort le sang en mouvement, que malgré tous les efforts que je fis je ne pus me contraindre le lendemain, de façon que dès que la Flore m'eut envisagée elle remarqua que j'avois un mortel chagrin, en conclut par l'air embarrassé dont je lui parlai, que la Marwitz m'avoit découvert le pot aux roses (ordinairement lorsqu'on a quelque chose à se reprocher on est craintif). Elle persuada donc au Margrave d'attendre encore à me parler, jugeant qu'il n'en étoit pas encore temps. Après avoir fait cette démarche, elle fit de cruels reproches à la Marwitz sur son indiscrétion, mais cette fille la rassura si bien, qu'elle trouva moyen de lui tirer encore les vers du nez. La Flore lui parla avec une satisfaction extrême de sa future grandeur. Je pourrai, dit-elle, prétendre le rang sur Son Altesse royale en qualité de belle-mère, et le Margrave m'a dit, qu'il vouloit absolument que j'eusse la préséance, mais je ne manquerai jamais à ce que je dois à la princesse héréditaire, et je tâcherai de lui rendre toutes sortes de bons services. Je veux attendre encore quelque temps avant que de lui découvrir tout ceci; je tâcherai de la gagner, le Margrave fera la même chose, et à force de caresses elle donnera les mains à ce que nous voudrons.

La Marwitz ne manqua pas de me rapporter tout ceci. Après avoir bien ruminé dans ma cervelle, je résolus d'avertir la gouvernante de ce qui se passoit. Mais pour ne point compromettre la Marwitz, je feignis d'avoir reçu un billet anonyme, par lequel on m'informoit de tous ces beaux projets. Mdme. de Sonsfeld jeta d'abord feu et flammes, disant que c'étoit une invention de ses ennemis, qui vouloient la perdre elle et sa famille. Mais sur les fortes preuves que je lui donnai de la probabilité qu'il y avoit au contenu du billet, elle s'appaisa peu à peu. Je lui fis envisager ensuite les fréquentes visites que le Margrave faisoit à sa soeur, les égards et les considérations qu'il avoit pour elle et mille petites choses, auxquelles je n'avois pas moi-même fait réflexion, mais qui étoient frappantes après l'avis. Ma gouvernante leva les yeux et les mains au ciel en fondant en larmes. Dans son premier mouvement elle vouloit aller chanter pouille au Margrave, ensuite elle vouloit demander son congé et emmener sa soeur avec elle. Ce n'étoit point mon compte que tout cela. Je lui représentai tant et tant qu'il falloit rompre cette intrigus par la douceur et par des remontrances qu'on feroit à sa soeur, qu'enfin elle consentit à ce que je voulus. La Flore revint encore plusieurs fois à Himmelcron. La gouvernante ne pouvoit s'empêcher de la picoter sur les longues conversations qu'elle avoit avec le Margrave, mais je la tourmentois tant qu'elle gardoit encore le silence.

Nous retournâmes enfin le 20. de Décembre en ville. Ce fut là que son humeur violente ne pouvant plus se contenir, elle traita sa soeur de Turc à More et lui dit que je savois toutes ses menées. La Flore avoit un génie très-borné. La gouvernante qui étoit de beaucoup plus âgée qu'elle, avoit eu soin de son éducation, ce qui étoit cause qu'elle avoit conservé une espèce de crainte pour elle. Cette pauvre fille se laissa intimider et lui confessa tout ce que je viens d'écrire. Elle lui montra même des lettres du Margrave, dans lesquelles il lui faisoit part du plan qu'il avoit fait pour la sûreté de son établissement en cas qu'elle devînt veuve, et ses lettres étoient remplies des promesses les plus flatteuses. La gouvernante, après les avoir lues, lui dit, qu'elle devoit venir avec elle sur-le-champ chez moi et me porter ses lettres, et que là elle devoit en écrire une en ma présence au Margrave et rompre une fois pour toutes avec lui, sinon qu'elle, la gouvernante, partiroit sur l'heure, et que si la Flore ne vouloit pas la suivre, elle trouveroit bien moyen de la tirer de Bareith d'une ou d'autre façon. Le ton ferme avec lequel Mdme. de Sonsfeld lui parla, lui fit peur. Elle vint chez moi. Après m'avoir fait le récit de tout son roman elle voulut me faire accroire, qu'elle n'avoit eu aucun dessein d'accepter les offres du Margrave. Je fis semblant d'être sa dupe. Elle me fit lire les lettres qu'elle avoit reçues de lui. Je lui parlai avec douceur et amitié, mais en même temps je lui fis comprendre, que je ne donnerois jamais les mains à ce mariage. Le prince héréditaire lui fit beaucoup de promesses, d'avoir toute sa vie soin d'elle, mais il lui dit à peu près les mêmes choses que moi. Pour princesse, lui dis je, vous ne le serez jamais; vous ne pouvez le devenir que par l'Empereur, et ce prince a trop de considération pour le roi, pour faire une chose qui le désobligeroit si fort, et pour être mariée de la main gauche, je vous crois le coeur trop bien placé, pour accepter un pareil poste; vous voyez bien que c'est une chose impossible. Sur cela elle me promit d'écrire si fortement au Margrave, qu'elle lui ôteroit cette idée totalement de l'esprit; mais que pouvant néanmoins nous être de quelque utilité par l'ascendant qu'elle avoit sur lui, elle vouloit se ménager, de façon qu'elle pût nous rendre service, et le tenir en bride en même temps. Elle tint parole, et je fus charmée d'avoir rompu si heureusement cette méchante affaire. Il faut pourtant que je fasse son portrait ici.

Mlle. de Sonsfeld n'a que cinq pieds; elle est extraordinairement replète et boite du pied gauche; elle avoit été une beauté parfaite dans sa jeunesse, mais la petite vérole lui avoit si fort grossi les traits, qu'elle ne pouvoit plus passer pour telle; cependant tout son visage est prévenant et ses yeux si spirituels, qu'on y est trompé; sa tête, trop grande pour son petit corps, la fait paroître naine, mais cependant sa figure n'est point frappante; elle a bonne grâce, des façons et des manières qui dénotent qu'elle a été dans le grand monde; son coeur est excellent, elle est douce et serviable, et en un mot, il n'y a rien à redire à son caractère; sa conduite a toujours été des plus réglées; mais le ciel ne l'avoit pas douée d'esprit; elle a une certaine routine du monde, qui est cause qu'on ne remarque pas ce défaut, et ce n'est que dans le particulier qu'on s'en aperçoit; les avantages que le Margrave lui avoit offerts, l'avoient éblouie, son amour propre et son ambition l'avoient séduite et son peu de génie l'avoit empêché d'en prévoir les conséquences.

Le Margrave commença bien tristement l'année 1734, puisque ce fut par la perte de ses espérances. Il pleura beaucoup en recevant la fatale lettre de la Flore, à ce qu'elle me conta. Cependant ce premier mouvement passé, il se flatta de nouveau de la réduire.

Ma santé étoit toujours la même. Je n'avois plus de fièvre continue, mais elle venoit tous les soirs. Cela ne m'empêchoit pas de voir du monde, mais je m'ennuyois beaucoup, et d'ailleurs j'étois toujours mélancolique, quoique je me contraignisse si fort, qu'il n'y avoit que ceux qui étoient autour de moi qui le remarquassent. Cette mélancolie provenoit en partie de ma maladie, et en partie de tous les chagrins que j'avois essuyés à Berlin, et qui m'avoient accoutumée à rêver et à être toujours pensive.

Le régiment impérial du prince Guillaume étant devenu vacant par sa mort, on conseilla au Margrave de le demander pour son fils. Ce régiment avoit été levé par le Margrave George Guillaume à condition, qu'il resteroit à la maison. Le Margrave me chargea d'écrire à ce sujet à l'Impératrice. Cette princesse me répondit fort obligeamment et m'accorda ma prière. Le prince héréditaire en eut beaucoup de joie, aimant fort le militaire, qui étoit sa plus grande passion.

Nous étions dans le temps du carnaval. La Marwitz qui faisoit ce qu'elle pouvoit pour me dissiper, me proposa de faire ensorte qu'il y eût une Wirthschaft. Le prince héréditaire qui aimoit à se divertir, me pressa aussi de disposer le Margrave à cela. La chose étoit assez difficile. Le Margrave n'étoit point porté pour les plaisirs; il s'en faisoit un cas de conscience, et son aumônier, piétiste outré, le confirmoit dans ses idées. La Flore à qui nous en parlâmes, promit de faire réussir la chose. En effet elle sut si bien tourner l'esprit du Margrave, qu'il vint me proposer cette fête. J'y topai d'abord. Il me pria de l'ordonner telle que je la voudrois, à condition qu'il ne se masqueroit point. Cet amusement n'est connu qu'en Allemagne. Il y a un hôte et une hôtesse qui traitent; les autres masques représentent tous les métiers et professions différentes qu'il y a au monde. On ne met point de masque devant le visage à ces sortes de fêtes, et c'étoit pour cela que la Marwitz avoit inventé cela, sachant bien qu'il seroit inutile de proposer un bal masqué, que le Margrave n'auroit jamais souffert.

Je fis décorer toute la salle, qui est d'une grandeur immense, comme un bois, au bout duquel on voyoit un village avec son hôtellerie, ayant pour enseigne la bonne femme sans tête. Cette hôtellerie étoit toute construite d'écorce d'arbres, et son toit étoit couvert de lampions. Elle contenoit une table de cent couverts, dont le milieu représentoit un parterre, orné de divers jets d'eau. Les mai sons de paysans enfermoient des boutiques de rafraîchissemens. Le bal commença après souper. Tout le monde fut charmé de cette fête et se divertit très-bien. Il n'y eut que moi qui eusse l'ennui en partage, car le Margrave ne cessa de m'entretenir de sa désagréable morale, et m'obséda si bien tout le soir, que je ne pus parler à personne, quoiqu'il y eût beaucoup d'étrangers avec lesquels j'aurois volontiers lié conversation.

Le dimanche après, l'aumônier du Margrave prêcha publiquement contre cette masquerade. Il nous apostropha tous en pleine église, et quoiqu'il y épargnât le Margrave en public, il lui fit des reproches si durs dans son particulier, d'avoir donné les mains à un tel péché, que le pauvre Margrave se crut damné à toute éternité. Il fit tant de sermens à cet ecclésiastique, de ne plus souffrir de pareils plaisirs dans son pays, qu'il en reçut enfin une absolution. Mais ce prince ne s'en tint pas là et voulut aussi faire abjurer les plaisirs au prince héréditaire. Celui-ci trouva moyen d'éluder le serment qu'il prétendoit de lui, ce qui déplut fort au Margrave. Une aventure qui arriva alors augmenta encore sa superstition, et nous auroit réduits à vivre comme les religieux de la Trappe, si le prince héréditaire ne s'étoit donné la peine d'approfondir le faux.

Depuis la mort du prince Guillaume une terreur panique s'étoit emparée de tous les esprits. Il y avoit tous les jours des histoires de revenans, qu'on prétendoit avoir vus au château, les unes plus ridicules que les autres. Le soin de ma conservation fit agir un esprit en chair et en os en ma faveur. L'on croit toujours ce que l'on souhaite. Un bruit de ville me faisoit passer pour enceinte. Comme j'étois persuadée que ce bruit étoit faux, moitié pour m'amuser, moitié pour le bien de ma santé, auquel les médecins avoient préscrit beaucoup d'exercice, j'apprenois à monter à cheval. Le Margrave m'avoit donné un cheval noir fort doux, et comme j'étois fort foible, je ne montois tout au plus qu'un quart d'heure. Toute nouveauté est mal reçue. Cette mode, fort en vogue en Angleterre et en France, n'étoit point introduite en Allemagne. Tout le monde cria contre, et ce fut ce qui donna lieu aux revenans. On vient bientôt avertir le Maréchal de Reitzenstein, qu'un spectre d'une figure effrayante apparoissoit tous les soirs dans un des corridors du château, et prononçoit d'une voix terrible ces étonnantes paroles: dites à la princesse du pays, que si elle continue à monter le cheval noir, elle aura un grand malheur, et qu'elle se garde bien de sortir de sa chambre pendant la durée de six semaines. Mr. de Reitzenstein, fort superstitieux de son petit naturel, avertit aussitôt le Margrave de cette apparition; sur quoi défense expresse me fut faite de ne pas sortir du château, ni d'aller au manège.

Cela m'affligea beaucoup, et surtout que ce fût pour une si pauvre raison. J'assurai le Margrave que tout cela n'étoit qu'un jeu joué. Le prince héréditaire lui fit même part des conjectures qu'il tiroit là-dessus, et fit tant d'instances au Margrave, qu'il lui permit enfin d'approfondir la chose. Le prince introduisit des gens affidés par toutes les issues par où l'esprit pouvoit passer, mais il étoit si bien informé, qu'il ne se montra point les jours qu'on l'épioit. Le prince promit enfin une grosse récompense à celle qui l'avoit dénoncé, si elle pouvoit découvrir ce que c'étoit. La pauvre femme prit une lanterne sourde avec elle et n'eut que le temps d'envisager le spectre. Il avoit bien pris ses précautions, et lui souffla un poison si subtil dans les yeux, qu'elle en perdit la vue. Elle déposa que l'esprit avoit deux coques de noix sur les yeux, qu'il avoit tout le visage emmaillotté dans de la toile grise, de façon qu'elle n'avoit pu le reconnoître. Cette découverte ne dissipa point la bigotterie du Margrave, ou plutôt sa mauvaise humeur contre nous. Le prince héréditaire jugea, que pour nous mettre à l'abri de toute brouillerie, nous ferions bien de nous éloigner. Il y avoit déjà long-temps que nous devions une visite au Margrave d'Anspac; nous prîmes ce temps critique pour nous en acquitter, et nous partîmes le 21. de Janvier.

La prédiction du spectre pensa s'accomplir. En passant par dessus un précipice d'une hauteur prodigieuse, la roue de devant sortit de l'ornière, et nous aurions culbuté, si mes heyducs n'avoient arrêté le carosse par les roues de derrière. Le Margrave, la Marwitz et ma gouvernante en sortirent avec peine, le rocher empêchant qu'on pût ouvrir tout-à-fait la portière. Mes gens s'imaginant que nous étions tous hors de la voiture, laissèrent échapper les roues. La frayeur me donna des forces et de l'adresse; je franchis la portière d'un saut, mais les deux pieds me glissèrent et je tombai sous le carosse dans le temps qu'il recommençoit à marcher. La Marwitz et un officier prussien, qui nous avoient suivis, me saisirent par l'habit et me retirèrent de là, sans quoi j'aurois été rouée. Comme je m'étois fort effrayée, on me fit prendre un peu de vin pour me remettre, après quoi nous continuâmes notre voyage.

Ce n'étoit que depuis la nuit que le dégel étoit venu. Le soleil commençoit à faire place aux ombres, pour parler en style de roman, et nous avions une rivière à passer. Cette rivière étoit gelée, mais à peine y fûmes-nous entrés, que la glace se rompit et que les chevaux et le carosse tout penché et à demi renversé y restèrent. Il fallut nous retirer de là à force de poulies et avec de très-grandes précautions, sans quoi nous aurions pu nous noyer très-facilement.

Nous arrivâmes enfin à Beiersdorf, où je me

couchai d'abord, étant à demi-morte de fatigue et de toutes les frayeurs que j'avois eues, et nous nous rendîmes le lendemain au soir à Anspac. J'y fus reçue comme la première fois, et comme j'ai déjà fait la description de cette cour, je ne m'arrêterai pas au séjour que j'y fis. J'en repartis le 8. de Février et arrivai le jour suivant à Bareith.

De nouveaux désastres nous y attendoient. Dans le temps que je m'étois mariée, le roi avoit fait une convention avec le Margrave, qui étoit, que ce prince permettroit les enrôlemens prussiens dans son pays pour trois régimens, à savoir celui de mon frère, celui du prince héréditaire et celui du prince d'Anhalt. Mr. de Munichow, capitaine du régiment de Bareith, y étoit pour avoir soin des recrues. C'étoit un jeune homme, grand favori de mon frère et fils de ce président Munichow, qui lui avoit rendu tant de bons services pendant sa détention. Mon frère l'avoit fort recommandé au prince héréditaire. C'étoit un bon garçon, mais qui n'avoit pas inventé la poudre. Il vint au devant de nous à Streitberg, où nous devions dîner, et annonça d'abord au prince héréditnire, qu'il avoit fait la capture d'un homme de six pieds. Cet homme, disoit-il, étoit de Bamberg et avoit voulu s'engager dans un autre régiment, ce qui l'avoit déterminé à l'enlever de force proche de Bareith, et si secrètement, que personne n'en savoit rien, et de l'envoyer à Basewaldt. Il ajoutoit à cela, que c'étoit un garnement qui n'étoit d'aucan usage dans la société, et qu'ainsi il jugeoit que cette affaire ne feroit point de bruit.

Le prince héréditaire me fit part de cette belle prouesse de Munichow et prévit qu'il en auroit du chagrin. Il le témoigna même à Munichow, mais ce garçon le rassura si fort sur les mesures qu'il avoit gardées dans toute cette entreprise, que nous crûmes que peut-être la chose ne transpireroit point. Ce qui me fit juger que le Margrave l'ignoroit, fut, qu'il nous reçut très-bien. Il se rendit même le 12. de Fevrier à Himmelcron.

Nous ne pensions plus du tout à toute cette histoire, lorsque Mr. de Voit vint le soir à minuit nous faire réveiller, et demanda instamment à nous parler. Il vint nous dire, que Mr. Lauterbach, conseiller privé, mais qui n'étoit pas d'une famille distinguée, étoit venu le trouver sur la brune et l'avoit chargé de nous avertir, qu'il venoit de Himmelcron, où il avoit trouvé le Margrave dans une si violente colère, qu'il ne l'avoit vu de sa vie dans un tel emportement; que ce prince savoit l'action de Munichow; qu'il soupçonnoit son fils d'y avoir trempé, et qu'il avoit juré de s'en venger d'une façon éclatante; qu'il reviendroit le lendemain en ville, et que nous n'avions qu'à prendre nos mesures d'avance, puisqu'il craignoit tout pour le prince héréditaire.

Cet avis nous jeta dans des transes mortelles. Nous tînmes le conseil des rats, car tous les expédiens étoient inutiles et le prince héréditaire ne pouvoit que prendre le parti de la soumission;

mais si celui-là ne servoit de rien, tout étoit perdu. Nous passâmes une cruelle nuit.

Dès que le jour parut, j'envoyai chercher la gouvernante. Encore nouveau conseil sans conclusion. Enfin je parlai à la Flore. Elle me promit d'employer tout son crédit, pour raccommoder cette méchante affaire, mais elle craignoit de ne pas réussir, parcequ'on avoit si peu d'égard à faire plaisir au Margrave, qu'on ne pouvoit le condamner s'il nous payoit de la même monnoie. Je lui dis, qu'elle devoit m'expliquer cette énigme à laquelle je ne comprenois rien, et que je ne me ressouvenois pas que ni le prince héréditaire, ni moi eussions en rien manqué à ce que nous devions au Margrave. Elle leva les épaules sans me répondre. Je compris très-bien ce qu'elle vouloit dire, mais je feignis de ne pas le comprendre, et comme je la pressai de parler plus clairement, ne sachant que me répondre, elle me dit, que je turlupinois le Margrave et le traitois comme un petit génie qui n'avoit pas le sens commun. Si j'ai dit, repartis-je, qu'il a un petit génie, je n'ai dit que la vérité, mais je n'ai jamais parlé de lui sur ce pied qu'à des personnes dont j'étois sûre, qu'elles n'en feroient pas mauvais usage, comme votre soeur et vous. J'avoue qu'il a raison d'être fâché, car j'ai désapprouvé la conduite de Munichow, dès que j'ai appris cette belle aventure, et quand même il en parleroit un peu fortement à son fils, je ne pourrois le désapprouver, pourvu seulement qu'il s'abstienne de violences, car en ce cas il se mettra dans son tort.

Je passai toute l'après-dînée dans des inquiétudes mortelles. Je connoissois les emportemens du Margrave, et je savois qu'il étoit capable de tout dans son premier mouvement. Il arriva enfin à cinq heures. Le prince héréditaire le reçut, comme de coutume, au bas de l'escalier et le conduisit dans son appartement. Le Margrave lui fit mille caresses et s'entretint une grosse heure avec lui, après quoi il lui dit, qu'il avoit un peu à faire et qu'il se rendroit bientôt chez moi.

Le prince héréditaire revint triomphant. Il me fit les éloges de son père, en présence de la Flore, et dit, que jamais il n'oublieroit la modération qu'il lui témoignoit en cette rencontre; que le Margrave l'avoit beaucoup mieux mis dans son tort, que s'il l'avoit maltraité, quoique dans le fond il fût innocent et qu'il n'eût point de part à cette violence. Mais il changea bientôt de langage, car on vint l'avertir un moment après, que Mr. de Munichow étoit arrêté avec deux sous-officiers du régiment de Bareith.

Il n'y avoit pas long-temps que les Hollandois avoient fait arquebuser un officier prussien qui avoit voulu enrôler sur leur territoire, et je me ressouviens, que le Margrave avoit fort approuvé cette action. Je ne doutai nullement qu'il ne préparât le même sort à Munichow. Cela me fit frémir; j'en prévoyois les suites les plus affreuses, et je ruminois déjà dans ma tête, comment on le tireroit de ce mauvais pas, lorsque le Margrave entra. Il me fin un accueil très-obligeant. J'étois fort altérée, mais comme nous devions souper, je ne lui parlai de rien. Au sortir de table je m'approchai de lui, Votre Altesse, lui dis-je, a sujet d'être fâchée de la violence que Munichow vient de commettre; j'avoue, que son procédé est inexcusable et qu'il mérite l'indignation de Votre Altesse; le prince héréditaire l'en a fort réprimandé et le condamne autant que moi, mais comme sa détention pourroit me causer beaucoup de chagrin de la part du roi, qui prendra cette affaire fort à coeur, je supplie Votre Altesse de le faire relâcher en ma considération; c'est la première grâce que je Lui demande, et je suis persuadée qu'Elle ne me la refusera pas. Il m'écouta d'un grand sang froid, puis prenant un ton de souverain: Votre Altesse royale, me dit-il, me demande toujours des grâces que je ne puis lui accorder; le fait est atroce; l'homme qu'on a enlevé est un prêtre catholique, on l'a garrotté et traité de la façon la plus cruelle, et cela, pour ainsi dire, en ma présence; outre les affaires que cela me fera avec l'évêque de Bamberg, je ne puis souffrir qu'on manque de cette façon au respect qui m'est dû, et à l'autorité que Dieu m'a mise en main; tant que je vivrai, je ne souffrirai jamais de pareilles violences dans mon pays, et si mon fils y avoit part, je souhaiterois qu'il ne fût jamais né, ou qu'il fût crevé au berceau; je suis le maître ici, et je saurai faire connoître à tous ceux qui veulent se mêler d'agir contre mon autorité, que je suis tel. Je crois, lui dis-je, Monseigneur, que personne n'en doute, et je serois au désespoir, si Votre Altesse s'imaginoit que le prince héréditaire ait eu part à toute cette affaire. Je ne le crois pas non plus, Madame, mais mon fils auroit mieux fait de m'avertir lui-même de tout ceci; je crois cependant que Munichow lui aura rapporté les choses différemment. Cela est vrai, lui dis-je, mais si j'osois ajouter un mot? Vous pouvez dire ce qu'il vous plaira, Madame. Eh bien donc, repris-je, que Votre Altesse fasse succéder la clémence à la justice, et qu'Elle se contente de la satisfaction qu'Elle s'est donnée en faisant arrêter Munichow, qu'Elle le fasse relâcher demain, et le prince héréditaire le fera partir sur-le-champ; c'est un favori de mon frère, il lui a des obligations à lui et à toute sa famille, et il sera très-reconnoissant, s'il apprend que Votre Altesse a eu la considération de le relâcher en faveur des services qu'il lui a rendus. Je supplie Votre Altesse royale de ne plus me parler sur ce sujet, je dois savoir ce que j'ai à faire et je lui souhaite le bon soir. A ces mots il sortit et me laissa stupéfaite.

Le prince héréditaire me trouva encore toute altérée de ce beau discours. Nous jugeâmes tous les deux que l'affaire devenoit sérieuse. Le prince héréditaire étoit dans une colère terrible contre son père; je n'étois pas moins animée contre lui. Le Margrave avoit raison de ressentir le manque de respect qu'on avoit eu pour lui, mais il auroit pu s'y prendre d'une autre façon, en parler à son fils, faire arrèter l'officier et m'accorder ensuite son élargissement; mais la fausseté avec laquelle il en agissoit, étoit inexcusable, et découvroit suffisamment les sentimens de son coeur, qui ne nous étoient rien moins que favorables. Munichow fut examiné dans les formes. Il nia qu'il eût fait maltraiter l'homme en question, et protesta qu'il avoit ignoré son caractère de prêtre, cet homme n'en ayant pas porté les habits. Il fut interrogé deux fois le même jour, sans qu'on en pût tirer autre chose. La Flore de son côté n'avoit rien pu obtenir du Margrave. Je me résolus donc de faire la malade et de me mettre au lit. On fit ce que l'on put pour l'attendrir sur mon sujet, en lui disant que j'étois malade de chagrin; il n'en fit que rire.

Jusque-là j'avois tâché de raccommoder tout cela par la douceur, mais Munichow ayant fait avertir le prince héréditaire qu'on avoit redoublé ses gardes, et qu'on le traitoit comme un criminel auquel on veut faire le procès, je jugeai qu'il étoit temps d'employer d'autres moyens pour le tirer de ce mauvais pas. J'envoyai chercher le baron Stein, premier ministre. Je lui détaillai les suites fâcheuses que pouvoit avoir le procédé du Margrave, s'il vouloit se porter à des violences contre Munichow; en un mot, je lui fis une si terrible peur du roi, qu'il me promit d'employer tous ses efforts pour fléchir le Margrave. Tout effrayé de ce que je lui avois dit, il s'enfuit chez ce prince, qu'il sut si bien intimider qu'il fit relâcher Munichow sur-le-champ. Il chargea le baron Stein de me dire, qu'il ne prétendoit point que Munichow partît, qu'il vouloit lui faire des politesses et qu'il me prioit instamment de raccommoder cette affaire auprès du roi. Je le fis remercier des égards qu'il avoit marqué avoir pour moi, en m'accordant ma prière, et je lui fis dire, que le prince héréditaire renverroit Mr. Munichow tout de suite à son régiment, parce-qu'il ne vouloit point garder autour de lui des gens qui avoient eu le malheur d'offenser son père; que je ferois au roi le détail de tout ce qui s'étoit passé, et que je ne doutois pas que cette affaire ne fût bientôt assoupie. Il fut charmé de mon procédé. Mr. Munichow prit congé de lui et la paix fut rétablie. Le prince héréditaire obtint même du roi que le prêtre fût relâché, de facon que le Margrave reçut toute la satisfaction qu'il avoit pu exiger.

Je commençois à peine à respirer et à me tranquilliser, que je fus replongée dans de nouvelles inquiétudes. Elles furent causées par une lettre du roi. Ce prince me mandoit, qu'ayant accordé à l'Empereur les 10,000 hommes stipulés dans le traité de Vienne, il comptoit faire lui-même la campagne sur le Rhin, et qu'il prétendoit que le prince héréditaire la fît avec lui; que je devois en parler au Margrave de sa part et faire ensorte qu'il y consentît. Le prince héréditaire le souhaitoit passionnément; se voyant soutenu du roi, il ne désespéra pas d'y disposer son père. Pour moi, en revanche, j'y étois fort contraire. Je connoissois le prince héréditaire; il avoit une ambition démesurée de se distinguer; sa principale passion étoit pour le militaire; il étoit vif et bouillant. Tout cela me faisoit craindre qu'il ne s'exposât trop et qu'il ne lui arrivât un accident. Je n'avois rien de si cher au monde que lui; nous ne faisions qu'un coeur et qu'une âme; nous n'avions rien de caché l'un pour l'autre, et je crois que jamais deux coeurs n'ont été unis comme les nôtres. Malgré cela je me vis contrainte de montrer la lettre du roi au Margrave. Je trompai cependant le prince héréditaire. Je trouvai moyen d'en parler d'avance au ministre et de faire ensorte qu'on lui déconseillât de laisser partir le prince. Je n'eus aucune peine pour cela; il étoit devenu fils unique depuis la mort de son frère. Ils désapprouvèrent unanimement l'idée du roi et me promirent d'agir si bien, que le Margrave ne donneroit jamais les mains à ce beau projet. Ayant ainsi préparé mes cartes, j'en parlai au Margrave. Il me parut embarrassé et me dit, qu'il vouloit y penser. Le prince héréditaire remuoit de son coté ciel et terre, pour persuader son père à le laisser partir; mais personne ne vouloit se mêler de cela, de façon que le Margrave écrivit lui-même au roi, qu'il ne souffriroit jamais que son fils fît la campagne, que toute l'espérance du pays étoit fondée sur ce fils et que tout son pays s'y opposoit. Cette réponse ferma pour quelque temps la bouche au roi et me tranquillisa aussi.

Je n'ai point fait mention de ma belle-soeur, la princesse Charlotte. Elle étoit folle à être mise aux petites maisons. Il lui prenoit les vapeurs noires qui la rendoient de temps en temps furieuse. Le Margrave étoit obligé de la battre dans ce temps-là, sans quoi personne n'en pouvoit venir à bout. Les médecins prétendoient, que ces frénésies lui provenoient d'un tempérament trop amoureux, et que le seul moyen de la guérir étoit de la marier. Leur jugement n'étoit point faux, on en remarquoit la vérité par diverses circonstances que je ne puis détailler ici. Elle paroissoit en public le matin et le soir, et on la gardoit à vue le reste du temps. Lorsqu'elle voyoit un homme elle rioit et lui faisoit des signes. On tâchoit toujours de donner une tournure à cela, et on plaçoit des dames vis-à-vis d'elle, pour empêcher qu'elle ne s'oubliât pas.

Le duc de Weimar avoit des vues sur elle depuis long-temps. C'est un des princes les plus puissants de la maison de Saxe, mais qui passoit pour être aussi fou dans son genre, que la princesse l'étoit dans le sien, de façon que c'étoit un mariage très-bien assorti. Il s'adressa à Mr. Dobenek, pour avoir le portrait de ma belle-soeur. Quoiqu'il fût très-désavantageux pour la princesse, il en fut charmé. Il la fit demander dans toutes les formes au Margrave, à condition néanmoins, qu'on ne feroit point éclater ses prétentions, jusqu'à ce qu'il fût à Bareith. Le Margrave y topa tout de suite, comme on peut bien se l'imaginer et on commença sous main à faire tous les préparatifs des nôces.

La princesse Wilhelmine avoit aussi épousé le prince d'Ostfrise depuis quelques mois, n'ayant pu se résoudre d'aller en Danemarc.

J'en reviens au duc de Weimar. Il arriva comme Nicodème dans la nuit, car il ne fit annoncer sa venue que quelques heures auparavant. Le duc de Cobourg se fit annoncer en même temps, ce qui nous fâcha beaucoup, car ce prince devoit hériter de la plus grande partie du pays de Weimar après le décès du duc sans enfans mâles. Comme ce prince n'en avoit point, nous crûmes que le duc de Cobourg venoit exprès pour rompre ce mariage. Ils arrivèrent l'un et l'autre le soir. Le Margrave qui n'aimoit ni le monde ni les étrangers, me pria de faire les honneurs de la maison, et ordonna à toute sa cour de suivre mes ordres. Ces deux princes furent donc menés tout de suite chez moi

Celui de Weimar est petit et maigre comme une haridelle. Il me fit un compliment fort bien tourne, et je ne lui trouvai aucun ridicule le premier jour. Il considéra beaucoup la princesse qui étoit belle comme un ange, et que j'avois fait adoniser le mieux que j'avois pu.

Le duc de Cobourg est grand, très-bien fait et sa physionomie est de plus prévenante. Il est très-poli, et c'est un prince qui a beaucoup de bon sens et qui est fort estimable par la bonté de son caractère.

Le lendemain le duc de Weimar commenca à se découvrir un peu plus. Il ne m'entretint pendant deux heures que de mensonges si grossiers qu'il lui auroit été impossible de mentir ainsi, s'il n'avoit été à l'école du diable. Tout ce jour se passa sans qu'il fît parler au Margrave, qui en fut fort inquiet, et qui me pria pour l'amour de Dieu de faire ensorte que ce mariage réussit. Je ne veux point me compromettre avec le duc de Weimar, me dit-il; il n'y a que Votre Altesse royale qui puisse finir cette affaire; j'aurois un mortel chagrin si ce mariage se rompoit; ce seroit une insulte faite à ma maison et qui tireroit à de très-fâcheuses suites.

Je me rendis à ses instances, mais je me trouvai fort embarrassée, ne sachant comment faire expliquer le duc. Celui de Cobourg me tira de peine Il me fit demander, à moi et au prince héréditaire, une audience particulière. Il me dit, qu'il remarquoit bien que nous avions de la défiance de lui, étant l'héritier collatéral du duc de Weimar; qu'il venoit exprès se justifier auprès de nous; qu'il n'étoit venu à Bareith que dans l'intention de faire réussir le mariage du duc; que ce prince avoit des caprices terribles; que c'étoit une tête sans cervelle, qui n'avoit jamais de plan fixe et qui changeoit d'humeur vingt fois par jour; que nous ne parviendrions jamais à nos fins en restant sur le qui vive; que je devois en badinant le faire déclarer et faire les promesses tout de suite; qu'il me seconderoit de tout son pouvoir; que la princesse lui plaisoit fort et qu'il me répondoit que les fiançailles se feroient encore le soir même, si je voulois suivre son conseil. Nous le remerciâmes beaucoup. Il me fit ma leçon et pria le prince héréditaire de ne s'en point mêler, car, dit-il, il aime les dames, et Son Altesse royale le fera sauter par-dessus le bâton, si elle veut. Je fis avertir le Margrave de tout ceci, et le fis prier de se tenir prêt à venir chez moi au premier signal que je donnerois, afin qu'il pût être présent aux fiançailles.

Je commençai à préparer mes cartes dès midi. Je fis assembler toutes les musiques enragées que je pus rassembler; des trompettes, des tymbales; des cornemuses, des chalumaux, des trompes, des corps de chasse, enfin que sais-je, qui nous écorchèrent les oreilles au point que nous étions à demi sourds. Mon duc entra bientôt dans son emphase de folie. Il la mit dans tout son jour; on auroit dit qu'il étoit possédé. Il se leva de table, joua lui-même des tymbales, racla du violon, sauta, dansa et fit toutes les extravagances imaginables. Au sortir de table je le menai avec le duc de Cobourg, la princesse et mes dames dans mon cabinet. Je débutai par lui parler de la guerre du Rhin et de condamner l'Empereur de ce qu'il négligeoit de lui donner le commandement de ses armées. Il m'entassa alors gasconnade sur gasconnade et des rodomontades sans fin, et finit un galimathias, qui dura toute une heure, par me dire, qu'il feroit la campagne et que son équipage étoit déjà fait. Je n'approuve point cela, lui dis-je, un prince comme vous ne doit point s'exposer; vous avez de grandes espérances devers vous, vous pouvez encore devenir électeur de Saxe, quoiqu'il y ait une vingtaine de princes à envoyer à l'autre monde, avant que vous puissiez y prétendre. Cela est vrai, dit-il, mais je suis né pour les armes et c'est mon métier. Je sais un moyen d'accommoder tout cela, continuai-je, c'est de vous marier et d'avoir bientôt un fils, et alors vous pourrez aller en campagne, quand vous le voudrez. Oh! dit-il pour des femmes, j'en trouverai cent pour une; il y a trois princesses et deux comtesses à Hoff qui m'attendent-là, mais elles ne sont pas de mon goût et je les renverrai; le roi, votre père, Madame, vous a fait offrir à moi, il n'auroit dépendu que de moi de vous épouser, mais je ne vous connoissois pas et je refusai ses offres; à présent j'en suis au désespoir, car je vous adore, oui, le diable m'amporte! je suis amoureux de vous comme un chien. Que je suis malheureuse! lui dis-je, vous m'avez fait l'avanie de me refuser; j'ai ignoré cet affront jusqu'à présent, j'en veux tirer satisfaction quoiqu'il en coûte. Je contrefis la désespérée; le prince héréditaire et mes dames rioient à n'en pouvoir plus. Enfin mon duc, tout tremblant à mes pieds, s'égosilla à me faire des déclarations d'amour, qu'il avoit apprises par coeur dans quelque roman allemand. Je continuai toujours à faire la méchante. Il me dit enfin, qu'il étoit prêt à me donner telle satisfaction que j'exigerois de lui. Eh bien! lui dis-je, je ne puis en recevoir d'autre, que de vous faire épouser une de mes parentes; voyez si vous en êtes content. De tout mon coeur, me dit-il, donnez-moi qui vous voudrez, et je veux que la foudre m'écrase, si je ne l'épouse sur-le-champ. Je n'ai pas besoin de chercher loin; en voici une, lui dis-je, en prenant ma belle-soeur par la main et la lui présentant, elle est plus belle et plus aimable que moi, et vous ne perdrez rien au troc. Il voulut l'embrasser, mais elle le repoussa. Peste! qu'elle est fière, dit-il, mais elle me plait et j'en suis très-content. J'envoyai chercher au plus vîte le Margrave, lui faisant dire, que dès qu'il viendroit, il devoit les faire changer de bagues. Ce prince entra un moment après. Je lui dis aussitôt, que j'avois pris la liberté de faire un mariage; qu'il n'y manquoit que son consentement; que j'avois tant d'estime pour le duc, que je lui avois engagé ma parole de lui faire obtenir la princesse Charlotte, et que j'espérois que le Margrave n'y seroit pas contraire. Le Margrave au lieu de me répondre, tint la bouche ouverte, se mit à rire et demanda au duc, comment il se portoit? Je crus que le duc de Cobourg, le prince héréditaire et moi nous sortirions de la peau de rage, car notre fou enfila un grand discours avec le Margrave et ne pensa plus à faire la promesse de mariage. Il fallut recommencer tout de nouveau à le mettre en train. Enfin à force de pousser le Margrave, il lui fit promettre. On tira aussitôt du canon. Toute la cour et les dames de la ville étoient dans mon antichambre. Nous reçûmes tout de suite les complimens. On tira aux billets en on se mit à table. Après le souper il y eut bal. Je me retirai après avoir dansé avec le duc de Weimar. Je nen pouvois plus de fatigue, la gorge me faisoit un mal terrible à force d'avoir parlé.

Le lendemain matin Mr. de Comartin, colonel des gardes du duc, demanda à me parler. Il débuta par me faire bien des excuses sur la commission dont il étoit chargé; que le duc étoit comme un forcené; qu'il vouloit partir et qu'il me faisoit dire, qu'il ne vouloit point se marier; qu'il vouloit faire voeu de célibat et qu'en un mot tout ce qui s'étoit passé la veille n'avoit été que badinage. Comartin me dit, qu'il me conseilloit de prendre la chose fort haut et de faire comme si cela m'étoit fort indifférent. Je lui répondis, qu'il n'avoit pas besoin de me donner ces avis-là, qu'il n'avoit qu'à dire au duc de ma part, que j'avois cru lui faire beaucoup d'honneur en lui donnant ma belle soeur; que je me souciois fort peu de son alliance et qu'il me feroit un sensible plaisir de partir le plutôt qu'il se pourroit. Faites-lui aussi un compliment de ma part, lui dit le prince héréditaire, et assurez-le que je lui témoignerai bientôt moi-même à quel point je suis charmé de son procédé.

Je fis avertir le Margrave de ce qui se passoit, et le fis prier de faire semblant d'ignorer tout cela, puisque j'espérois encore de redresser cette affaire.

Je n'eus pas tort. Comartin revint un moment après me demander pardon de la part de son maître, et me prier pour l'amour de Dieu de le raccommoder avec le prince héréditaire. Le duc le suivit de près. Je fis long-temps la méchante, mais enfin je me laissai attendrir et le prince héréditaire en fit de même. Nous réglâmes ensemble que les nôces se feroient le jour suivant, le 7. d'Avril.

Je fis habiller la princesse dans ma chambre en robe et coëffer en cheveux, avec une couronne ducale de mes pierreries sur la tête. Nous avions joué de bonheur jusque-là avec elle; son esprit avoit été plus rassis et tranquille, mais lorsque je voulus lui mettre la couronne, elle se mit à crier et à pleurer comme une folle, s'enfuyant d'une chambre dans l'autre, se jetant à genoux à chaque siège qu'elle voyoit et y faisant sa prière. Mlle. de Sonsfeld qui avoit le plus d'autorité sur elle, lui demanda ce qu'elle avoit? Elle lui repondit, qu'on vouloit la faire mourir; qu'elle ne voyoit que des ennemis autour d'elle, qui vouloient l'égorger. Enfin à force de lui parler, nous découvrîmes ce qui donnoit lieu à cette peur panique. La princesse étoit allée voir la chapelle ardente, où reposoit le corps de son frère; la même couronne de mes pierreries, qu'elle devoit porter ce jour-là, avoit été posée sur un coussin, proche du cercueil. Nous eûmes toutes les peines du monde à la rassurer. Elle étoit belle comme un ange. Dès qu'elle fut habillée, le Margrave et les deux ducs la vinrent prendre chez moi. Nous la conduisîmes dans ma chambre d'audience, où elle fit sa renonciation. On donna la bénédiction un moment après dans la même chambre. Il y eut table de cérémonie. On dansa après le souper la danse des flambeaux, et ensuite je menai la mariée dans sa chambre pour la déshabiller, pendant que les princes rendoient le même office au duc. Tout le monde s'étoit retiré. Dès qu'elle fut couchée, j'envoyai avertir le duc de venir. J'attendis toute une heure; personne ne vint. J'y renvoyai une seconde fois. Le prince héréditaire vint me dire, que le duc étoit comme un furieux et qu'il ne vouloit point se coucher; qu'ils s'étoient servis déjà de toute leur rhétorique, sans en pouvoir venir à bout. Il nous arrêta de cette façon jusqu'à quatre heures après minuit. Le prince héréditaire fut obligé de lui faire encore peur et de le menacer de se battre avec lui. Je me retirai dès qu'il fut au lit.

Les veilles et les fatigues achevoient de ruiner ma santé. Toutes les médecines que j'avois prises, ne m'avoient fait aucun effet et je souffrois toujours.

Le jour suivant nous eûmes encore de nouveaux tripotages. Le duc se plaignit de son épouse, l'accusant de n'avoir pas voulu consommer le mariage. Ce train continua tout le temps qu'il resta à Bareith. Je ne voulus pas m'en mêler. Le Margrave et le prince héréditaire furent obligés d'y mettre ordre. Enfin il partit le 14. d'Avril, et ce fut un grand bonheur pour nous, car s'il étoit resté plus long-temps, il nous auroit fait tourner la tête. Comme la duchesse n'avoit point encore de dames, je fus charmée de trouver ce prétexte pour éloigner pendant quelque temps Mlle. de Sonsfeld. Je lui donnai permission de rester six semaines absente. Le prince héréditaire accompagna sa soeur jusqu'à Cobourg, où il ne s'arrêta que quelques jours.

Le Margrave se rendit à Himmelcron, et le prince héréditaire et moi à l'hermitage. J'y reçus une lettre de la reine, qui me surprit beaucoup. Elle me mandoit, que ma quatrième soeur, nommée Sophie, étoit promise au Margrave de Schwed, celui-même qui m'avoit été destiné. Elle faisoit des éloges surprenans de ce prince. Elle ne lui auroit jamais été si contraire, disoit-elle, si elle l'avoit connu plutôt. J'admirai l'instabilité de toutes les choses humaines, et sur-tout l'inconstance du coeur humain. Le Margrave avoit si bien gagné la reine par les rapports qu'il lui faisoit, qu'elle avoit enfin donné les mains au mariage de ma soeur. Mais dès qu'il fut promis, il leva le masque et se montra tel qu'il étoit, ce qui fut cause que peu de jours après je reçus une lettre de la reine toute contradictoire à l'autre, et qui étoit remplie d'horreurs contre ce prince. Je fus au désespoir de ce mariage à cause de ma soeur, que j'aimois tendrement. Elle n'étoit pas belle, mais son bon caractère, sa douceur et mille bonnes qualités l'en récompensoient suffisamment. Elle sut si bien ramener son époux et prendre un tel ascendant sur son esprit, qu'il devint doux comme un mouton avec elle. Cependant tous les soins qu'elle s'est donnés n'ont pu corriger ce prince de ses défauts; il est toujours le même, hors qu'il en agit comme un ange avec son épouse, qui est fort heureuse avec lui.

Mes alarmes, touchant la campagne du prince héréditaire, recommencèrent. Il intriguoit sous main, pour obtenir la permission du Margrave d'y aller, et je travaillois de mon côté pour l'empêcher, de façon que nous nous trompions tous deux. Mais une seconde lettre du roi que je reçus, me causa un cruel chagrin. En voici le contenu.

„Je pars, ma chère fille, dans six semaines, pour aller au Rhin. Mon fils et mes cousins feront la campagne avec moi; il faut que mon gendre la fasse aussi. Doit-il planter des choux à Bareith, pendant que tous les princes de l'empire vont à la guerre? Il passera dans le monde, pour un poltron qui n'a point d'honneur; toutes les raisons du Margrave ne valent rien. Rendez-lui la ci-jointe et dites-lui, qu'il déshonore son fils, s'il l'empêche d'aller à la guerre. Rendez-moi une prompte réponse et soyez persuadée que je suis etc."

Mon Dieu! que devins-je en lisant cette lettre; je versai un torrent de larmes. Le prince héréditaire me parla très-fortement et me dit, que si je ne déterminois son père à le laisser aller, je le forcerois à s'enfuir de Bareith et à faire la campagne sans son consentement. Je lui répondis, que tout ce qu'il pouvoit exiger de moi étoit, que je ne lui serois pas contraire, mais que je ne persuaderois point le Margrave à le faire partir. J'envoyai la lettre du roi à ce prince. Il m'écrivit et me pria de retourner en ville, où il y avoit bien des choses à me communiquer et où il vouloit consulter le conseil sur cette affaire.

J'allai donc le 14. de Juin à Bareith. Le Margrave me montra la lettre du roi, qui étoit à peu près dans les mêmes termes que la mienne, et une du comte Sekendorff. Ce général le prioit pour l'amour de Dieu de se rendre aux désirs du roi, lui représentant, qu'en voulant empêcher le prince héréditaire d'aller en campagne, on lui attireroit beaucoup de méchantes affaires sur les bras; que la saison étoit avancée; que cette campagne ne pouvoit durer long-temps et qu'il espéroit lui relivrer son fils sain et sauf et couvert de gloire, lorsqu'elle seroit achevée. Il me demanda, ce que je pensois de tout cela? Je lui répondis, que je remettois toute cette affaire entre ses mains, qu'il étoit père et que j'étois persuadée, qu'il peseroit bien mûrement le pour et le contre, avant que de rien décider. Il me parut fort inquiet. En effet tout le pays étoit contraire à la campagne et on disoit hautement, que si le Margrave souffroit que son fils y allât, ce seroit un signe qu'il ne l'aimoit pas. Il répondit donc au roi, que la proposition qu'il lui faisoit étoit de si grande conséquence, qu'il ne pouvoit se dé-

12*

terminer si vîte. Le prince héréditaire de son côté étoit d'une humeur épouvantable de voir les irrésolutions du Margrave. Il le pressoit vivement tous les jours d'acquiescer à ses désirs.

Cependant le roi étoit déjà parti de Berlin, pour se rendre à l'armée. Mon frère et tous les princes le suivirent quelques jours après Le roi avoit pris sa route par le pays de Clève. Mon frère me manda, qu'il prendroit la sienne par Bareith, mais que le roi lui ayant expressément défendu d'y faire séjour, il me prioit de me trouver le 2. Juillet à Bernek, qui est à deux milles de Bareith, où il pouvoit s'arrêter quelques heures. Je ne négligeai pas cette occasion de voir ce cher frère; je me mis en chemin de grand matin avec ma gouvernante, Mr. de Voit et Mr. Sekendorff. Le prince avoit un gentil-homme de la chambre avec lui, et le baron Stein nous suivoit, pour complimenter mon frère de la part du Margrave.

J'arrivai à dix heures à Bernek. Il faisoit une chaleur excessive et je me trouvai déjà fort fatiguée du chemin que j'avois fait. Je descendis à la maison qui étoit préparée pour mon frère. Nous restâmes à l'attendre jusqu'à trois heures de l'après-midi. L'impatience nous prit enfin et nous nous mîmes à table. Pendant que nous y étions, il survint un orage épouvantable. Je n'ai rien vu de si terrible; le tonnerre retentissoit dans les rochers, dont Bernek est entouré, et il sembloit que le monde alloit périr; un torrent d'eau succéda à l'orage. Il étoit quatre heures et je ne pouvois comprendre où mon frère étoit. Plusieurs gens à cheval, que j'avois envoyés d'avance pour savoir où il étoit, ne revenoient point. Enfin, malgré toutes mes prières, le prince héréditaire voulut aussi aller le chercher. Je restai jusqu'à neuf heures du soir à attendre, sans que personne ne revînt. J'étois dans de cruelles agitations; ces cataractes d'eau sont fort dangereuses dans les pays de montagnes, les chemins sont inondés dans un moment et il arrive très-souvent des malheurs. Je crus pour sûr qu'il en étoit survenu à mon frère ou au prince héréditaire. Enfin à neuf heures on vint me dire, que mon frère avoit changé de route et qu'il étoit allé à Culmbach, où il vouloit rester la nuit. Je voulus y aller (Culmbach est à quatre milles de Bernek, mais les chemins sont affreux et remplis de précipices); tout le monde s'y opposa, et mal-gré bon-gré on me mit en carosse, pour me mener à Himmelcron, qui n'étoit qu'à deux milles de là. Nous pensâmes nous noyer en chemin, les eaux s'étant si fort accrues, que les chevaux ne les pouvoient passer qu'à la nage.

J'arrivai enfin à une heure après minuit. Je me jetai aussitôt sur un lit; j'étois mourante et dans des transes mortelles qu'il ne fût arrivé quelque accident à mon frère ou au prince héréditaire. Ce dernier me tira enfin d'inquiétude. Il arriva à quatre heures, sans me dire des nouvelles de mon frère. Je commençois à m'assoupir, étant un peu plus tranquille, quand on vint m'avertir, que Mr. de Knobelsdorff vouloit me parler de la part du prince royal. Je m'élançai du lit et courus à lui. Il me dit, que mon frère n'avoit compté me voir que le jour suivant, ce qui avoit été cause qu'il s'étoit reposé à Hoff; que si je voulois, il se rendroit à quelque endroit proche de Bareith; qu'il y seroit précisement à huit heures et qu'il y resteroit quelques heures pour me parler. Je n'eus donc pas le temps de dormir et me remis en carosse, pour me trouver au rendez-vous.

Mon frère m'accabla de caresses, mais me trouva dans un si pitoyable état, qu'il ne put retenir ses larmes. Je ne pouvois me tenir sur mes jambes et me trouvois mal à tout moment tant j'étois foible. Il me dit, que le roi étoit fort piqué contre le Margrave de ce qu'il ne vouloit pas souffrir que son fils fît la campagne. Je lui dis toutes les raisons du Margrave et j'ajoutai, qu'il n'avoit pas tort. Eh bien! dit-il, qu'il quitte donc le militaire et qu'il rende son régiment au roi; d'ailleurs tranquillisez-vous sur toutes les craintes que vous pourriez avoir pour lui, car je sais des nouvelles certaines qu'il n'y aura pas trop de sang de répandu. On forme pourtant le siège de Philippsbourg, lui répondis-je. Oui, dit mon frère, mais on ne risquera pas une bataille pour dégager cette place. Le prince héréditaire entra dans ces entrefaites et pria pour l'amour de Dieu mon frère de le tirer de Bareith. Ils se retirèrent ensemble à une fenêtre où ils s'entretinrent long-temps. Enfin mon frère me dit, qu'il écriroit une lettre très-obligeante au Margrave, et qu'il lui donneroit de si bonnes raisons en faveur de la campagne, qu'il ne doutoit pas que cette lettre ne fît son effet. Nous resterons ensemble, dit-il en adressant la parole au prince héréditaire, et je serai charmé d'être toujours avec mon cher frère. Il écrivit la lettre, qu'il donna au baron Stein, pour la remettre au Margrave. Nous prîmes un tendre congé l'un de l'autre, non sans verser des larmes. Il promit d'obtenir la permission du roi de s'arrêter à Bareith à son retour, après quoi il partit. Ce fut la dernière fois que je le vis sur l'ancien pied avec moi, il changea bien depuis.

Nous retournâmes à Bareith, où je fus si mal, qu'on crut pendant trois jours que je n'en reviendrois pas. Je réchappai pourtant encore cette fois, mais je repris la fièvre lente beaucoup plus forte, que je ne l'avois eue par le passé.

Je n'ai point parlé tout ce temps-ci de Mlle. de Sonsfeld. Elle étoit revenue de Weimar, où elle avoit laissé le duc et la duchesse en paix et en tranquillité. Je m'étois toujours flattée que l'absence la banniroit du coeur du Margrave, mais j'avois compte sans mon hôte, et ce prince étoit plus amoureux que jamais à son retour. On dit qu'il n'y a point de laides amours, mais je soutiens qu'il y en a de très-désagréables, et celui-ci peut être compté du nombre. La passion du Margrave ne souffroit plus de contrainte; il étoit tout le jour chez sa belle à laquelle il faisoit des déclarations morales et se contentoit de lui sucer les mains. Il mettoit tous les jours un habit neuf et faisoit adoniser sa teignasse, pour paroître plus jeune. Lorsqu'il ne pouvoit la voir, les billets-doux rouloient. Ces billets étoient des plus tendres, mais si fades, qu'il y avoit de quoi se trouver mal. Toutes ses vues, disoit-il, ne tendoient qu'au mariage, son amour étant tout-à-fait dégagé de la matière. Ce dernier article pouvoit être très-véridique, car il étoit déjà si exténué, qu'il n'avoit que la peau et les os, ayant déjà l'étisie dans les formes. Tout cela nous déplaisoit fort. La Flore aimoit autant qu'elle étoit aimée, et je prévoyois qu'elle se rendroit enfin aux désirs de son cacochyme amant.

Ce pauvre prince outre les rigueurs de sa belle se vit accablé d'un nouveau chagrin, qui lui fût très-sensible et auquel je pris toute la part imaginable. Ce fut la triste nouvelle de la mort du prince de Culmbach. Son adjutant vint la lui annoncer. Ce prince fut tué le 29 de Juin à la bataille de Parme, qui se donna sous le commandement du général Merci. Il s'étoit déjà emparé d'une des batteries des François, lorsqu'il reçut deux coups de feu qui le couchèrent par terre dans le fossé. On l'emporta dans une cassine voisine. Les chirurgiens lui annoncèrent, qu'il n'avoit que quelques heures à vivre, sa blessure étant mortelle. J'ai le plaisir, dit-il, de mourir du genre de mort que j'ai toujuors souhaité, et je serai content, pourvu que nous soyons vainqueurs. Ce furent ses dernières paroles; il perdit le sentiment et quelques momens après la vie. Le Maréchal de Merci et quinze généraux de marque furent tués à cette action. Le champ de bataille demeura aux François et on peut leur attribuer la victoire, la perte des Autrichiens ayant été inouie. Le prince héréditaire et moi nous fûmes touchés jusqu'au fond du coeur de cette perte. J'en versai bien des larmes, ayant perdu un vrai ami et un prince qui faisoit honneur a sa maison. On transporta secrètement son corps à Bareith.

Cependant la lettre que mon frère avoit écrite au Margrave, avoit fait son effet et on travailloit à force à l'équipage du prince héréditaire. J'étois ensevelie dans la plus noire mélancolie. La mort du prince de Culmbach m'avoit frappée; je me figurois que le prince héréditaire pouvoit avoir le même sort. Le mauvais état de ma santé me consoloit. Je pensois, que si le prince héréditaire étoit tué, je ne lui survivrois pas. Le médecin s'étoit contenté jusqu'alors de me faire saigner huit fois pendant dix mois de temps. Il ne connoissoit pas mon mal et s'imaginoit qu'il provenoit de trop de sang; avec cela il ne m'avoit donné que des choses fortes, qui me soulageoient pour quelques heures, mais qui augmentoient mon mal. Il voulut donc commencer une autre cure avec moi et nous fit prendre les eaux. Nous allâmes au Brandenbourger avec le Margrave, afin que je pusse m'en servir plus commodément. Mais mon estomac trop foible ne fut pas en état de les supporter et je fus obligée de les quitter dès le troisième jour.

Le corps du prince de Culmbach arriva dans ces entrefaites à Bareith. On le déposa dans la chapelle, les apprêts de son enterrement, qui devoient se faire avec pompe et cérémonie, n'étant pas faits. Le Margrave étoit toujours vivement touché de cette perte. Il diminuoit de jour en jour. Le médecin lui déclara, qu'il étoit dans un état dangereux, et que s'il ne renonçoit à la boisson, il deviendroit incurable. Mais ce prince s'y étoit si fort accoutumé, qu'il lui étoit impossible de passer un jour sans s'enivrer deux fois.

Enfin le malheureux jour du départ du prince héréditaire arriva; ce fut le 7. d'Août. Il n'y a que les personnes qui aiment aussi fortement que moi qui puissent se représenter ce que je souffris; mille morts ne sont pas à comparer à la douleur que je ressentis; j'avois l'imagination frappée et j'étois dans la persuasion de ne plus revoir le prince. Il s'arracha d'auprès de moi, étant lui-même si altéré de mon état, qu'il ne savoit ce qu'il faisoit. On le mena dans sa chaise à demi-mort, et pour moi, je restai dans une situation qui auroit touché les choses inanimées. Je fus quatre jours dans cet état. Enfin à force de réflexions je tâchois de modérer ma douleur et de la tenir dans de certaines bornes.

Je n'ai point parlé jusqu'à présent de toute la campagne du Rhin, n'ayant pas voulu interrompre le fil de ma narration. Je ne m'arrêterai qu'aux événemens principaux.

Le duc de Bevern avoit reçu le commandement de l'armée impériale l'année précédente. Cette armée qui ne consistoit qu'en vingt mille hommes, s'étoit tenue sur la défensive et n'avoit pu empêcher l'armée françoise, sous le commandement du duc de Bervie, de passer le Rhin. Le prince Eugène de Savoye vint prendre la place du duc de Bevern. Il fut très-mécontent à son arrivée à l'armée des dispositions qu'il trouva. Il abandonna sur-le-champ les lignes de Stokhoff. Les François poursuivirent les Impériaux, mais sans pouvoir leur faire le moindre dommage. Quoique la France n'eût point jusque-là attaqué l'empire, les intrigues de la cour de Vienne prévalurent sur la politique des princes, qui se mêlèrent inconsidérément de cette guerre, en fournissant leur contingent à l'Empereur. Les Danois au nombre de 6000, les Prussiens au nombre de 10,000 et les troupes de l'empire tirèrent très-à propos le prince Eugène de la mauvaise situation où il se trouvoit. Il ne put cependant empêcher les François de s'emparer de Kehl et de mettre le siège devant Philippsbourg. Cette place se rendit aussi après six semaines d'une vigoureuse défense. Le Maréchal de Bervie et le prince de Lixin furent tués dans la tranchée. Le prince héréditaire arriva deux jours après la prise de cette place. Le roi avoit employé tous ses efforts pour persuader le prince Eugène à livrer bataille pour sauver la place, mais ce prince n'avoit jamais voulu, ayant représenté au roi, que s'il avoit le malheur d'être battu, toute l'Allemagne étoit ouverte aux François et qu'ils pourroient s'emparer de tout ce qui leur plairoit.

Le prince héréditaire fut très-bien reçu du roi et de mon frère. Ce dernier lui prêta une tente, ses équipages n'étant point encore arrivés. Il trouva le roi fort changé de visage et maigri. Ce prince avoit la goutte à la main, et couvoit déjà en ce temps-là la maladie dont il est mort. Il ne putsoutenir toute la campagne et fut obligé de partir, pour se rendre au pays de Clève. Il fit mille caresses au prince héréditaire avant son départ, et lui ordonna de s'arrêter à Bareith au retour de la campagne. Le prince héréditaire se fit bientôt aimer de tous les généraux et officiers de l'armée. Il s'appliquoit autant qu'il pouvoit d'apprendre le métier auprès d'eux. Sa conduite régulière, sa politesse et ses manières affables et prévenantes lui attirèrent tous les coeurs. Il n'en étoit pas de même de mon frère. Il s'étoit lié d'amitié avec le prince Henri, second prince du sang et frère du Margrave de Schwed. Ce prince n'avoit pour tout mérite que sa beauté. Il étoit vicieux, son caractère étoit mauvais et il avoit toujours témoigné une bassesse de sentimens, qui l'avoit rendu méprisable. Malgré cela il sut si bien s'insinuer auprès de mon frère, qu'il le corrompit et l'engagea dans les plus affreuses débauches. Ce ne fut pas tout. Il lui rendit suspects tous les honnêtes gens; il n'y avoit que ses semblables qui fussent les bien-venus; en un mot, mon frère devint tout différent de ce qu'il avoit été, de façon que tout le monde étoit mécontent de lui; le prince héréditaire en eut sa part comme les autres.

Un jour qu'il étoit allé reconnoître l'ennemi avec le duc Alexandre de Wirtemberg, mon frère, plusieurs princes et généraux, ils trouvèrent les François qui étoient postés en de-çà du Rhin. Le prince héréditaire se mit à dessiner leur poste et ne prit pas garde que mon frère commençoit à s'éloigner. Un jeune hussard qu'il avoit auprès de lui, s'amusa fort mal à propos de tirer sur l'ennemi avec une arquebuse rayée. Mrs. les François y répondirent sur-le-champ, et bientôt les balles volèrent autour du prince héréditaire. Il ne voulut pas se retirer et acheva tranquillement son dessin, donnant néanmoins une bonne mercuriale au hussard de son imprudence. Son dessin fini, il se remit à cheval et alla rejoindre mon frère. Celui-ci tenoit des propos assez piquans avec le prince Henri, sur ce qui venoit d'arriver. Le prince héréditaire les entendit. Il conta le fait à mon frère, et voyant qu'il continuoit toujours à chuchoter à l'oreille du prince Henri, en le regardant d'un air moqueur: celui qui dit des mensonges de moi à Votre Altesse royale, lui dit-il, est un tel et tel, et je saurai lui apprendre à devenir véridique et à se désaccoutumer de débiter des calomnies. Mon frère se tut aussi bien que le prince Henri, auquel ces dernières paroles avoient été adressées.

Le jour suivant le prince héréditaire turlupina le prince Henri de la façon la plus cruelle en pré sence de tous les géneraux. Celui-ci fila doux et engagea mon frère à faire quelques politesses au prince héréditaire, qui étoit très-mécontent de lui.

Un courrier qui arriva quelques jours après à l'armée, les informa du triste état où se trouvoit le roi. Il étoit allé à Cleve et s'étoit vu obligé d'y demeurer, son mal s'étant fort augmenté. Le corps commençoit à lui enfler et les médecins jugeoient qu'il étoit hydropique, et que son état étoit très-dangereux et précaire.

J'en reviens à Bareith. Le corps du prince de Culmbach devant être inhumé le 25. d'Août, nous nous rendîmes à Himmelcron, pour n'être pas présents à cette cérémonie. Depuis le départ du prince héréditaire j'aperçus que l'amour du Margrave alloit grand train. Mlle. de Sonsfeld ne pouvoit s'empêcher de témoigner les sentimens qu'elle avoit pour lui; certains propos qu'elle tenoit, dénotoient assez qu'elle succomberoit à la tentation d'être Margrave. Ce prince s'affoiblissoit à vue d oeil. Son médecin, le plus ignorant qu'il y eût jamais, lui promit de le guérir par certains bains et par une boisson, qu'il regardoit comme une remède universel; c'étoient des pommes de pins cuites dans de l'eau. Le Margrave et moi, nous commençames notre cure en même temps, mais par bonheur pour moi il y eut des gens charitables qui m'avertirent que je me tuerois en la continuant. On voulut donner le même avis au Margrave, mais il étoit si entiché de son médecin, qu'il continua ses bains, où il tomboit tous les jours en foiblesse. Il faisoit travailler jour et nuit, pour accommoder le château à Himmelcron. Il y faisoit fabriquer un nouvel appartement, tout décoré avec des dorures et des glaces. Il vouloit y faire un magnifique jardin et une ménagerie, et on bâtissoit déjà un manège.

Tout cela me faisoit conclure qu'il alloit se marier et qu'il vouloit s'établir tout-a-fait à Himmelcron. La Marwitz me confirmoit dans cette idée et m'avertissoit sans cesse d'être sur mes gardes. Cette fille avoit beaucoup d'esprit et de solidité, je pouvois compter sur sa discrétion, et je l'aimois tous les jours davantage. Comme elle épioit sans cesse, elle s'aperçut qu'il y avoit beaucoup de personnes mêlées dans cette intrigue, et entr'autres Mr. de Hesberg, qui avoit été gouverneur du prince Guillaume. Je le connoissois pour un très-honnête homme et ne fis point de difficulté de m'ouvrir à lui sur ce sujet; mais je résolus d'attendre, que je fusse de retour de Himmelcron.

Je m'y rendis le 24. d'Août avec ma gouvernante et la Marwitz. J'y passois le temps le plus ennuyeux du monde. Le Margrave étoit dans un état à faire peur; sa mémoire baissoit si fort, qu'il ne savoit la plupart du temps ce qu'il disoit. A la fin du repas et après avoir bu il lui prenoit des tics convulsifs qui me causoient des frayeurs terribles, car je m'attendois à tout moment à le voir tomber en convulsions, auxquelles il avoit été sujet dans sa jeunesse. Il restoit toute la sainte journée dans ma chambre, ce qui me gênoit beaucoup.

Nous retournâmes enfin à Bareith le 4. de Septembre, où je tâchois d'avoir une entrevue secrète avec Mr. de Hesberg. Il m'avoua, qu'il étoit informé de ce que je voulois savoir, que Mlle. de Sonsfeld lui en avoit fait la confidence, et voici le détail qu'il me fit. Depuis que j'avois rompu cette intrigue la première fois, le Margrave n'avoit point ralenti ses instances; Mlle. de Sonsfeld s'étoit tenue quelque temps sur la défensive, mais enfin elle s'étoit rendue, à condition néanmoins qu'elle n'épouseroit le Margrave qu'avec mon consentement; ce prince jugeant qu'il trouveroit bien des difficultés à vouloir la faire déclarer princesse, avoit résolu pour lever tout obstacle, de lui faire donner le titre de comtesse de Himmelcron; il vouloit se retirer avec elle dans cet endroit, et lui donner un capital très-considérable qu'il vouloit placer hors du pays; le Margrave n'attendoit que le retour du prince héréditaire et le départ de mon frère pour nous en faire la proposition, bien résolu si nous faisions des difficultés, de s'en venger et de passer outre.

Tout cela m'alarma au suprême degré. Il étoit très-facile pour moi de rompre toute cette intrigue, si j'avois voulu en avertir le roi, mais j'aimois trop ma gouvernante pour l'exposer, elle et sa famille.

au ressentiment de ce prince. Je résolus donc de risquer le tout pour le tout. J'envoyai chercher Mlle. de Sonsfeld. Je lui déclarai tout net, que je savois toutes ses menées avec le Margrave; que je lui avois déjà une fois parlé clair sur ce sujet; que je ne donnerois jamais les mains à son mariage; qu'elle me forceroit d'avoir recours au roi, si elle vouloit l'accomplir; qu'elle devoit rompre tous ses rendez-vous avec le Margrave, qui faisoient du tort à sa réputation; qu'elle devoit considérer l'état où se trouvoit ce prince, qui étoit au bord de la fosse et qui ne pouvoit vivre; que si elle l'épousoit par tendresse, sa perte lui seroit bien plus sensible après son mariage qu'auparavant, et que si c'étoit par intérêt, elle pouvoit compter que j'aurois soin d'elle toute ma vie, et que je tâcherois de la récompenser de l'effort qu'elle auroit fait sur elle-même. J'assaisonnai cela de beaucoup d'expressions obligeantes, et moitié par douceur et moitié par menace je tirai d'elle une seconde promesse, qu'elle ne passeroit pas outre. Elle m'avoua, qu'elle s'étoit toujours flattée de me fléchir, et qu'elle ne pouvoit nier qu'elle ne fût sensible à l'amour que le Margrave avoit pour elle; qu'elle seroit cependant obligée d'aller bride en main avec lui et de ne pas l'effaroucher, de peur que son ressentiment ne tombât sur nous; car, me dit-elle, Madame, s'il savoit que Votre Altesse royale est contraire à ses vues, et qu'elle est cause que je les rejette, il se porteroit aux dernières extrémités.

Effectivement elle se gouverna avec tant de prudence, qu'elle amusa le Margrave jusqu'à sa mort, et trouva moyen par son crédit de nous rendre toutes sortes de bons offices. Il ne lui manquoit que le titre de Margrave, car elle en avoit toute l'autorité; rien ne se faisoit sans sa volonté et toutes les grâces passoient par ses mains. Le premier plaisir qu'elle me fit, fut de persuader le Margrave à faire revenir le prince héréditaire. Les François cantonnoient déjà et il n'y avoit plus rien à faire à l'armée. Elle ne l'obtint cependant qu'avec beau coup de peine.

J'eus le plaisir de revoir ce cher prince le 14. de ce mois. Il avoit eu une approbation générale. Je reçus diverses lettres sur son sujet de l'armée, remplies de ses éloges et de l'application qu'il s'étoit donnée pour apprendre le métier. Je le trouvai fort engraissé et bien portant. Il me témoigna le mécontentement qu'il avoit de mon frère et me dit, qu'il avoit si fort changé à son désavantage, que je ne le reconnoîtrois plus; qu'il ne se soucioit plus de moi, et qu'en un mot c'étoit tout un autre homme. Ce rapport m'affligea beaucoup. Cependant je me flattois de regagner le coeur de mon frère, pendant le séjour qu'il devoit faire chez nous.

Le roi étoit dans un état pitoyable. On l'avoit transporté à Berlin. Tous les médecins qui étoient autour de lui regardoient son mal comme incurable.

Le Margrave dépérissoit à vue. Sa santé ne

lui permettant pas de recevoir mon frère il se rendit au parc, où il y avoit une très-belle maison, pour éviter sa présence et recommencer une nouvelle cure. Mais il ne put la continuer; il prit un crachement de sang, qui fit craindre pour sa vie. Tout le monde lui conseilla de se défaire de son médecin. On l'anima si fort contre ce malheureux, qu'il l'auroit fait arrêter, si on ne l'en avoit empêché. Les autres médecins disoient que c'étoit les bains, qu'il avoit fait prendre au Margrave, qui l'avoient réduit à ce triste état. Goekel prétendoit le contraire; voici comment il vouloit prouver l'efficace de ses bains. On conserve, disoit-il, les corps en les embaumant; je conclus de là, que si je puis parvenir à embaumer une personne pleine de vie, cette personne pourra vivre quelques centaines d'années; or le plus excellent préservatif contre la corruption est la pomme de pin; j'ai donc agi en homme sensé et qui entend son métier en les ordonnant au Margrave et à la princesse héréditaire. Je ris bien de ce beau système, qui nous auroit rendus momies, le Margrave et moi.

Nous reçumes dans ce temps-là des nouvelles d'Italie. Elles furent avantageuses pour les Autrichiens. Le comte Koenigsek surprit l'armée du Maréchal de Broglio et celle du roi de Sardaigne, en faisant passer la rivière Seggio à ses troupes. Le Maréchal se sauva nu-pieds et l'autre chaussé. Toute l'armée des alliés fut mise en déroute. On dit, qu'il n'y avoit rien de plus plaisant à voir que les hussards autrichiens, qui s'étoient parés des habits galonnés des officiers françois. Ceux-ci eurent leur revanche quelques jours après. Le comte Koenigsek les ayant poursuivis, les François lui livrèrent bataille devant la ville Guastala et les défirent. Le prince Louis de Wirtemberg et plusieurs autres braves généraux autrichiens y furent tués.

Cependant mon frère arriva le 5. d'Octobre. Il me parut fort décontenancé, et pour rompre tout entretièn avec moi, il me dit, qu'il étoit obligé d'écrire au roi et à la reine. Je lui fis donner des plumes et du papier. Il écrivit dans ma chambre et employa plus d'une grosse heure pour écrire deux lettres, où il n'y avoit que deux lignes. Il se fit ensuite présenter toute la cour, et se contenta de regarder tous ceux qui la composoient d'un air moqueur, après quoi nous nous mîmes à table. Il ne fit dans toute sa conversation que turlupiner tout ce qu'il voyoit en me répétant plus de cent fois le mot de petit prince et de petite cour. J'étois outrée et ne pouvois comprendre comment il avoit changé si subitement envers moi. L'étiquette de toutes les cours de l'empire n'accorde la table des princes qu'à ceux qui ont le rang de capitaine; les lieutenans et les enseignes en sont exclus et sont placés à la troisième table. Mon frère avoit un lieutenant dans sa suite; il le fit placer à table en me disant, que les lieutenans du roi valoient bien les ministres du Margrave. Je ravalai cette dureté et ne fis semblant de rien.

L'après-midi étant seule avec lui, il me dit:

notre Sire tire à sa fin et ne vivra pas ce mois. Je sais que je vous ai fait de grandes promesses, mais je ne suis pas en état de vous les tenir; je vous laisserai la moitié de la somme que le feu roi vous a prêtée; je crois que vous aurez tout lieu d'être satisfaite de cela. Je lui dis, que ma tendresse pour lui n'avoit j'amais été intéressée; que je ne lui demanderois jamais rien que la continuation de son amitié, et que je ne voulois pas un sou de lui, si cela l'incommodoit de la moindre manière. Non, non, dit-il, vous aurez ces 100,000 écus, je vous les ai destinés On sera bien surpris dans le monde, continua-t-il, de me voir agir tout différemment qu'on ne l'auroit cru; on s'imagine que je vais prodiguer tous mes trésors et que l'argent deviendra aussi commun à Berlin que les pierres, mais je m'en garderai bien, j'augmenterai mon armée et je laisserai tout sur le même pied. J'aurai de grandes considérations pour la reine, ma mère, je la rassasierai d'honneurs, mais je ne souffrirai point qu'elle se mêle de mes affaires, et si elle le fait, elle trouvera à qui parler.

Je tombai de mon haut en entendant tout cela; je ne savois si je dormois ou si je veillois. Il me questionna ensuite sur les affaires du pays. Je lui en fis le détail. Il me dit, quand votre benêt de beau-père mourra, je vous conseille de casser toute la cour et de vous réduire sur le pied de gentilshommes, pour payer vos dettes; au bout du compte vous n'avez pas besoin de tant de monde, et il faut aussi que vous tâchiez de diminuer tous les gages de ceux, que vous ne pourrez vous dispenser de garder; vous avez été accoutumée à vivre à Berlin avec quatre plats, c'est tout ce qu'il vous faut ici, et je vous ferai venir de temps en temps à Berlin, cela vous épargnera la table et le ménage.

Il y avoit déjà long-temps que j'avois le coeur gros, je ne pus retenir mes larmes en entendant toutes ces indignités. Pourquoi pleurez-vous? me dit-il. Ah, ah! c'est que vous êtes mélancolique; il faut dissiper cette humeur noire, la musique nous attend et je vous ferai passer cet accès en jouant de la flûte. Il me donna la main et me conduisit dans l'autre chambre. Je me mis au clavecin, que j'inondai de mes larmes. La Marwitz se plaça vis-à-vis de moi, pour empêcher les autres de voir mon désordre.

Il reçut enfin le quatrième jour de son arrivee une estafette de la reine, qui le conjuroit de se hâter de revenir, le roi étant à l'extrémité. Cette nouvelle acheva de me désoler. J'aimois le roi et je voyois bien par le train que prenoient les choses, que je ne pouvois plus compter sur mon frère. Il fut pourtant un peu plus obligeant envers moi les deux derniers jours avant son départ. L'amitié que j'avois pour lui, me fit excuser ses irrégularités et je me crus bien rapatriée avec lui, mais le prince héréditaire n'y fut pas trompé, et me prédit d'avance bien des choses qui se sont vérifiées dans la suite. Mon frère repartit donc le 9. d'Octobre, me laissant en suspens sur son sujet.

Le Margrave revint deux jours après à Bareith. je fus fort surprise en le revoyant. Je n'ai de ma vie vu un changement pareil; tout son visage étoit si tiré, qu'il n'étoit pas reconnoissable. Il vint se reposer un moment chez moi. Tout le temps qu'il y resta il ne fit que se déchaîner contre son méde cin et me faire le détail de sa maladie. Elle augmenta bientôt si fort, qu'il ne fut plus en état de quitter la chambre. Je lui rendois visite tous les jours. Ce prince étoit d'une humeur insupportable; il nous faisoit souffrir maux et martyres. Nous n'osions plus parler à personne, sans courir risque de rendre ses gens malheureux, et ses soupçons le portoient à s'imaginer, que nous formions des intrigues avec tout le monde. Il étoit défendu de rire; dès que nous étions un peu gais, il disoit que c'étoit de la joie que nous avions de sa maladie. Pour mettre fin à toutes ces chicanes, nous ne vîmes plus personne et nous nous réduisîmes, le prince héréditaire et moi, à n'avoir commerce qu'avec mes dames, qui étoient les seuls êtres vivans que nous vissions. Nous dînions et soupions en particulier. Je travaillois, je lisois, je composois de la musique tous les jours; nous jouions au colin-maillard, ou nous chantions et dansions; enfin il n'y avoit point de folies dont nous ne noas avisassions pour tuer le temps. Mais j'ai négligé jusquà présent de rapporter un fait assez intéressant, n'ayant pas voulu interrompre le fil de ma narration.

J'ai déjà fait le portrait de la Margrave douairière de Culmbach, qui faisoit sa demeure à Erlangue. Cette princesse s'étoit amourachée d'un certain comte Hoditz, homme d'une très-grande maison de Silésie, mais franc-libertin et aventurier. Comme la conduite de ce princesse étoit connue et qu'il lui falloit toujours un adorateur, cette nouvelle intrigue ne donna point d'ombrage au Margrave. Elle garda même quelques dehors avec son amant au commencement de leurs amours, mais sa passion pour lui augmenta tout d'un coup si fort, qu'elle résolut de l'épouser. Le comte sut si bien mener cette affaire, que personne ne s'aperçut de leur dessein que lorsqu'il fut accompli. Les deux amans choisirent une nuit fort obscure pour s'évader du château; une fausse-clef qu'ils avoient pris soin de faire fabriquer, leur procura la sortie du jardin. Malgré une pluie épouvantable ils gagnèrent à pied un petit village Bambergeois, à une demi-lieue d'Erlangue. Mdme. la Margrave n'avoit pour tout habillement qu'une simple jupe de basin et un pet-en-l'air de la même étoffe. Ils trouvèrent deux prêtres catholiques dans le village qui les marièrent, après quoi ils retournèrent à Erlangue dans le même ordre qu'ils en étoient partis. Le secrétaire de la Margrave et quelques domestiques du comte, qui les avoient suivis, leur servirent de témoins. Le comte partit quelques jours après pour Vienne. Sa nouvelle épouse lui fit présent d'une partie de ses pierreries et engagea le reste pour payer les fraix de son voyage. Cette démarche fit du bruit. Le secrétaire de la Margrave prévoyant bien qu'il n'avoit plus aucune fortune à espérer de sa maîtresse, vint dénoncer le fait au Margrave.

Ce prince envoya d'abord le Baron Stein à Erlangue pour examiner la chose. La Margrave avoua tout de suite son mariage. On lui fit toutes les représentations imaginables, pour lui montrer la bassesse de son procédé, et les suites funestes qui s'en suivroient, lui offrant de faire rompre son mariage, qui ne s'étoit pas fait selon les cérémonies de l'église, les deux prêtres n'ayant pas reçu la dispense de l'évèque de Bamberg pour les marier. Toutes les raisons qu'on put lui alléguer furent inutiles. Elle répondit, qu'elle aimeroit mieux manger du pain sec et ne boire que de l'eau avec son cher comte, que d'avoir l'empire de l'univers. Le Margrave voyant qu'il ne gagneroit rien sur son esprit, avertit le duc de Weissenfeld de ce qui se passoit. Ce prince envoya un de ses ministres à Erlangue, mais toutes les instances et remontrances de celui-ci furent aussi peu efficaces, que celles du baron Stein. Elle sortit du château pour se rendre auprès de son époux, mais ses créanciers, qui étoient en grand nombre, l'arrêtèrent. Pour se sauver de leurs mains, elle leur abandonna tous ses effets. Elle se rendit à Vienne, où elle abjura la foi luthérienne pour embrasser la catholique. Elle y est encore présentement dans une misère affreuse, méprisée de tout le monde et vivant des charités que lui fait la noblesse. Son époux l'a cajolée tant qu'elle a eu un sou de bien. Elle a été obligée de vendre toutes ses nippes, pour suffire aux dépenses du comte, qui l'a laissée à présent dans le plus cruel abandon.

Le commencement de l'année 1735 ne fut pas favorable au Margrave. Sa santé s'affoiblissoit à vue, et il ne pouvoit plus quitter le lit; mille fantaisios lui passoient par la tête; il ne s'imaginoit point de mourir, et faisoit faire tous les jours des plans pour l'embellissement de Himmelcron. Il vouloit rendre cet endroit magnifique et y dépenser 100,000 florins en bâtimens. J'ai déjà parlé de son ordre. Il le fit changer et voulut y ajouter des commanderies; certaines terres allodiales devoient être employées à cet usage Non content de tout cela, il acheta une immense quantité de chevaux et fit faire diverses sortes de voitures, voulant jouer, disoit-il, le grand Seigneur; en un mot, si Dieu ne l'avoit retiré du monde, il auroit ruiné tout son pays et nous auroit laissés à l'aumône. Tous ceux qui étoient en charge, voyant bien qu'il ne pouvoit réchapper de cette maladie, s'adressoient au prince héréditaire. Celui-ci tâchoit sous main de faire traîner les bâtimens de Himmelcron et le plan des commanderies. Le Margrave avoit même des momens où son esprit étoit détraqué, toutes les affaires alloient cahincaha, et il nous faisoit tous les chagrins imaginables. Je le laisserai reposer un peu pour voir ce qui se passoit à Berlin.

Le roi y étoit toujours très-mal de l'hydropisie.

Il souffroit prodigieusement; les jambes lui étoient crevées; il étoit obligé de les tenir dans des baquets, pour y laisser couler l'eau qui en sortoit. Son mal augmentant à vue-d'oeil, il résolut de faire les nôces de ma soeur Sophie avec le Margrave de Schwed. La bénédiction de leur mariage se donna le 7. de Janvier devant son lit. Une espèce de grosseur qu'il avoit à une de ses jambes, fit croire aux médecins qu'il s'y formoit un abcès, ils résolurent d'y faire une incision. L'opération fut longue et douloureuse. Le roi la soutint avec une fermeté héroïque et se fit donner un miroir, pour être en état de mieux voir travailler les chirurgiens. Mon frère me mandoit toutes les postes, qu'il n'avoit plus que 24 heures à vivre, mais il comptoit sans son hôte, et la quantité d'eau que le roi avoit perdue, jointe à l'habilité des médecins, rétablit entièrement ce prince. Cette cure fut regardée comme un miracle. Sa convalescence me combla de joie. Toutes mes soeurs se rendirent à Berlin pour féliciter le roi sur le rétablissement de sa santé. Je ne pus lui témoigner la satisfaction que j'en ressentois que par écrit, ne pouvant m éloigner dans l'état où étoit le Margrave.

Ce prince, tout mourant qu'il étoit, voulut conferer son nouvel ordre en cérémonie. Tous ceux qui en étoient chevaliers, le reçurent de lui. Il étoit couché dans son lit, où il reçut des complimens de toute la cour. Cet ordre consiste dans une croix blanche; l'aigle rouge qui représente les armes de la maison, est au milieu, elle est attachée à un ruban ponceau, bordé d'or, et on le porte autour du cou; l'étoile est d'argent; l'aigle rouge est au milieu avec cette devise latine: sincère et constant. Il y eut grande table chez moi et le soir bal, qui ne dura qu'un quart d'heure.

Je fus bien attristée en ce temps-là par une lettre de la duchesse de Brunswick, qui me faisoit part de la mort de son époux. Il n'y avoit qu'un an qu'il étoit parvenu à la régence. Je le regrettai sincèrement, et je conserve encore une tendre amitié pour la duchesse, son épouse. Le prince Charles, son fils, se vit prince regnant par ce décès. Ma soeur joua de bonheur, si on peut appeler ainsi la perte d'un si brave prince, car elle se vit deux ans après son mariage, et contre toute apparence, princesse regnante.

Cependant la maladie du Margrave augmenta si fort, qu'on lui conseilla de faire venir un médecin très-habile d'Erfort, pour le consulter. Celui qu'il avoit pris à la place de Goekel, se nommoit Zeitz. C'étoit un homme d'esprit, qui avoit un peu plus de savoir que son prédécesseur, mais dont le système étoit aussi ridicule, que celui de l'autre. D'ailleurs cet homme avoit un très-mauvais caractère; il n'avoit point de religion, et par conséquent aucun frein qui pût le tenir en bride. Il n'est pas donné à chacun d'avoir une foi aveugle, même on trouvera ordinairement que ceux qui croient le moins. vivent le plus moralement bien, mais un mauvais esprit, qui n'a point de religion, est un meuble très-dangereux dans la société. La plupart des gens ne savent ce qu'ils croient; les uns rejettent la religion, parcequ'elle est contraire à leurs passions; les autres pour être à la mode; d'autres encore pour s'attirer la renommée de gens d'esprit. Je désapprouve fort ces sortes d'esprits-forts, mais je ne puis condamner ceux qui se font une étude de rechercher la vérité et de se défaire de tout préjugé. Je suis même convaincue, que les personnes qui s'accoutument à réfléchir, ne peuvent qu'être vertueuses; en recherchant la verité, on apprend à raisonner juste, et en apprenant à raisonner juste, on ne peut qu'aimer la vertu. Mes réflexions m'ont éloignée de mon sujet. J'y reviens.

Mr. Juch qui étoit le médecin que l'on fit venir, annonça tout franchement au Margrave, qu'il ne réchapperoit point de cette maladie, et qu'il n'avoit plus que quelques semaines à vivre. Zeitz l'assura en revanche, qu'il le tireroit d'affaire. Il ajouta foi aux paroles du dernier. Cela est naturel, nous nous flattons toujours de ce que nous espérons. Il continua donc à faire travailler à Himmelcron et à régler les commanderies de son ordre.

La princesse d'Ostfrise ayant appris le triste état où il se trouvoit, se mit en chemin pour venir à Bareith. Cela nous alarma fort, le prince héréditaire et moi. Elle pouvoit nous faire un tort infini, en engageant son père à faire un testament en sa faveur et en celle de sa soeur. Mlle. de Sonsfeld sut si bien tourner l'esprit du Margrave qu'elle lui fit accroire, qu'ils s'attendriroit trop s'il voyoit sa fille, que d'ailleurs elle prétendroit bien des choses contraires aux intérêts de son pays, et qu'il seroit dur au Margrave de lui refuser. Enfin elle fit si bien, que ce prince lui envoya une estaffette, pour la prier de ne point venir. L'estaffette la rencontra à Halberstadt, qui est à moitié chemin de Bareith. Elle fut donc obligée de s'en retourner.

L'amour du Margrave pour Mlle. de Sonsfeld continuoit toujours, mais elle me tenoit exactement la parole qu'elle m'avoit donnée, et me faisoit part de tous les entretiens qu'elle avoit avec lui. Sans elle nous aurions mal passé notre temps, et il se seroit porté à toutes sortes d'extrémités, car il nous traitoit comme des chiens. Nous prenions patience sur tout cela, et surtout moi, dans l'espérance que notre délivrance étoit prochaine. Il faut pourtant que je rende cette justice au prince héréditaire, que je ne l'ai jamais entendu murmurer contre son père, hors le jour qu'il voulut le battre, et qu'il en a toujours parlé en termes très-respectueux. Il voyoit bien lui-même que son père tiroit à sa fin. Il n'étoit informé que superficiellement de ses affaires, et tenoit tous les jours des conférences secrètes avec Mr. de Voit, qui l'instruisoit de l'état de son pays. Je connoissois à fond le caractère du prince héréditaire, et je savois qu'il ne se laisseroit jamais gouverner. Je m'étois bien proposé de ne me mêler de rien; je hais les intrigues à la mort, mais en revanche je voulois rester sur un certain pied de considération, et ne voulois pas non plus que personne se mêlât de ce qui me regardoit. Je ne sais si Mr. Voit fit comprendre au prince que je gouvernerois, ou s'il eut lui-même cette idée de moi, mais je m'aperçus qu'il n'en agissoit plus avec moi avec la même franchise qu'à l'ordinaire. Cela m'inquiéta, mais cependant je ne fis semblant de rien.

La Marwitz me dit un jour: le prince héréditaire est encore trop vif pour entrer dans tous les détails de la régence; je suis persuadée que Votre Altesse royale sera obligée de l'assister; il est encore jeune, il n'est informé de rien, il n'a point d'expérience; je crains que s'il ne suit vos conseils, on ne lui fasse faire bien des bévues. Je vous assure, ma chère, lui dis-je, que vous vous trompez fort; je ne me mêlerai de rien, et je vous assure, que le prince ne s'adressera pas à moi pour avoir mon avis. Elle en fut surprise. Le prince entra justement dans la chambre. Elle lui parla quasi de même qu'à moi, et je répétai au prince ce que j'avois répondu à la Marwitz. Il garda le silence; il étoit fort froid envers moi. Je rejetai toujours ce changement sur les affaires qui lui rouloient dans la tête. Jusque-là il n'avoit eu rien de caché pour moi, il m'avoit fait part de ses plus secrètes pensées, mais il ne me confia point ses idées sur l'avenir, et je ne m'en informai pas non plus.

Un jour que nous étions à table, on vint nous

chercher au plus vîte chez le Margrave, en nous disant qu'il étoit à l'agonie. Nous le trouvâmes couché dans un fauteuil; une suffocation qui lui avoit pris, l'avoit mis à deux doigts du tombeau; son pouls étoit comme celui d'une personne qui se meurt. Il nous regarda tous sans nous dire mot. On avoit envoyé chercher un ecclésiastique. Il témoigna d'abord que cela ne lui faisoit pas plaisir. L'ecclésiastique lui fit une assez belle exhortation sur l'état où il se trouvoit, lui disant, qu'il étoit près de rendre compte de ses actions à Dieu, qu'il devoit se soumettre à ses saintes volontés, et qu'il lui donneroit la force d'envisager la mort avec fermeté. J'ai administré la justice, lui dit-il; j'ai été charitable envers les pauvres: je n'ai point débauché avec les femmes; j'ai rempli les devoirs d'un prince juste et équitable; je n'ai rien à me reprocher et puis paroître devant le tribunal de Dieu avec assurance. Nous sommes tous pécheurs, lui répondit son aumônier, et le plus juste pèche sept fois, et quand nous avons fait tout ce qui nous est ordonné, nous sommes pourtant des serviteurs inutiles. Nous remarquâmes tous que ce discours lui déplaisoit. Il répéta avec plus de véhémence: non, je n'ai rien à me reprocher, mon peuple pourra me pleurer comme son père. Il garda quelques momens le silence, après quoi il nous pria de nous retirer. On le remit au lit, et nous fûmes bien surpris lorsqu'on nous vint dire le soir, qu'il étoit beaucoup mieux On nous apprit en même temps, qu'il avoit fort grondé ses domestiques de l'alarme qu'ils avoient faite, et surtout de ce qu'ils avoient appelé l'ecclésiastique. Il sembla que son mal fût diminué, mais le 6. de Mai il augmenta si fort, que Zeitz qui l'avoit toujours flatté de le rétablir, vint lui annoncer son arrêt de mort. Il tomba dans une profonde rêverie et ordonna que tout le monde le laissât seul ce jour-là. Il étoit d'une foiblesse extrême.

Le lendemain il nous envoya chercher, le prince héréditaire et moi. Il fit une longue exhortation à son fils sur la manière dont il devoit gouverner son pays, et me dit, qu'il m'avoit toujours tendrement aimée; qu'il reconnoissoit mon mérite; qu'il me conjuroit de faire souvenir tous les jours son fils des préceptes de morale et de régence qu'il venoit de lui donner; qu'il me souhaitoit beaucoup de bonheur, et qu'il me prioit d'accepter une tabatière, qu'il me donna pour me souvenir de lui. Nous nous mîmes à genoux, le prince héréditaire et moi. Il nous donna sa bénédiction et nous embrassa l'un et l'autre. Nous fondions en larmes. Ce qu'il m'avoit dit m'avoit si fort touchée, que si j'avois pu lui prolonger la vie, je l'aurois fait. Il nous pria ensuite de ne plus le venir voir, que lorsqu'il seroit à l'agonie; et s'adressant à moi: je vous conjure, Madame, ajouta-t-il, faites-moi cette grâce. Il fit ensuite venir ma fille, à laquelle il donna aussi sa bénédition; après quoi il prit congé de toutes mes dames, l'une après l'autre, hors de Mlle. de Sonsfeld, qui étoit malade. Les conseiller privés eurent aussi leur tour. Il leur fit une longue harangue et leur détailla toutes les obligations que le pays lui avoit, et répéta à peu près ce qu'il avoit dit à l'ecclésiastique; il leur recommanda fortement le bien de son pays et l'attachement qu'ils devoient avoir pour leur nouveau maître, finissant par leur donner les derniers adieux. Il eut la force d'esprit de prendre congé de toute sa cour, depuis le premier ministre jusqu'au dernier de ses domestiques. J'étois fort touchée, mais je ne puis nier que je ne trouvasse beaucoup d'ostentation dans son fait, car il ne cessoit de relever envers chacun les soins qu'il s'étoit donnés pour le bien de son pays. On verra par la suite qu'il ne s'imaginoit point encore de mourir, et que tout ce qu'il faisoit n'étoit que pour jouer la comédie. Il s'affoiblit extrêmement à la fin de cette triste cérémonie. Dès qu'elle fut finie, il nous pria de nous retirer.

Les médecins nous avertirent, qu'ils le trouvoient si mal, qu'on ne pouvoit plus compter un moment sur sa vie. Pour être plus à portée de le venir voir et accomplir la promesse que nous lui avions faite, d'être présens à sa fin, nous nous logeâmes dans un appartement tout proche du sien, et la nuit nous ne fîmes que nous coucher tout habillés sur le lit.

Le lendemain trouvant que sa foiblesse auggmentoit, il envoya chercher le prince héréditaire, auquel il remit la régence en présence du conseil, et ordonna à chacun de ne plus l'importuner d'aucune affaire. J'étois allée tous les matins et tous les soirs demander de ses nouvelles dans son antichambre, car il n'y avoit que le prince héréditaire qui eût l'entrée libre chez lui. Dès qu'il lui eût remis la régence, il s'en repentit et ne put s'empêcher de brusquer son fils toutes les fois qu'il le voyoit. Il s'informa même auprès de quelques Mrs. de sa cour, qui ne le quittoient pas, et auprès de ses domestiques, si son fils se mêloit déjà d'ordonner, ajoutant, qu'il nageoit sans doute dans la joie de se voir son propre maître. On l'assura avec vérité, que le prince héréditaire avoit juré de ne donner aucun ordre tant qu'il vivroit encore, et qu'il n'avoit voulu expédier aucune affaire.

Sa maladie traîna jusqu'au 16. de Mai au soir, où l'on vint nous appeler à la hâte; il étoit 9 heures. Nous trouvâmes tout le monde en prière dans son antichambre; on l'entendoit râler de très-loin; il souffroit les peines de l'enfer. Il dit à son fils: mon cher fils, je suffoque, je ne puis plus endurer des souffrances qui me mettent au désespoir. Il crioit et hurloit que cela faisoit peur à entendre; par trois fois il perdit les sens, et par trois fois il les reprit. Il parla jusqu'à son dernier soupir et expira enfin à six heures et demie du 17. de Mai au matin.

Je n'ai de ma vie été plus altérée. Je n'avois jamais vu mourir personne; cette image me frappa si fort, que j'eus peine à me l'ôter de long-temps de l'esprit. Le prince héréditaire étoit dans le dernier désespoir. Nous le tirâmes avec toutes les peines du monde de cette chambre et le ramenâmes dans la sienne, où il fut près d'une heure avant que de pouvoir se remettre. Toute la cour l'avoit suivi. Dès qu'il fut un peu revenu à lui, Mr. de Voit lui dit, qu'il étoit nécessaire qu'il confirmât le conseil. Le Margrave hésita quelque temps et ne lui répondit rien, mais me tirant à part, il demanda, ce que j'en pensois? Je lui répondis ingénieusement, que je ne trouvois pas cela si pressé; qu'il n'y avoit qu'une heure que son père étoit mort; qu'il me sembloit qu'il falloit garder un certain décorum, et ne pas montrer tant d'avidité à s'emparer de la régence, et qu'en remettant la chose au lendemain, il auroit le temps de faire de mûres réflexions sur les personnes qu'il vouloit mettre en place. Il goûta mes avis. Il étoit fort accablé et moi aussi, ayant veillé toute la nuit et ma santé étant très-foible. Pour éluder toutes les persécutions de ces Messieurs, il se coucha et reposa quelques heures; mais on le pressa tant et tant, et on lui montra tant de difficultés à laisser vaquer plus longtemps le conseil, qu'enfin il le confirma. Il fut composé du baron Stein, Voit, Dobenek, Hesberg, Lauterbach et Thomas.

Ensuite on régla le deuil et l'enterrement, et l'on fit accroire au Margrave, que c'étoit au conseil à fournir tout ce qu'il falloit employer à cela. Le Margrave étoit fort novice dans toutes ces sortes d'affaires et se trouvoit obligé de s'en fier à ce qu'on lui disoit Ces Messieurs furent assemblés pendant trois semaines, et ne s'occupèrent qu'à acheter du drap. Quoique cela fût du département du Maréchal de la cour, ils commençoient à se donner des airs insupportables, sur-tout Mr. de Voit. Cet homme m'avoit toutes les obligations imaginables; je l'avois soutenu de tout mon pouvoir du vivant du feu Margrave. Il étoit mon grand-maître, et les devoirs de sa charge exigeoient que du moins il vînt tous les jours chez moi; il n'en fit pourtant rien et ne me fit pas même faire ses excuses, ce qui me piqua fort contre lui. Cependant le corps du Margrave fut mis en parade. Ses obsèques se firent le 31. de Mai, comme il avoit ordonné avant sa mort, sans cérémonie, mais avec décence. Son corps fut transporté à Himmelcron et déposé dans un caveau, qu'il avoit fait faire exprès.

Nous mîmes le grand deuil le 1. de Juin, pour ne le quitter qu'un an après. Je tins appartement ce jour-là, pour recevoir les complimens de condoléance de toute la cour, et nous dînâmes pour la première fois en public. Mais tout cet attirail noir et le décorum qu'il falloit observer, étant trop incommode, nous nous rendîmes au Brandenbourger, où nous restâmes quelques semaines.

Mr. de Voit vint un jour chez moi. Il me dit, qu'il savoit que j'étois fâchée contre lui de ce qu'il ne me faisoit pas régulièrement sa cour, mais qu'il étoit si occupé, qu'il ne lui restoit pas un moment de temps; que cependant le conseil ne m'avoit pas oubliée, et qu'on avoit résolu d'intercéder pour moi auprès du Margrave, pour qu'il me donnât une augmentation de revenus, et qu'ils ne doutoient point que le Margrave ne me l'accordât. Je fus piquée au vif de ce beau discours. Je lui répondis d'un air fort froid, que si j'avois besoin d'une augmentation de revenus, je la demanderois moi-même au Margrave; que j'étois très-persuadée qu'il ne me la refuseroit pas; que je leur étois très-obligée de leurs bonnes intentions, mais que je les dispensois du soin de parler en ma faveur, puisque je prendrois cette peine moi-même. Il fut un peu décontenancé et me dit, qu'il étoit cependant désagréable de demander soi-même des grâces. Mais plus encore, lui dis-je, Monsieur, de les faire demander par d'autres, et afin que vous appreniez à connoître mon caractère, sachez, que quand même le Margrave voudroit me donner une augmentation, je ne l'accepterois pas, ses affaires étant trop dérangées par les grandes dépenses, qu'il est obligé de faire, pour m'avantager sans s'incommoder; d'ailleurs, Monsieur, je veux lui avoir l'obligation à lui-même des avantages qu'il me fera, sans quoi ils ne me feront aucun plaisir.

Je prévis bien que ces Messieurs prétendoient me mettre sur le pied où étoit ma soeur d'Anspac, qui n'osoit grouiller devant eux et qui étoit toujours obligée de s'adresser à un troisième, pour négocier ce qu'elle vouloit de son époux. Le froid que le Margrave avoit pour moi, joint à ses idées, m'alarmèrent beaucoup. Je me retirai dans mon cabinet avec ma gouvernante, à laquelle je communiquai mes pensées; je pleurois à chaudes larmes. Elle haussa les épaules et me dit, qu'elle avoit les mêmes appréhensions que moi; que même ces Messieurs faisoient assez comprendre, que leur but étoit de gouverner eux-seuls l'esprit du Margrave; que pour y parvenir, il falloit commencer à me mettre peu-à-peu sous leur férule; qu'ils ne s'occupoient uniquement que de bagatelles, voulant entrer dans les moindres petits détails, qui n'étoient pas de leur ressort, et négligeant les grands. Elle me conjura de parler au Margrave et de lui ouvrir les yeux; qu'elle de son côté tâcheroit de préluder, pour lui préparer l'esprit sur ce que je lui dirois. Je balançai long-temps, mais elle me donna tant de bonnes raisons, qu'enfin je m'y résolus.

J'en parlai en effet au Margrave, mais il le trouva fort mauvais; il me répondit beaucoup de choses dures. Je suis vive, je sais me modérer jusqu'à un certain point, mais je suis femme et j'ai mes foiblesses comme les autres; je me brouillai à toute outrance avec mon époux; j'étois dans un tel désespoir, que je tombai en foiblesse. On me mit sur le lit. J'eus un tel saisissement, qu'on crut que j'allois expirer. On appela au plus vite le Margrave. Mon état le toucha vivement; il étoit dans des angoisses mortelles. Nous nous fîmes des excuses réciproques, et après un long éclaircissement, il m'avoua, qu'on lui avoit mis martel en tête contre moi; il me demanda mille fois pardon. Je lui promis, que je ne me mêlerois de rien, mais que j'espérois en revanche, qu'il ne souffriroit pas qu'on causât de la mésintelligence entre nous et qu'on m'abaissât, comme on l'intentionnoit. Il me répondit, que je lui ferois toujours plaisir d'en agir avec la même sincérité, comme j'avois fait par le passé; qu'il me prioit de lui dire toujours mes pensées naturellement, et que de son côté il n'auroit rien de caché pour moi, de façon que nous fûmes meilleurs amis que jamais. Il me demanda mes sentimens sur tout ce qui se passoit. Je lui dis, que je le connoissois pour l'homme du monde qui aimoit le moins à se laisser gouverner; que cependant l'ascendant qu'il laissoit prendre au conseil, le mèneroit bientôt à cela, qu'il auroit peine à se retirer de leurs pattes, quand il y seroit une fois; qu'alors il seroit obligé de se servir des voies de la rigueur, pour les faire rentrer dans leur devoir; qu'il devoit se souvenir des dernières paroles de son père, qui lui avoit dit, de tenir toujours ses ministres en bride, d'écouter leurs conseils, mais de les bien peser avant que de les suivre. Il rêva long-temps, après quoi il me dit, que voulez-vous que je fasse? il faut bien que je me fie à eux; je ne suis informé de rien; je leur ai dit moi-même que je voulois qu'on traitât d'affaires plus sérieuses et qu'on ne s'amusât pas à la bagatelle, mais ils m'ont répondu, qu'on ne pouvoit faire tout à-la-fois.

Le colonel de Reitzenstein avoit été envoyé à Berlin et Mr. de Hesberg en Danemarc. Les finances étoient dans un si triste état, que je fus obligée de lever un capital de 6000 écus, pour suffire à ces deux ambassades. J'en fis présent au Margrave; si j'avois pu lui faire plaisir aux dépens de ma vie, je l'aurois fait. Il avoit de son côté toutes les considérations imaginables pour moi, et me témoignoit le réciproque des sentimens que j'avois pour lui. Son coeur étoit si bon, qu'il ne pouvoit se résoudre de dire un mot de désobligeant à qui que ce fût, ni à refuser la moindre grâce, quand on la lui demandoit. Cette trop grande bonté lui attiroit bien du chagrin depuis; elle fut aussi cause qu'il conservat toute la cour telle qu'elle l'étoit. Tous ceux qui lui étoient attachés lui représentèrent, qu'il devoit se défaire à temps des brouillons et intrigans qui y étoient, mais il ne put s'y résoudre. Il ne négligea aucun des devoirs qu'il devoit à la mémoire de son père, et ne congédia aucun de ses domestiques, dont il retint la plus grande partie et donna des charges aux autres. Il ne fit paroître aucun ressentiment à ceux qui l'avoient chagriné et qui avoient été cause de ses brouilleries avec lui. Quelqu'un lui en parla, et il répondit ces belles paroles: j'ai oublié le passé, et je veux que tout le monde soit content dans mes états.

Les Mrs. du conseil désapprouvèrent fort le procédé généreux du Margrave envers les domestiques de son père. Ils me députèrent Mr. de Voit. Il vint tout essoufflé me faire des plaintes amères de la part de ses confrères. Je n'ai jamais rien entendu de plus impertinent que tout son raisonnement. Le Margrave, disoit-il, a fait une chose inouie, en conférant des charges et des emplois sans l'avis de son conseil; et frappant la terre de sa canne, il ne lui est permis, ajouta-t-il, de chasser ni de prendre une servante de cuisine à notre insu; nous sommes tous déshonorés et nous irons en corps faire nos représentations au Margrave. Je lui répondis, que je ne me mêlois de rien et qu'ils pouvoient faire ce qu'ils trouveroient bon. Le Margrave étoit dans la chambre prochaine avec ma gouvernante; il entendit tout le discours de Voit. Il auroit éclaté contre lui, si ma gouvernante ne l'en avoit empêché.

Dès que Voit fut parti, il entra dans ma chambre, où il jeta feu et flamme; il vouloit casser le conseil et faire le diable à quatre. Je l'appaisai peu à peu. Il reconnut alors la vérité de mes prédictions, et résolut d'avoir recours à un homme qui avoit été secrétaire de son père. Cet homme se nommoit Ellerot. Il avoit autant d'esprit qu'on peut en avoir. Le feu Margrave avoit eu une confiance aveugle en lui vers la fin de ses jours, et l'avoit fort estimé pour sa droiture. Son fils qui se ressouvint que cet homme savoit à fond les affaires de son pays, crut n'avoir rien de mieux à faire que de le prendre auprès de lui, pour l'opposer aux entreprises impérieuses du conseil. Ellerot le mit en peu de temps au fait de tout et lui communiqua tous les plans du feu Margrave.

Cependant ma santé commençoit un peu à se rétablir. Faute de mieux, nous avions été obligés de garder le médecin Zeitz. Il me fit prendre les eaux de Seltre avec le lait de chèvre, et me prescrivit de prendre beaucoup d'exercice pendant la cure. J'appris à tirer et j'allois quasi tous les soirs à la chasse avec le Margrave. Je ne pouvois marcher long-temps, étant encore trop foible. Le Margrave m'avoit fait faire une voiture, de laquelle je pouvois commodément tirer. C'étoit pour tuer le temps plutôt, que pour faire la guerre aux animaux, que je m'amusois à cela, car je n'aime point la chasse, et je l'ai abandonnée dès que j'ai eu d'autres occupations. Ma passion dominante a toujours été l'étude, la musique et sur-tout les charmes de la société. Je me trouvois hors d'état de contenter ces trois passions, ma santé m'empêchant de m'appliquer comme par le passé, et la musique et la société étant détestables.

La campagne du Rhin prenoit le train de celle de l'année précédente et ne se passoit qu'à boire et à manger. Douze mille Russes devoient aller joindre l'armée de l'Empereur, et ces troupes devoient passer par le Haut-Palatinat. Nous fimes la partie d'aller les voir. Mais avant que de partir, nous donnâmes audience à Mr. le baron de Pelnitz, qui vint nous faire le compliment de condoléance de la part du roi.

Cet homme a fait assez de bruit dans le monde, pour que j'en dise un mot. Il est auteur des mémoires qui ont paru sous son nom. Le roi se les fit lire. La description qu'il y trouva de la cour de Berlin lui plut si fort, qu'il eut envie de revoir Pelnitz, qui dans ce temps-là étoit à Vienne, où il vivoit des grâces de l'Impératrice. Il se rendit à Berlin et sut si bien s'insinuer dans l'esprit du roi, qu'il en obtint une pension de 1500 écus. Je l'avois fort connu dans ma jeunesse. Cet homme a infiniment d'esprit et de lecture; sa conversation est des plus agréables; son coeur n'est pas mauvais, mais il n'a ni conduite ni jugement, et pèche la plupart du temps par étourderie. Il a su conserver sa faveur pendant toute la vie du roi et l'a assisté jusqu'à son dernier soupir. Il nous fut d'une grande ressource et nous amusoit beaucoup. Nous le prîmes avec nous à un couvent, où nous restâmes la nuit, l'armée Russienne devant passer le lendemain proche de là et d'une petite ville, nommée Vilsek.

Nous partîmes le jour suivant de bon matin et dînâmes à cet endroit. Le général Keith qui commandoit cette colonne de l'armée, ayant été averti que nous étions-là, nous envoya aussitôt une garde de fantassins. Ils étoient tous bottés, et pour nous faire honneur, ils tirèrent des guêtres par-dessus leurs bottes. Je n'ai rien vu de plus risible que cet accoutrement, qui me paroissoit d'autant plus extraordinaire, que j'étois accoutumée à la propreté des troupes prussiennes, qui étoient toujours tirées à quatre épingles. Mr. de Keith vint nous voir dès qu'il fut arrivé. Ce général, Irlandois de nation, est un homme tres-poli et qui sent son monde. Il nous pria de nous arrêter encore un moment, puisqu'il avoit donné ordre qu'on rangeât ses troupes en ordre de bataille. Nous montâmes en voiture pour les voir. C'étoient tous de petits hommes ramassés, qui ne faisoient pas grande parade et qui étoient fort mal rangés. Le général m'accorda la grâce de deux déserteurs, qui devoient être pendus. Il les fit mener devant ma chaise. Ils se prosternèrent devant moi et frappèrent la terre de leurs têtes si fortement, que si elles n'avoient été russiennes, elles se seroient sûrement cassées. Je vis aussi leur prêtre, qui me fit beaucoup de salamalecs et me demanda excuse de n'avoir pas porté ses idoles, pour me faire honneur. Cette nation est à peu près comme des bêtes; ils buvoient de la fange et mangeoient des champignons empoisonnés et de l'herbe, sans que cela leur fît le moindre mal. Dès qu'ils arrivoient à leur quartier, ils se mettoient dans un four, où ils tâchoient de suer, et lorsqu'ils étoient bien mouillés, ils se jetoient dans de l'eau froide, et en hiver dans la neige, où ils restoient quelque temps. C'est là leur remède souverain, qui conserve, disent-ils, leur santé. Nous prîmes congé du général et retournâmes à notre couvent, et de là au Brandenbourger.

J'ai oublié de dire, que mon jour de naissance avoit été célébré le 3. d'Août. Le Margrave m'avoit donné des présens magnifiques en pierreries, une augmentation de revenus et l'hermitage. Je ne voulus recevoir l'augmentation que l'année prochaine.

Je m'occupois tout le mois d'Août à faire accommoder les chemins à l'hermitage. J'y fis pratiquer une infinité de promenades. J'y allois tous les jours et je m'amusois à faire moi-même des plans pour embellir et rendre cet endroit commode.

Nous eûmes un surcroit de bonne compagnie dans ce temps-là. C'étoient Mr. de Baument, major d'un régiment impérial du Margrave, et le comte de Bourkhausen, capitaine du même régiment. Ce dernier étoit neveu de ma gouvernante. Le Margrave avoit eu soin jusque-là de sa fortune et l'aimoit beaucoup. Ce jeune homme avoit infiniment d'esprit, mais il étoit d'une étourderie insupportable. Son père, homme de très-grande naissance et d'une des premières familles de Silésie, avoit trouvé moyen de manger 400 mille écus de bien, qu'il possédoit, et de faire encore des dettes, de façon que tous ses enfans étoient ruinés et ne vivoient en Silésie que des charités de la noblesse et de la gouvernante. Il étoit venu très-souvent à Bareith depuis que j'étois mariée, et avoit contracté la passion la plus violente pour sa cousine la Marwitz. Celle-ci l'avoit toujours traité avec beaucoup de hauteur; et comme il étoit fort vif, son désespoir lui avoit fait commettre cent extravagances, qui lui avoient fait du tort. Je continuerai à parler de ces amours, qui ont une grande connexion avec la suite de ces mémoires.

Ma gouvernante fit aussi venir en ce temps-ci ses deux autres nièces de Marwitz. L'aînee des deux se nommoit Albertine, et la cadette Caroline. Je les appellerai dorénavant par leurs noms de baptême, pour les distinguer de leur soeur aînée. La cadette n'eut pas été quinze jours à Bareith, qu'elle y fit une conquête. Elle étoit très-jolie; un visage mignon, le plus beau teint du monde et un petit air de douceur lui attirèrent tous les regards.

Dès que le Margrave étoit parvenu à la régence, il avoit augmenté ma cour. Le comte de Schoenbourg devint mon chambellan et un certain Mr. de Vesterhagen mon gentil-homme de la chambre. Schoenbourg étoit fils d'un comte regnant de l'empire; son père vivoit encore. Il étoit riche, et toutes les jeunes filles de qualité de Bareith s'empressoient à faire sa conquête. Mais elles y perdirent toutes leurs peines, et les beaux yeux de Caroline réduisirent bientôt son coeur; il en devint éperdument amoureux. Elle lui vouloit du bien. Ils lièrent une amitié très-étroite ensemble, dont je rapporterai les suites, quand il en sera temps.

Pour la Marwitz, je l'aimois à la passion; nous n'avions rien de caché l'une pour l'autre. Je n'ai jamais vu un rapport de caractère pareil au nôtre; elle ne pouvoit vivre sans moi, ni moi sans elle; elle ne faisoit pas un pas sans me consulter et elle étoit approuvée de tout le monde.

Nous allâmes tous au parc, où le Margrave vouloit tenir le rut du cerf. Comme cet endroit est à un mille de la ville et qu'il n'y avoit qu'une com pagnie choisie, nous nous en donnâmes à coeur joie. Il y avoit tous les jours bal et nous dansions six heures de suite dans une salle pavée et très-incommode, de manière que nos pieds étoient meurtris. Cet exercice me faisoit un bien infini. Nous étions tous de la meilleure humeur du monde. Le Margrave aimoit la joie et la bonne compagnie; ses manières polies et obligeantes le faisoient adorer, et nous vivions tous dans l'union la plus parfaite.

La paix sembloit se rétablir par-tout. On commençoit déjà les négociations entre l'Empereur et la France. Elle fut conclue pendant l'hiver. Les Espagnols restèrent en possession des royaumes de Naples et de Sicile, qu'ils avoient enlevés à l'Empereur. Le duc de Lorraine abandonna ses états à la France, et reçut en revanche le grand-duché de Toscane. La France et l'Espagne de leur côté accedèrent à la sanction pragmatique. Ainsi le repos fut rétabli en Allemagne.

Le Margrave n'avoit point encore reçu l'hommage de son pays; la cérémonie s'en fit à notre retour à Bareith. Le même acte devoit se faire à Erlangue. L'évêque de Bamberg et de Wirzbourg se trouvoit justement à la magnifique maison de campagne, nommée Pommersfelde, qui n'en est qu'à quatre milles. Il nous avoit fait inviter à nous y rendre, aussi bien que le Margrave et la Margrave d'Anspac, se proposant de s'unir avec nous, pour rétablir une bonne union dans le cercle.

Mr. de Bremer, ci-devant gouverneur du Margrave d'Anspac, étoit à Bareith. Je le chargeai d'un compliment pour ma soeur, et le priai de lui dire de ma part, que j'étois avertie que l'évêque avoit une hauteur extrême; qu'il auroit des prétentions ridicules sur les titres que nous lui donnerions, et que je prévoyois qu'il y auroit des chipotages; que nous étions soeurs; que nous avions les mêmes prérogatives et les mêmes étiquettes; que j'étois résolue d'agir de concert avec elle, et que je la faisois prier de me faire savoir ses intentions; que tout le monde auroit les yeux sur nous et que j'étois d'avis de ne céder aucune vétille de tout ce qui nous appartenoit. Mr. de Bremer approuva fort mon procédé. Nous ne donnons que le titre de Liebden aux évêques et aux nouveaux princes de l'empire. Ce titre ne signifie pas tant qu'abbesse, et il n'est pas possible de le traduire en françois. L'évêque prétendoit qu'on devoit lui donner un titre plus honorable et que nous devions l'appeler Votre grâce, sans quoi il ne vouloit pas nous donner l'Altesse royale. Je ne fus avertie de tout ceci que sous main. J'aurois pu faire des pourparlers là-dessus, mais on m'en dissuada et on m'assura qu'il se rangeroit de lui-même à son devoir.

Mr. de Bremer partit pour Anspac, et me rapporta une réponse très-favorable de ma soeur. Elle me manda, qu'elle se règleroit d'après moi et qu'elle étoit très-satisfaite de tout ce que je lui avois fait dire par Bremer. J'ai toujours conservé mes prérogatives comme fille de roi, et le Margrave les a toujours soutenues; c'étoit avec son approbation que j'avois fait cette démarche, et il me disoit souvent, qu'il avoit très-mauvaise opinion des gens, lorsqu'ils oublioient ce qu'ils étoient.

Nous partîmes donc au mois de Novembre et couchâmes la nuit à Beiersdorf. Nous fîmes le lendemain notre entrée à Erlangue. On y avoit construit plusieurs arcs de triomphe; les magistrats vinrent haranguer le Margrave aux portes de la ville et lui présentèrent les clefs; toute la bourgeoisie et la milice étoient rangées le long des rues. Nous étions, le Margrave et moi, dans un carosse de parade drapé. A cause du deuil nous fûmes rassasiés de harangues, que nous reçûmes l'un et l'autre ce jour-là.

Le lendemain il prit l'hommage. Il y eut table de cérémonie et le soir appartement Nous nous arrêtâmes quelques jours à Erlangue et partîmes de là pour Pommersfelde.

Nous y arrivâmes à cinq heures du soir. L'évêque nous reçut au bas de l'escalier avec toute sa cour. Après les premiers complimens il me présenta sa belle-soeur, la générale-comtesse de Schoenborn, et sa nièce du même nom, abbesse d'un chapitre de Wirzbourg. Je vous supplie, Madame, me dit-il, de les regarder comme vos servantes; je les ai fait venir exprès pour faire les honneurs chez moi. Je fis beaucoup de politesses à ces dames, après quoi l'évêque me conduisit dans mon appartement. Il fit donner des sièges. Je me flanquai sur un fauteuil et nous allions entamer la conversation, quand les deux comtesses entrèrent dans la chambre. Je fus surprise de ne pas voir ma gouvernante avec elles. Je ne fis pourtant semblant de rien. Mon ajustement étoit fort dérangé; je pris ce prétexte pour me retirer un moment. L'évêque et ses dames se retirèrent aussi.

Dès que je fus seule, j'envoyai chercher mes dames, et je demandai à la gouvernante, pourquoi elle ne m'avoit pas suivie? C'est, dit-elle, parceque je n'ai pas voulu m'exposer à recevoir une avanie; car ces comtesses m'ont traitée comme un chien et ne m'ont pas dit un mot; elles ont passé haut la main devant moi, et sans l'un des Mrs. de la cour, que je ne connois pas, je n'aurois jamais trouvé votre appartement. Je suis bien aise de savoir cela, lui dis-je, le Margrave m'a permis de soutenir mes droits, et je suis très-bien informée que ma gouvernante ne doit céder le pas tout au plus qu'aux comtesses regnantes de l'empire; elle ne l'est point et ne peut le prétendre en aucune façon.

Le Margrave me dit, que je devois en parler avec Voit, qui étant mon grand-maître, devoit selon les fonctions de sa charge, porter la parole en mon nom et faire des représentations là-dessus. Je l'envoyai chercher et lui exposai mes intentions. Mr. de Voit étoit le plus grand poltron qu'il y eût dans l'univers; il étoit toujours rempli de terreurs paniques et de difficultés. Il fit un visage long d'une aune. Votre Altesse royale ne comprend pas, me dit-il, la conséquence de l'ordre qu'Elle me donne; on s'assemble ici pour fomenter l'union des membres du cercle de Franconie; est-ce un temps pour chercher chicane aux gens? l'évêque prendra cette affaire fort haut; il sera désobligé, il ne démordra point de son entreprise, et si vous voulez soutenir la chose, cela deviendra une affaire de l'empire. Je fis un grand éclat de rire. Une affaire de l'empire, lui répondis-je, eh bien! tant mieux; les dames n'en ont jamais été mêlées, et ce sera quelque chose de nouveau. Le Margrave tira les épaules et le regarda d'un air de compassion. Mais qu'il en soit ce qui en pourra, je vous prie de faire savoir à l'évêque, ajoutai-je, que j'ai tant d'estime pour lui, que je serois fâchée de le désobliger, qu'il auroit dû prendre de meilleures mesures pour éviter toute tracasserie; qu'il ne pouvoit ignorer les prérogatives des filles de roi, ayant été élevé toute sa vie à Vienne; que je me fais honneur d'être l'épouse du Margrave, mais que je ne veux pas perdre pour cela une vétille de ce qui m'appartient. Mr. de Voit fit encore beaucoup de difficultés, mais le Margrave lui dit, de se dépêcher, qu'il étoit tard et qu'il falloit mettre une prompte fin à tout cela.

Mr. de Voit en parla donc de ma part à Mr. de Rottenhan, grand-écuyer de l'évêque. On tint un long pourparler, où il fit enfin résolu, que les deux comtesses partiroient, dès qu'elles auroient reçu ma soeur.

A peine cette décision fut-elle prise, que la cour d'Anspac arriva. J'envoyai aussitôt faire un compliment à ma soeur et lui fis dire, que je me rendrois chez elle dès qu'elle seroit seule. Je n'étois nullement obligée de lui rendre la première visite, mon droit d'aînesse me donnant le pas sur toutes mes soeurs, et le Margrave ayant la préséance sur le Margrave d'Anspac. Je pouvois le prétendre doublement; mais comme nous sommes tous d'un même sang, je n'ai jamais voulu me prévaloir de mes droits. Ma soeur me fit répondre, qu'elle viendroit chez moi. Elle s'y rendit un moment après avec le Margrave. Ils me parurent ford froids l'un et l'autre. Ma soeur étoit enceinte. Je lui en témoignai ma joie et lui fis toutes les avances imaginables, mais elle ne me témoigna pas le réciproque. Je lui fis part de ce que j'avois fait; elle ne me répondit rien. L'évêque vint nous trouver. Elle s'évada et s'en retourna chez elle. Elle prit ce temps pour se faire présenter les Mrs. qui composoient la cour de l'évêque. Elle leur parla des comtesses et les assura, qu'elle condamnoit fort mon procédé, qu'elle n'étoit pas si hautaine que moi et qu'elle n'auroit jamais souffert ce qui venoit de se passer, si elle avoit été là. Tout le monde désapprouva sa conduite.

Nous allâmes la chercher pour se mettre à table. Je fus placée au haut bout. Elle ne voulut pas s'asseoir à côté de moi, et plaça l'évêque entre nous deux. Elle lui donnoit l'Altesse à tort et à travers, malgré l'accord que nous avions fait. Pour moi, je m'en tins à mes idées et n'en démordis point; j'avois toutes les attentions imaginables pour l'évêque et pour sa cour, et lui faisois toutes les politesses qui dépendoient de moi. Il est temps que je fasse son portrait.

Il est connu que la famille de Schoenborn est une des premières et des plus illustres d'Allemagne; elle a donné plusieurs électeurs et évêques à l'empire. Celui dont je parle avoit été élevé à Vienne. Son esprit et sa capacité le poussèrent à devenir chancelier de l'empire. Il exerça très-longtemps cette charge. Les évêchés de Wirzbourg et de Bamberg étant venus à vaquer par la mort de leurs évêques, la cour de Vienne profita de cette occasion, pour récompenser les services du vice-chancelier, et sut si bien corrompre les voix, qu'il fut élu prince et évêque de ces deux évêchés. Il peut passer avec justice pour un grand genie et pour un grand politique. Son caractère répond à cette dernière qualité, car il est fourbe, raffiné et faux; ses manières sont hautes; son esprit n'est point agréable, étant trop pédantesque; cependant on s'en accommode quand on le connoît, et sur-tout quand on s'applique à profiter de ses lumières. J'eus le bonheur de gagner son approbation. J'ai été souvent quatre ou cinq heures à raisonner avec lui tête-à-tête. Je ne m'ennuyois point; il me faisoit part de bien des particularités que j'ignorois. On peut bien dire que son esprit est universel. Il n'y a point de matières que nous n'ayons rabattues ensemble.

Dès que nous fûmes levés de table, je reconduisis ma soeur dans son appartement, et l'évêque me ramena dans le mien. Il y faisoit un froid terrible. Je me couchai tout de suite et m'endormis. A peine avois-je reposé une heure, que le Margrave m'éveilla, pour me dire, qu'on vouloit forcer la porte de ma chambre. Cette porte donnoit sur un corridor et on y avoit placé un hussard. J'entendis effectivement qu'on travailloit à rompre la serrure. Nous appèlames tout doucement nos gens, pour voir ce que c'étoit et ils trouvèrent effectivement Mr. le hussard encore occupé à son ouvrage. Il demanda grâce au Margrave, le priant pour l'amour de Dieu de ne le point trahir, ce que le Margrave eut la générosité de lui promettre.

Le lendemain matin je commençai, dès que je fus levée, à faire la visite de tout le château. Pommersfelde est un grand bâtiment, dont le corps-de-logis est détaché des ailes; ce corps-de-logis a quatre pavillons; il est de figure carrée, et lorsqu'on le voit de loin, il semble une masse de pierres; le dehors est rempli de défauts; dès qu'on est entré dans la cour, l'idée qu'on s'étoit faite de ce château se change, et on y remarque un air de grandeur, qu'on n'avoit pas observé; d'abord on monte un perron de cinq ou six marches, pour entrer dans un portail écrasé et étroit, qui défigure fort ce bâtiment; un escalier magnifique se présente et laisse voir toute la hauteur de ce palais, la voûte de cet escalier n'étant soutenue que par une espèce d'équilibre; le plafond est peint à fresque; les gardefous sont de marbre blanc, ornés de statues; cet escalier mène à un grand vestibule, pavé de marbre, d'où l'on entre dans une salle; cette salle est ornée de dorure et de peintures; on y voit des tableaux des premiers maîtres, tels que des Rubens, des Guido Reni et des Paul Veronèse; toute sa décoration cependant ne me plut point, elle avoit plutôt l'air d'une chapelle que d'une salle, et on n'y voyoit point cette noblesse d'architecture, qui joint le goût à la magnificence; cette salle conduit à deux appartemens en enfilade, tous ornés de tableaux; une de ces chambres renferme une tapisserie de cuir, dont on fait grand cas, étant peinte par Raphaël; la galerie de tableaux est ce qu'il y a de plus beau, les amateurs de la peinture y peuvent contenter leur goût; comme je l'aime fort, je m'y arrêtai quelques heures à examiner tous les tableaux.

Je dînai ce jour-là et les suivans en particulier avec ma soeur, nos gouvernantes et deux dames de conseillers privés d'Anspac. L'évêque et les Margraves alloient tous les jours à la chasse, d'où ils ne revenoient qu'à cinq heures du soir. Je m'ennuyois fort, étant enfermée tout le jour avec ma soeur qui me faisoit la mine. Au retour des princes on s'assembloit dans la salle, pour assister à ce qu'on appeloit une sérénade. Ces sérénades sont des abrégés d'opéra. La musique en étoit détestable;

cinq ou six chattes et autant de rominagrobis allemands nous écorchoient les oreilles par leur chant pendant quatre heures, où il falloit se morfondre, car le froid étoit excessif. On soupoit ensuite, et on ne se couchoit qu'à trois heures du matin, fatigué comme un chien de n'avoir rien fait toute la journée.

On nous proposa un nouveau plaisir, qui sentoit bien l'ecclésiastique. Ce fut d'aller dîner à Bamberg et d'y voir l'église et les reliques. Je fis dire à ma soeur, que si elle y alloit, j'irois aussi, et que si elle refusoit cette partie, je resterois pour lui tenir compagnie. Elle me fit répondre, qu'elle seroit bien aise d'aller à Bamberg, et que je n'avois qu'à accepter l'offre qu'on nous avoit faite. La chasse devoit se faire de ce côté-là et les princes devoient s'y rendre pour y dîner avec nous. On vint me réveiller à sept heures du matin pour me dire, qu'il étoit temps de m'habiller et de partir, qu'il nous falloit quatre heures pour arriver à Bamberg, et que la chasse ne devant pas durer long-temps, je n'aurois le temps de ne rien voir, si je ne partois bientôt. Je me levai du lit en grognant; j'étois malade, le froid et les fatigues dérangeoient bien aisément ma santé mal affermie.

Dès que je fus habillée, je me rendis chez ma soeur. Je fus fort surprise de la trouver encore au lit. Elle me dit, qu'elle étoit incommodée et qu'elle ne pouvoit aller à Bamberg. Elle avoit très-bon visage et travailloit dans son lit. Je lui dis, qu'elle m'auroit fait plaisir de m'en faire avertir plutôt; que j'avois fait demander de ses nouvelles, et qu'on m'avoit répondu qu'elle se portoit bien. Mdme. de Bodenbrock, sa gouvernante, tiroit les épaules et me faisoit signe que ce n'étoit que caprice. Elle employa si bien sa rhétorique, qu'elle la persuada à se lever et à s'habiller. Je n'ai jamais vu de plus longue toilette, elle dura pour le moins deux heures.

On avoit attelé deux carosses de parade magnifiques. Le premier devoit être pour moi, et le second pour ma soeur. Je lui demandai, si elle ne vouloit pas que nous allassions ensemble. Elle me dit que non. Montez donc en carosse, lui dis-je. Oh! mon Dieu non, me dit-elle, vous avez le rang et je n'ai garde de me placer la première. Je n'ai point de rang avec mes soeurs, lui dis-je, et je n'aurai jamais de disputes là-dessus avec elles. Le Grand-Maréchal de l'évêque, homme assez massif, me prit par la main et me dit, voici votre voiture, Madame, ayez la grâce d'y entrer, car elle est préparée pour vous. J'y entrai donc avec ma gouvernante et n'eus pas seulement le temps de demander ma pelisse. Nous allions pas-à-pas. Nous gelions de froid; les doigts et les pieds nous étoient si engourdis, que nous ne pouvions plus les remuer. Je fis ordonner au cocher d'aller plus vîte, et il exécuta si bien mes ordres, qu'en trois heures de temps nous arrivâmes à Bamberg.

On me conduisit droit à l'église, ou les prê

tres avoient étalé les reliques. Il y avoit un morceau de la croix dans une châsse d'or; deux des vases qui avoient servi à la nôce de Cana; des os de la vierge; un petit haillon de l'habit de Joseph; le crâne de l'Empereur Frédéric et de l'Impératrice Cunégonde, patrons de Bamberg et fondateurs du chapitre; les dents de l'Impératrice sembloient des défenses de sanglier par leur longueur.

J'étois si gelée, que je ne pouvois marcher. Je me remis en carosse, pour aller au château. On me mena dans l'appartement qui m'étoit préparé. J'y pris des douleurs dans le corps et dans tous les membres. Mes dames me déshabillèrent, et à force de me frotter elles me firent un peu revenir le sentiment.

Dès que ma soeur fut arrivée, je me fis informer de l'état de sa santé et lui fis faire des excuses de ce que je n'allois pas chez elle, me trouvant incommodée. Elle me fit répondre, qu'étant fort fatiguée, elle vouloit se jeter sur le lit et tâcher de dormir, et qu'elle me prioit de ne point venir chez elle. J'y renvoyai plusieurs fois, et on me dit toujours qu'elle reposoit. A force de soins je me trouvai un peu mieux, et m'ennuyant beaucoup, je me mis à jouer au tocadille.

Les princes ne revinrent qu'à six heures. Ils dînèrent à une table séparée; celle où nous devions manger étoit servie dans ma chambre. Ma soeur y vint; elle avoit l'air fâché. Toute sa cour, et sur-tout les dames, faisoient la mine et affectoient de lâcher des propos assez piquans. Je ne fis pas semblant de les comprendre, jugeant cela au-dessous de moi.

Après le dîner ma soeur passa avec moi dans un cabinet, où nous prîmes le café. Je lui dis, que je voyois bien qu'elle étoit fâchée contre moi, que je la priois de me dire ce qu'elle avoit, et que si j'avois eu le malheur de l'offenser, j'étois prête à lui en faire toutes les réparations imaginables. Elle me répondit d'un air fort froid, qu'elle n'avoit rien contre moi, qu'elle étoit malade et qu'elle ne pouvoit être de bonne humeur, et en même temps elle s'appuya contre une table, où elle se mit à rêver. Je m'assis vis-à-vis d'elle et en fis de même.

L'évêque nous tira de cette conversation muette; il me reconduisit en carosse, où je me remis avec ma gouvernante. Je suis au désespoir, me dit celle-ci, le diable est déchaîné à la cour d'Anspac; on a maltraité ma soeur et la Marwitz d'une manière terrible; Mdme. de Zoch leur a dit mille impertinences; j'y ai encore mis fin à temps, sans quoi je crois qu'elles se seroient décoiffées. Ils ont dit publiquement, que Votre Altesse royale avoit fait ordonner au cocher, qui menoit la Margrave d'Anspac, d'aller à toute bride, afin qu'elle fît une fausse-couche; ils ont fort plaint cette pauvre princesse, laquelle, disoient-ils, étoit toute meurtrie des secousses de la voiture.

Je devins furieuse en entendant ces belles nouvelles; je voulois tirer satisfaction de la colomnie qu'on avoit débitée contre moi, mais ma gouvernante me fit tant de représentations, que je consentis à les ignorer.

Ma soeur ne voulant pas souper, je me fis excuser aussi auprès de l'évêque. Mes dames vinrent me conter toute cette histoire. Je vis bien enfin moi-même, que si nous n'étions les plus sages, cette affaire iroit plus loin, et donneroit matière à parler au public. Je leur ordonnai donc à toutes de laisser tomber cela, et de continuer à faire des politesses aux dames d'Anspac, jugeant bien que tout le blâme retomberoit sur elles des tracasseries qu'elles avoient voulu faire. Je n'eus pas tort. Toute la cour fut informée le lendemain de ce qui s'étoit passé, et on se disoit à l'oreille, que Mdms. les conseillères avoient trouvé le vin bon et en avoient bu un peu plus, qu'il ne leur en falloit. Le Margrave d'Anspac même fut très-fâché des impertinences qui s'étoient dites contre moi, et en fit réprimander très-fortement les auteurs.

Nous partîmes enfin deux jours après et retournâmes à Erlangue. J'y eus un petit chagrin domestique. Un petit chien de Bologne, que j'avois depuis 19 ans, mourut. J'aimois beaucoup cette bête, qui avoit été compagne de tous mes malheurs; je fus sensible à sa perte. Les animaux me paroissent une espèce d'êtres raisonnables; j'en ai vu de si spirituels, qu'il ne leur manquoit que la parole pour expliquer clairement leurs pensées. Je trouve le système de Descartes très-ridicule sur ce sujet.

Je respecte la fidélité d'un chien; il me semble qu'il a cet avantange sur l'humanité, qui est si inconstante et changeante. Si je voulois examiner cette matière à fond, je m'engagerois à prouver qu'il y a plus de raison parmi les animaux, que parmi les hommes. Mais ce sont mes mémoires que j'écris, et non leurs éloges, quoique cet article puisse servir d'épitaphe à ma petite chienne. Nous ne nous arrêtâmes que quelques jours à Erlangue et retournâmes à Bareith.

Il ne se passa rien de fort extraordinaire l'année 1736. J'ai déjà dit que la paix se fit entre l'Empereur et la France. Elle nous procura le passage des troupes autrichiennes, quoique ce passage fût fort onéreux aux princes de l'empire, qui contre toute équité et justice étoient obligés de leur donner les étapes. Le mal étant sans remède, nous tâchâmes d'en tirer parti tant que nous pûmes. Nous avions tous les jours un monde infini. Les officiers autrichiens étoient pour la plupart des gens très-aimables. Je vis quelques-unes de leurs femmes, qui l'étoient aussi. Nous nous divertissions à merveille. Il y avoit quasi tous les jours bal, et ma santé commençoit à se retablir.

Je donnai une fête magnifique le jour de naissance du Margrave, qui est le 10. de Mai, dans la grande salle du château. J'y avois fait construire le mont Parnasse; un chanteur assez bon, que je venois d'engager, représentoit Apollon; neuf dames, magnifiquement vêtues, étoient les Muses; au-dessous du Parnasse j'avois fait pratiquer un théâtre; Apollon chantoit une cantate et ordonnoit aux Muses de célébrer cet heureux jour; aussitôt elles descendirent de leur place et dansèrent un ballet; au-dessous du théâtre étoit une table de 150 couverts, très-magnifiquement décorée; le reste de la salle étoit orné de devises et de verdure; nous représentions tous les Dieux du paganisme. Je n'ai rien vu de plus beau que cette fête, qui eut une approbation générale.

Depuis que le Margrave avoit pris Ellerot, ses affaires commençoient à se remettre. On trouva une grande augmentation de revenus, qu'on avoit tenue secrète et dont selon toute apparence Mrs. de la chambre des finances avoient profité. Le Margrave cassa tous les membres de cette chambre et en remit d'autres à leur place. Ellerot trouva outre cela moyen de rechercher de vieilles dettes, qu'on devoit depuis des temps immémoriaux aux Margraves de Bareith, et il eut le bonheur d'en tirer le payement. De pauvres que nous étions, nous nous trouvâmes tout d'un coup riches.

Cependant cette année ne mit fin à une guerre, que pour en rallumer une autre. La Russie étoit en guerre avec les Turcs, et n'avoit accordé les 12,000 hommes, dont j'ai déjà fait mention, à l'Empereur qu'à condition, qu'il romproit la trêve qu'il avoit avec les Mahométans, et qu'il les attaqueroit en Hongrie. Toutes les troupes de ce prince commençoient à y défiler. On peut regarder cet évènement comme le commencement de la décadence de la maison d'Autriche.

L'Empereur fit célébrer à peu près en ce temps-ci les nôces de l'archiduchesse Marie Therese, sa fille aînée, avec le nouveau grand-duc de Florence.

Le prince de Galles épousa aussi cette année la princesse de Saxe-Gotha. Ce fut le roi son père, qui fit ce mariage, où le coeur du prince n'eut aucune part, cette princesse n'étant ni belle ni spirituelle. Il vit pourtant très-bien avec elle. J'en reviens à ce qui me regarde.

Nous allâmes passer la belle saison au Brandenbourger. Le Margrave y tomba malade; il lui prenoit des foiblesses et des maux de tête terribles. Cela ne l'empêchoit pas de sortir; mais j'en étois dans de cruelles inquiétudes. Il n'y a point de parfait bonheur dans ce monde; je jouissois de tout celui que je pouvois souhaiter, mais mes craintes pour une santé si précieuse faisoient disparoître tous mes autres sujets de contentement. Le médecin me faisoit craindre, que les accidens du Margrave ne fussent des avant-coureurs d'apopléxie. J'étois quelque fois dans un désespoir, que je ne savois ce que je faisois. Je fus enfin tirée de peine. Il prit les hémorrhoïdes, qui le soulagèrent aussitôt. Comme cette maladie n'est dangereuse que lorsqu'on ne la ménage pas, et qu'elle pouvoit contribuer à la conservation du Margrave, qui est extrêmement sanguin, j'en fus charmée.

Depuis que le prince étoit parvenu au règne, il s'étoit fort appliqué à se concilier l'amitié du roi et de la reine de Danemarc. La reine ayant été princesse apanägée et fille d'un cadet de la maison, n'avoit reçu aucune dot, cela étant stipulé ainsi dans la maison de Brandenbourg, sans quoi les apanages et les dots iroient à toute éternité, et ne pourroient manquer à la fin de ruiner la maison. La reine fit savoir au Margrave, que s'il vouloit lui donner la sienne, elle lui feroit des avantages qui l'en récompenseroient au quadruple. Le Margrave la lui accorda, se fiant à sa parole.

Le roi et la reine devoient aller à Altona et y faire quelque séjour. Ils l'invitèrent à s'y rendre, et on lui fit entendre sous main, que la reine avoit de grands desseins et qu'elle vouloit lui témoigner sa reconnoissance d'une façon éclatante. Quelques arrangemens, que le Margrave fut obligé de faire, retardèrent son départ. Le roi de Danemarc lui envoya une estaffette, pour lui faire savoir, qu'il ne s'arrêteroit pas plus de quinze jours à Altona, et que s'il avoit dessein de le voir, il dévoit presser son voyage.

Le Margrave partit, résolu d'aller nuit et jour, pour trouver encore le roi, son oncle. Il faut passer par les états du roi, mon père, pour se rendre à Altona, et par la ville de Halberstadt, qui n'en est qu'à 12 ou 13 milles. Le Margrave s'y arrèta pour diner chez le général Marwitz. Il y apprit, que le roi y étoit attendu dans trois ou quatre jours, pour y faire la revue des troupes des environs. Il falloit opter, ou de renoncer à voir le roi de Danemarc, ou celui de Prusse. Les mécontentemens que le Margrave éprouvoit de la part de ce dernier, la parole qu'il avoit donnée à l'autre et les avantages qu'on lui avoit fait espérer, l'engagèrent à continuer son voyage. Il expliqua toutes les raisons qui le lui avoient fait entreprendre, au général Marwitz, le chargeant d'en informer le roi et de l'assurer, que s'il se trouvoit encore à Berlin à son retour, il ne manqueroit pas d'aller lui rendre ses devoirs.

Il repartit de Halberstadt l'après-midi et arriva le lendemain à Brunswick, où il dîna. Il y fut très-bien reçu de son ancien ami, le duc et de ma soeur. De là il continua sa route jusqu'à Zelle, où il trouva des lettres d'Altona, par lesquelles il apprit, que le roi de Danemarc étoit tombé dangereusement malade. Il se reposa donc à Zelle, et n'arriva que quelques jours après à Altona.

Il fut reçu par le Grand-Maréchal et toute la cour dans une maison qui lui avoit été préparée, y ayant trop peu de place dans celle que le roi occupoit, où il y en avoit à peine pour se loger. L'accueil que la reine, son oncle et sa tante lui firent fut des plus tendres. La reine avoit été très-belle, mais les fatigues et les incommodités qu'elle avoit, ne lui laissoient plus que de beaux restes. Mdme. sa mère, la Margrave de Culmbach, qui ne l'avoit point quittée depuis son mariage, la gouvernoit entièrement, et par conséquent aussi le roi et la cour. Cette princesse avoit beaucoup d'esprit; elle jugea, que pour se conserver la faveur, il falloit jeter le roi et la reine dans la bigoterie. Le roi aimoit naturellement les plaisirs et la bonne compagnie; pour le détourner de son penchant, elle lui faisoit des cas de conscience des choses les plus innocentes. Ce prince qui a beaucoup de belles qualités, possède un génie fort borné. Celui de la reine est à sa portée et elle n'en a pas plus que lui. La Margrave ne trouvoit donc que des esprits dociles à recevoir sa morale. Cette cour conservoit encore un air de grandeur; mais dans le fond c'étoit un cloître, où on ne faisoit que prier Dieu et s'ennuyer. Le Margrave me dit, que jamais le temps ne lui avoit paru plus long. On le combla d'honneurs et de belles paroles, mais on oublia ce qu'on lui avoit promis, et il s'en retourna très-charmé d'être hors de cette cour.

Le roi, mon père, étant déjà reparti pour la Prusse, le Margrave revint tout droit à Bareith, malgré les conseils de mon frère, qui vouloit qu'il s'arrêtât à Brunswick, pour attendre son retour à Berlin, qui ne devoit se faire qu'en six semaines. J'avois reçu une lettre très-désobligeante de mon frère sur le voyage du Margrave; elle étoit bien différente de sa façon d'écrire d'autre fois. La voici.

„J'ai bien lu votre lettre, ma très-chère soeur; mais si vous voulez que je vous parle avec ma franchise ordinaire, il m'est impossible d'approuver que le Margrave passe à dix ou douze milles d'un endroit, où le roi doit se rendre, sans lui venir faire la cour. A vous dire la vérité, l'on en parle comme d'une grossièreté, et je suis obligé d'y souscrire. Le Margrave peut réparer la chose; il n'a, en s'en retournant, qu'à passer par Berlin, quand le roi reviendra de Prusse. Car j'avoue, que je ne m'étonne nullement que le roi soit fâché de son procédé. C'est montrer trop peu de considération pour un roi, qui en même temps est son beau-père. Je doute fort de tous les avantages que le Margrave espère avoir du roi de Danemarc; il n'en aura jamais de pareils à ceux qu'il a reçus du roi, possédant un trésor tel que vous. J'aurois encore une infinité de choses à dire sur cette matière, mais je me borne à vous assurer etc."

Quoique la fin de cette lettre semblât raccommoder un peu le commencement, elle me parut fort dure. Les expressions me semblèrent peu mesurées, et tout son style m'avoit été inconnu jusqu'alors. Mon frère étoit tout changé envers moi depuis son retour du Rhin; toutes les lettres que je recevois de lui étoient guindées; il y paroissoit un certain embarras, qui me marquoit assez que son coeur n'étoit plus le même pour moi. J'en étois vivement touchée; ma tendresse pour lui n'étoit point diminuée, et je n'avois rien à me reprocher à cet égard. Je supportois donc tout cela avec patience, me flattant qu'avec le temps je regagnerois son amitié.

Je passois mon temps fort agréablement au Brandenbourger pendant l'absence du Margrave; mais peut-on être content éloigné de ce qu'on aime? En effet je n'avois de vraie satisfaction que lorsque j'étois auprès de lui, et je tâchois plutôt de me dissiper que de me divertir. J'avois très-bonne compagnie, avec laquelle je tâchois de m'amuser, et je passois les matins et quelques heures de l'après-midi à la lecture et à la musique.

J'ai déjà fait le portrait de la Grumkow au commencement de ces mémoires, et on y aura vu, que joint à plusieurs autres grands défauts, elle avoit celui de la coquetterie. Elle avoit eu déjà plusieurs amans, depuis qu'elle étoit auprès de moi, ce qui m'avoit fort indisposée contre elle; mais comme elle avoit gardé jusque-là les bienséances, j'avois fait semblant d'ignorer sa conduite. Cette fille devenoit envers moi d'une impertinence insupportable. Elle ne venoit plus chez moi qu'aux heures de repas, passant les jours et la moitié des nuits avec Mr. de Vesterhagen, mon gentil-homme de la chambre. Ce Monsieur, quoique marié, en étoit éperdument amoureux et lui faisoit des présens considérables, qu'elle faisoit passer pour venir de son père. Quoiqu'elle n'eût aucun attachement pour moi et nulle envie de remplir les devoirs de sa charge, elle étoit d'une jalousie extrême contre la Marwitz, et tâchoit de l'humilier tant qu'elle le pouvoit. Je me voyois hors d'état de mettre ordre à sa conduite, par les ménagemens que j'étois encore obligée d'avoir pour son oncle, et je me contentois de lui faire remarquer mon mécontentement par quelques piquanteries, que je lui lâchois par-ci par-là, pour la faire rentrer en elle-même; mais son penchant l'emportoit au-dessus de sa raison et l'empêchoit de renoncer à son amour. Comme il eut des suites très-fâcheuses pour la Marwitz, qu'elle accusoit de m'en avoir informée, et que cette intrigue a quelque connexion avec mes mémoires, j'en rapporterai la suite dans son temps.

Le Margrave arriva enfin le 16. de Juillet. Ma joie fut extrême de le revoir, et il fut très-satisfait de se retrouver chez lui. Il fit célébrer mon jour de naissance par une fête charmante, qu'il me donna dans un grand jardin qui appartenoit au château. Ce jardin étoit tout illuminé de lampions; on y avoit pratiqué un théâtre, dont toutes les coulisses étoient de gros tilleuls; Diane et ses nymphes y parurent, on y joua une espèce de petite pastorale; vis-à-vis du théâtre étoit un salon rehaussé de quatre marches, dont tout le dehors étoit si bien illuminé, qu'il sembloit une boule de feu; tous les parterres du jardin étoient ornés de lampions de diverses couleurs, ce qui faisoit une effet charmant.

Nous partîmes le lendemain de cette fête pour nous rendre à l'hermitage. J'en ferai ici la description.

Cet endroit est situé sur une montagne. On y arrive par une avenue et par une chaussée, que le Margrave a fait faire. Le mont Parnasse se présente à l'entrée de l'hermitage. C'est une voûte, soutenue de quatre colonnes, au-dessus de laquelle on voit Apollon et les neuf Muses, qui jettent toutes de l'eau; cette voûte est si artistement construite, qu'on la prendroit pour un véritable rocher. Vous voyez d'un côté un berceau, qui vous conduit à un autre rocher artificiel, environné d'arbres, où il y a six jets d'eau; au-dessous de ce rocher on trouve une petite porte, par laquelle on entre dans une espèce de souterrain, qui mène dans une grotte. Cette grotte est ornée de coquillages très-beaux et très-rares, et elle reçoit le jour par un dôme, qui est au-dessus; il y a un grand jet d'eau au milieu et six cascades tout à l'entour; tout le plancher, qui est de marbre, jette aussi de l'eau, de façon qu'il est très-aisé d'attrapper les gens et de les monder lorsqu'ils y sont. Il y a deux rampes de chaque côté de la grotte, qui mènent à deux appartemens, chacun composé de trois petites chambres en miniature. Au sortir de la grotte on entre dans une petite cour, toute environné de ces rochers artificiels, entre-mêlés d'arbres et de haies; un grand jet d'eau, placé au milieu, y donne une continuelle fraîcheur. Ces rochers cachent les ailes de la maison, qui sont composées chacune de quatre petites cellules, ou de huit petites chambres, y ayant toujours une garderobe et une chambre de lit. Cette cour conduit au corps-de-logis. On se trouve d'abord dans un salon, dont le plafond est très-bien peint et doré; ce salon est tout revêtu de marbre de Bareith; le fond en est de marbre gris et les pilastres de marbre rouge; les corniches et les chapiteaux en sont dorés; tout le parquet est de marbre des diverses sortes, qu'on en trouve ici; mon appartement est à droite. Il se présente d'abord une chambre, dont la peinture représente au plafond les dames romaines lorsqu'elles arrachèrent la ville de Rome au pillage des ennemis; l'entour de cette peinture est à fond bleu; tous les reliefs sont dorés et argentés; les lambris sont de marbre fin-noir et les compartimens de marbre fin-jaune; la tapisserie est de damas jaune à galons d'argent. De là on entre dans les ailes, que j'ai fait ajouter; à savoir dans une chambre, dont le plafond est en bas-relief et tout doré; la peinture représente l'histoire de Chélonide et de Cléobrontas; la boiserie est à fond blanc et tous les reliefs dorés; les trumeaux et le dessus des cheminées sont par-tout de belles glaces; la tapisserie de cette chambre est une étoffe à fond bleu et or excessivement riche, dont toutes les fleurs sont de chenille; c'est la plus belle chose qu'on puisse voir. Ensuite vient un petit cabinet, dont la boiserie est du Japon; mon frère m'en avoit fait présent; elle avoit coûté un argent infini, et je crois que c'est l'unique de cette espèce qui ait paru en Europe: on l'avoit donnée à mon frère pour telle; le fond en est d'or grené et toutes les figures sont en relief; le plafond, les trumeaux et tout ce qu'il y a dans ce cabinet s'accorde avec cette boiserie; tous ceux qui l'ont vu en ont été charmés. A côté de ce cabinet, en tournant à droite, est la chambre de musique; elle est toute de marbre fin blanc, et les compartimens verds; dans chaque compartiment il y a un trophée de musique doré et très-bien travaillé; les portraits de plusieurs belles personnes, que j'ai amassées, de la main des plus habiles maîtres, sont placés au-dessus de ces trophées et enchassés dans la muraille dans des cadres ornés et dorés; le fond du plafond est blanc; les reliefs représentent Orphée, jouant de sa lyre et attirant les animaux; tous ces reliefs son dorés; mon clavecin et tous les instrumens de musique sont placés dans cette chambre, au bout de laquelle est mon cabinet d'étude; il est d'un vernis à fond brun et peint en miniature avec des fleurs naturelles; c'est là où je suis encore occupée à écrire ces mémoires et où je passe bien des heures à faire mes réflexions. La chambre de musique me conduit par une autre porte dans celle où je m'habille, qui est toute simple, et de là j'entre dans ma chambre à coucher, dont le lit est de damas bleu à galons d'or, et la tapisserie de satin à bandes. Ma garde-robe est à côté, ce qui y donne une grande commodité. La distribution de l'appartement du Margrave est égale au mien, mais il est différemment décoré. La première de ses chambres est meublée d'une espèce de vernis, dont j'ai trouvé l'invention; la peinture, qui est très-belle, représente toute l'histoire d'Alexandre, et je l'ai fait copier d'après les estampes de le Brun; ce sont proprement des tableaux de la grandeur des murailles, peints en détrempe sur du papier collé sur de la toile, sur lequel j'ai fait passer un vernis pour le conserver. Ces tableaux ont été admirés de tous les connoisseurs. Le fond du plafond et de la boiserie est blanc et les ornemens dorés; la peinture de ce plafond représente Alexandre, comme il jette l'encens au feu, et qu'Aristote le reprend de ce qu'il le fait avec trop de profusion. La boiserie de la seconde chambre est à fond brun foncé; tous les reliefs sont de trophées des armes de tous les peuples du monde; tout cela ainsi que l'entour du plafond est doré; on voit dans le milieu de ce plafond Artaxerxe, comme il reçoit Thémistocle; la tapisserie est une haute-lisse, qui représente toute l'histoire de ce général grec. Le cabinet à côté est orné de très-beaux tableaux; la boiserie est de bois d'ébène, relevée d'ornemens dorés; l'histoire de Mutius Scévola est peinte sur le plafond. La chambre à côté est revêtue de carreaux de porcelaine de Vienne, peints en miniature; le plafond en est tout peint et présente Leonidas, lorsqu'il défend les Thermopyles La chambre de lit est de damas verd avec des galons d'or. On trouvera peut-être singulier que j'aie choisi tous ces sujets d'histoire pour en orner mes plafonds, mais j'aime tout ce qui est spéculatif, et tous ces sujets d'histoire que j'ai choisis, représentent autant de vertus, qu'on auroit pu peut-être mieux habiller à la moderne par des emblêmes, mais qui n'auroient pas tant réjoui la vue. J'en reviens à ma description. La maison en dehors n'est ornée d'aucune architecture; on la prendroit pour une ruine, entourée de rochers; elle est environnée d'un bois de haute futaie; sur le devant de la maison est un petit parterre, émaillé de fleurs, et à l'extrémité duquel on trouve une cascade, qui semble taillée dans le roc, et qui coule jusqu'au bas de la montagne, où elle tombe dans un grand bassin; deux allées de grands tilleuls la bordent de chaque côté, et l'on y a pratiqué des marches de gazon, pour la descendre commodément; il y a deux reposoirs, au milieu desquels il y a des jets d'eau, entourés de sièges de gazon pour s'asseoir; sur les côtés de la maison il y a dix allées de tilleuls si épais, que le soleil n'y perce jamais. Chaque route du bois mène à un hermitage ou à quelque chose de nouveau; chacun y a son hermitage et ils sont tous différens les uns des autres. Le mien découvre à la vue les ruines d'un temple, bâties sur les dessins qui nous restent encore de l'ancienne Rome; je l'ai consacré aux Muses. On y voit les portraits de tous les fameux savans des derniers siècles; tels que Descartes, Leibnitz, Loke, Newton, Bayle, Voltaire, Maupertuis etc. A côté du petit salon, qui est de forme orbiculaire, il y a deux petits chambres et une petite cuisine, que j'ai ornée de cette porcelaine antique de Raphael. En sortant de ces petites chambres, on entre dans un petit jardin, sur le devant duquel il y a une ruine d'un portique; le jardin est environné d'un berceau, où on peut se reposer à lire dans la plus grande ardeur du soleil, sans en être incommodé. En montant plus haut, la vue est frappée d'un nouvel objet; c'est un théâtre, construit de pierre de taille, dont toutes les voûtes sont détachées, de façon qu'on y peut jouer un opéra en plein air. Je ne m'arrêterai pas à le décrire; le dessin que j'ajouterai à ces mémoires de toutes les pièces curieuses de ma seigneurie, fera voir que c'est un endroit unique. La rivière coule au bas tout autour de la montagne; il y a des promenades et des vues magnifiques de quelque côté qu'on aille se promener. Comme je le décris dans l'état où il est à présent, et que j'écris ceci l'année 1744, je continuerai à marquer toutes les augmentations que j'y ferai encore avec le temps.

Je me suis peut-être trop long-temps étendue là-dessus, mais j'écris pour me divertir et ne compte pas que ces mémoires seront jamais imprimés; peut-être même que j'en ferai un jour un sacrifice à Vulcain, peut-être les donnerai-je à ma fille, enfin je suis pyrrhonienne là-dessus. Je le répète encore, je n'écris que pour m'amuser, et je me fais un plaisir de ne rien cacher de tout ce qui m'est arrivé, pas même mes plus secrètes pensées.

La guerre se renouvela à la fin de cette année entre l'Empereur et les Turcs. Elle étoit des plus injustes; mais il faut remonter plus haut pour en chercher la cause.

J'ai déjà dit que les Russes avoient fait passer

dix mille hommes en Allemagne, pour donner du secours à l'Empereur contre la France. L'Impératrice russienne se trouvoit en guerre avec les Turcs, et n'avoit accordé ses troupes au chef de l'empire qu'à condition, qu'il feroit après la paix une diversion et qu'il romproit la trève conclue avec les Ottomans. Dans l'année 1719 l'Empereur se mit en état de remplir ces engagemens et fit défiler ses troupes du côté de la Hongrie. Les commencemens de la campagne furent heureux. Les Turcs ne s'étant point attendus à être attaqués et n'ayant point d'armée de ce côté, se retirèrent et leur abandonnèrent sans coup férir la ville de Nissa. Mais l'année 1737 fit changer leur fortune de face. Le général Sekendorff reçut le commendement de l'armée impériale. L'avarice et la mauvaise conduite de ce général la ruinèrent totalement. On lui fit son procès à la fin de cette année, et il fut condamné à finir sa vie dans la forteresse de Spielberg, trop heureux encore d'en réchapper pour cela. J'admirai le sort de cet homme qui m'avoit causé tant de chagrin, et qui avoit été, pour ainsi dire, le fléau de toutes les cours où il avoit été. Il me fit compassion, et je puis dire avec vérité, que je ne sentis pas un moment de joie de son malheur. Nous le reverrons encore reparoître sur la scène. Mais j'en reviens à ce qui me regarde.

Nous débutâmes l'année 1737 par recevoir la visite du prince de Bamberg. La cour parut dans tout son lustre en cette occasion. J'avois fait faire beaucoup de changemens au château, aux appartemens du Margrave et aux miens. L'acquisition que nous avions faite de quelques habiles musiciens et de quelques chanteurs excellens d'Italie, rendoit la chapelle très-bonne. Plusieurs étrangers, entrés depuis peu au service, contribuoient à faire les honneurs de la cour et à la rendre moins mélancolique que par le passé. Tous ceux qui y vinrent en furent charmés et l'évêque partit très-satisfait de son séjour.

Ma santé, quoique toujours fort délicate, commençoit cependant à se remettre. Tout le pays souhaitoit passionnément que je pusse lui donner des héritiers. On me proposa pour cet effet de me servir des bains. Comme je connoissois mon tempérament, je prévis bien que leur usage ne conviendroit point à ma santé; mais le médecin ayant été gagné pour me les conseiller, je fus obligée de me rendre aux désirs du pays. Les bains d'Ems étant les moins forts qu'il y ait en Allemagne, je les choisis préférablement aux autres. Mais ce n'en étoit point encore la saison. Nous nous rendîmes à Erlangue pour l'attendre et pour partir de là.

Nous y passâmes fort agréablement notre temps, et j'y vis pour la première fois une pastorale, où le fameux Sr. Zaghini se fit admirer et enchanta chacun par la beauté et l'agrément de sa voix. Nous ne pensions qu'à nous divertir, lorsqu'un événement imprévu vint troubler nos plaisirs. Ce fut la mort de mon neveu, le prince heréditaire d'Anspac.

J'ai déjà parlé ci-dessus du mauvais ménage du

Margrave et de ma soeur. Leur dissension avoit fort augmenté depuis quelque temps; le Grand-Maréchal de Sekendorff en étoit en partie cause, ne cessant d'animer le Margrave contre son épouse. La mort du prince lui fournit un vaste champ pour exercer sa malice. Il l'attribua entièrement à ma soeur, et sut si bien aigrir l'esprit de ce prince, qu'il jura de ne la plus voir et de se séparer d'elle. Il la traita même d'une façon indigne, et lui fit dire les choses du monde les plus dures par de simples domestiques; défense fut faite à toute la cour d'aller chez elle, et en un mot, on tâcha de la mortifier par tout ce qu'on en crut capable. Il y avoit déjà trois semaines que cela duroit, sans que j'en eusse été informée. Mais enfin quelques personnes bien-intentionnées de cette cour m'en avertirent sous main, et me firent prier de me rendre à Anspac, pour redresser tous ces désordres. Je ne balançai pas à suivre leur avis.

Le Margrave étoit à la campagne, où il tâchoit de se consoler de la mort de son fils entre les bras de sa maîtresse. Dès qu'il apprit mon arrivée à Anspac, il s'y rendit. J'y trouvai ma soeur baignée dans ses larmes et si changée, qu'elle n'étoit pas reconnoissable. Le Margrave ne la regarda pas; il ne put se dispenser de manger avec nous, mais on remarquoit bien dans toute sa physionomie la peine que cela lui faisoit. Je ne voulus pas me presser de lui parler, avant que d'être bien informée de toutes les circonstances de ce qui s'étoit passé. Je m'aperçus par tout le détail qu'on me fit, que Mr. de Sekendorff étoit l'auteur de toute cette brouillerie. Je m'adressai donc à lui pour la raccommoder. La douceur, mêlée de fermeté, avec laquelle je lui parlai, lui firent peut-être faire des réflexions. Il me promit d'employer tous ses efforts pour rétablir la paix. Il tint parole. Tout le monde se réunit à lui, pour appaiser le Margrave, mais la principale raison qui le porta à céder à tant d'instances, fut la peur qu'il eut de moi. J'eus donc le plaisir de voir l'union rétablie. N'ayant plus rien à faire à Anspac. je retournai à Erlangue, d'où je partis pour Ems. J'allai droit à Wertheim, où je m'embarquai.

Notre voyage fut des plus agréables. Nous avions bonne compagnie sur notre bateau. Nous y faisions une chère excellente, et nos yeux étoient continuellement occupés à contempler des sites et des paysages charmans.

Nous arrivâmes au bout de six jours à Ems, fort fatigués et harassés de notre dernière journée, et de n'avoir pas dormi la nuit que nous avions passée sur un petit bac, le grand bâteau ne pouvant servir sur la Lane, qui coule à l'entour d'Ems. Cet endroit est très-désagréable. C'est un fond tout environné d'une chaîne de rochers; on n'y voit ni arbres ni verdure. La maison d'Orange, où nous logions, étoit belle et commode.

Nous nous reposâmes le premier jour, mais dès le lendemain je vis du monde. La compagnie étoit très-petite et très-ennuyeuse. Mde. de Harenberg, femme d'un chambellan du roi d'Angleterre, étoit l'héroïne du bain. Elle s'étoit rendue à Ems avec son mari et son amant, Mr. le colonel de Diffenbrok. Cette dame étoit petite, laide, désagréable et aussi affectée que coquette. Nous profitâmes de son ridicule pour nous en divertir. Le Margrave fit semblant d'être amoureux d'elle et lui conta fleurettes. La folle donna bonnement dans le panneau, et fort charmée d'avoir fait une si belle conquête, elle voulut commencer le roman par où on le finit Le Margrave ne fut pas de cet avis. La colère de cette créature tomba tout entière sur moi. Elle tâcha de me décrier par-tout, dans la croyance que j'avois mis obstacle à ses amours. Par bonheur elle étoit si connue, que tout ce qu'elle put dire de moi ne fit aucune impression.

Je commençai ma cure, dont je me trouvai assez bien dans les commencemens. La bonne compagnie qui nous vint, contribua à rendre notre séjour plus agréable. Outre plusieurs dames et messieurs qui s'y rendirent des environs, Pelnitz y arriva aussi. J'ai déjà parlé de lui ci-dessus. Il avoit changé de religion depuis son retour à Berlin, et étoit redevenu protestant. Il me conta beaucoup de particularités de Berlin. Il étoit très-bien dans l'esprit du roi et quasi informé de toutes les affaires. Il me dit, que tout le monde me plaignoit fort et que le roi disoit pis que pendre du Margrave sur les rapports qu'on lui avoit faits, qu'il avoit des maîtresses et qu'il en agissoit mal avec moi. La calomnie n'avoit assurément jamais inventé rien de si faux. Je priai instamment **Pelnitz** de détromper le roi, ce qu'il fit à son rétour.

Nous allions quelquefois nous promener, ou plutôt trépigner dans la boue. Cette belle promenade consistoit dans une allée de tilleuls, qu'on avoit plantée le long de la rivière. On n'y étoit j'amais seul, les cochons, accompagnés des autres animaux domestiques, y tenoient fidèle compagnie à chacun, de façon qu'on étoit obligé de les écarter à coups de canne à chaque tour qu'on faisoit. Je me baignois dans le bain le plus doux, et j'avois grand soin qu'il fût tempéré, tout le monde m'ayant avertie, et même le médecin qui étoit à Ems, de ne m'en pas servir autrement, les bains chauds pouvant me faire beaucoup de mal. Notre médecin **Zeitz** se mit cependant en tête, que si je ne me servois de ceux qui étoient à la maison de Darmstadt, je ne deviendrois pas enceinte. Il vint me proposer d'en faire l'essai. J'y allai; mais je ne pus y rester une minute, ces bains étant si chauds, que la chambre où ils étoient en étoit remplie de fumée. J'en sortis sur le champ. Mr. le médecin s'adressa à Mr. de **Voit**, pour me persuader de m'en servir, et quoique l'autre médecin protestât contre et dît hautement, que je creverois si j'en faisois usage, **Zeitz** persista néanmoins dans son dessein et dit à plusieurs personnes, de qui je l'ai appris depuis, que pourvu que j'eusse un prince, il s'embarrassoit fort peu du reste, et que si je mourois, il n'y auroit qu'une femme de moins.

Mon bon génie m'empêcha de suivre son avis, et malgré toutes les persuasions qu'on me fit, je ne voulus point me rendre à ce qu'on souhaitoit de moi.

Ma cure finie, j'allai à Coblence voir la procession de la fête-Dieu. On me montra le château et la ville, qui ne méritent pas que j'en fasse le détail.

De retour à Ems, j'y trouvai un gentil-homme du Landgrave de Darmstadt, qui vint nous inviter, le Margrave et moi, de la façon du monde la plus obligeante à nous rendre à Munichbrouk, maison de plaisance du Landgrave, qui étoit sur la route de Francfort. Le Margrave charmé de trouver cette occasion de faire connoissance avec un prince renommé pour sa politesse et sa magnificence, résolut d'y aller et m'engagea à l'y suivre.

Nous partîmes donc le lendemain et vîmes en passant Schlangenbad et Schwalbach, où il y avoit un monde infini. Nous couchâmes à Wisbaden. Quoique fort fatiguée, je me levai le lendemain à cinq heures pour aller à Munichbrouk. Je trouvai deux originaux dans mon antichambre. C'étoient deux comtes de Reuss, dont l'un ne faisoit que sautiller d'une jambe sur l'autre, en me disant, qu'il étoit chambellan de l'Empereur et comte regnant de l'empire. J'en suis charmée, Monsieur, lui dis-je, et si l'Empereur a beaucoup de chambellans de votre mérite, sa cour ne peut qu'être bien composée. Oui, assurément, me dit-il. L'autre me conta, qu'il faisoit son séjour dans une de ses terres proche de Francfort, parceque, dit-il, le fourrage y est beaucoup meilleur et que je fais consister tout mon plaisir à avoir de beaux chevaux. En même temps il me fit toute la généalogie des habitans de son écurie et l'énumération de leur mérite. J'aurois pu lui répondre, que peut-être ils n'étoient pas tant chevaux que lui. Je me mis enfin en carosse, pour me défaire du comte sauteur et du comte chevaucheur, et arrivai par une chaleur et une poussière insupportables à Munichbrouk.

Le Landgrave me donna la main pour m'aider à sortir du carosse, et sans me dire mot me planta au milieu de la cour, pour faire son compliment au Margrave. Il me mena ensuite dans la maison. J'y trouvai sa fille, la princesse Maximiliane de Hesse-Cassel, et le prince héréditaire, son fils. Je commençai à lier conversation avec eux. Le Landgrave ne me répondoit pas un mot, sa fille rioit à gorge déployée et son fils faisoit des révérences. Leur père étant sorti, ils commencèrent à entrer en matière, mais sur des sujets tout nouveaux pour moi, car ils étoient des plus obscènes et débités grossièrement. J'ouvrois de grands yeux, fort embarrassée de ma figure, qui n'avoit jamais été à pareille fête; aussi la compagnie étoit fort peu convenable pour mon génie. La princesse de Hesse étoit une seconde Mde. de Bery; elle avoit été fort jolie, mais le vin et les débauches lui avoient si fort gâté le teint, qu'elle étoit toute couperosée, et que la gorge.

qu'elle prenoit soin de découvrir tant qu'elle le pouvoit, étoit remplie de pustules fort dégoûtantes; ses manières libres et son air effronté ne démentoient point ses sentimens et découvroient assez son caractère.

Nous nous mîmes enfin à table, et malgré toutes les politesses que je faisois au Landgrave, je n'en avois pu tirer un mot. Un cas fortuit me procura enfin le bonheur d'entendre le son de sa voix. Munichbrouk est proprement une maison de chasse, qui consiste en plusieurs petits pavillons détachés; chacun de ces pavillons contient une petite salle et trois petites chambres de chaque côté; ces chambres étoient toutes meublées de damas de diverses couleurs avec des galons d'or ou d'argent. Etant donc à table, la princesse Maximiliane fit tout-à-coup de grandes exclamations, en criant, ah, mon Dieu! ah, mon Dieu! Je m'effrayai, croyant qu'elle prenoit quelques vapeurs noires, dont, à ce qu'on débitoit, elle étoit tourmentée plusieurs fois le jour; mais elle me cria bientôt, qu il se faisoit des miracles et qu'elle n'avoit rien vu de si extraordinaire, que ce qui s'offroit alors à ses yeux. Je crus pour le coup qu'elle étoit devenue folle, mais voyant sourire le Landgrave d'un air mystérieux, je me rassurai enfin. Ce grand miracle et cette chose si extraordinaire étoient, qu'on avoit détendu dans un moment les tapisseries de damas qui étoient dans ces chambres, ce qui en faisoit paroître d'autres qui étoient dessous et qui étoient peintes à l'huile sur de la toile. Le Landgrave me dit à cette occasion: Votre Altesse royale voit bien qu'il y a des enchantemens ici. Voilà la seule parole que je lui ai entendu proférer. J'applaudis beaucoup à cette platitude, car le proverbe dit, qu'il faut hurler avec les loups.

Notre ennuyant repas fini, on me força bongré malgré de danser. J'étois fatiguée comme un chien, et comme nous n'étions que trois dames et qu'on dansoit beaucoup d'allemandes, j'étois sur les dents. Je priai tant et tant le Margrave, que nous partîmes enfin le soir à sept heures. Il est juste que je fasse le portrait du Landgrave et de son fils.

Le Landgrave avoit 80 ans passés lorsque je le vis, mais à ses cheveux gris près, on l'auroit pris pour n'en avoir que 50; un cancer qu'il avoit à la bouche, le défiguroit et le rendoit fort dégoûtant; on dit qu'il avoit eu beaucoup d'esprit dans sa jeunesse, mais son grand âge l'avoit fait disparoître; il avoit été fort galant, mais ses galanteries s'étoient tournées en débauches affreuses. La malheureuse recherche, dans laquelle il s'étoit jeté de la pierre philosophale, avoit entièrement ruiné son pays, qui étoit dans un désordre excessif. Il vivoit très-mal avec le prince, son fils, qu'il tenoit dans la sujétion d'un enfant, quoiqu'il eût 49 ans. Celui-ci avoit beaucoup d'esprit et de politesse, même de l'acquis, mais la mauvaise compagnie qu'il hantoit l'avoit abruti et rendu méconnoissable.

J'arrivai fort tard à Francfort, où nous fûmes

reçus en cérémonie au bruit d'une triple décharge du canon, et complimentés par les magistrats et les bourgmestre de la ville. Comme je ne me portois pas trop bien, je m'y arrêtai un jour, pendant lequel je vis tout ce qui méritoit de l'être. C'est-à-dire le Roemer, qui est la salle où dînent les Empereurs le jour de leur couronnement; à côté de cette salle il y a quelques chambres, où on garde la bulle d'or, qu'on me mortra. De là j'allai à la grande église, où se font ordinairement les couronnemens des Empereurs; on m'y fit voir l'endroit où se tient le conclave des électeurs le jour de l'élection. Mais comme le détail de tout cela se trouve dans plusieurs livres, je le passe sous silence.

Je partis le lendemain à cinq heures du soir de Francfort, résolue d'aller toute la nuit, pour éviter les grandes chaleurs. Quoique fort incommodée, je voulus voir en passant Philippsrouhe, maison de plaisance, appartenante au prince Guillaume de Hesse. Le château en est grand et spacieux, mais fort simple en dedans et point meublé. La situation en est très-belle, la vue donnant sur un fort beau jardin, bordé par le Mein qui y coule, et sur l'autre bord duquel il y a des paysages charmans.

En continuant ma route, mon mal s'augmenta, et se termina enfin par une espèce de dyssenterie. Une terrible pluie, mêlée d'orage, et un froid excessif nous saisirent pendant la nuit. Les chemins étoient affreux, et nous nous trouvions dans les montagnes du Spessart, où il n'y a que du bois, sans qu'on trouve ni maison ni village.

J'arrivai enfin à demi-morte à neuf heures du matin à un petit village, nommé Eselsbach, où on me traîna hors du carosse et on me mit au lit, sans que j'en susse rien. Le médecin qui étoit arrivé long-temps avant moi, me trouva très-mal; j'avois une grosse fièvre, et il jugea mon accident fort dangereux. On résolut donc de rester là tout ce jour et le suivant, et de tâcher de me transporter plus loin si mon mal ne diminuoit, l'endroit où nous étions étant si mauvais, qu'il étoit impraticable que je pusse y demeurer plus long-temps. Mais me trouvant un peu mieux, nous partîmes le sur-lendemain pour nous rendre à Wirzbourg, où nous avions été invités par l'évêque.

Nous y fûmes reçus avec tous les honneurs imaginables. La garnison sous les armes étoit rangée en haie dans les rues; on fit une triple décharge du canon. Le prince et toute sa cour nous reçurent au bas de l'escalier. Le mouvement du carosse m'avoit si fort affoiblie, que je fus obligée de me mettre sur le lit. Je me traînois pourtant, toute malade que j'étois, pour voir le dedans du château, qui peut passer pour le plus beau d'Allemagne. L'escalier est superbe et tous les appartemens sont vastes et spacieux, mais je trouvai les décorations des chambres détestables.

Nous repartîmes à huit heures du soir. Mon mal cessa, mais j'en pris un autre plus dangereux, car je fus attaquée de si terribles douleurs à la poitrine, que je ne pouvois parler.

J'arrivai le lendemain à Erlangue, ayant cheminé toute la nuit. Je m'y arrêtai une quinzaine de jours, pendant lesquels on me tira de danger, mais je conservai une grande foiblesse et ma santé resta très-dérangée.

Je trouvai Mlle. de Bodenbrouk, première fille d'honneur de la reine, à mon retour à Bareith. C'étoit la même qui m'avoit causé tant de chagrin pendant mon séjour de Berlin. Elle alloit à Carlsbad pour s'y servir des bains. Je me piquai de générosité à son égard et l'accablai de politesses. Mon procédé la toucha et la fit rentrer en elle-même. Elle me fit un détail de tout ce qui se passoit a Berlin et me conta, que la reine étoit toujours fâchée contre moi, et saisissoit toutes les occasions pour mal parler de moi; que personne n'en étoit cause que ma soeur de Brunswick, qui l'animoit sans cesse et lui mandoit toutes sortes de nouvelles désavantageuses de Bareith; comme entr autres, que je méprisois si fort les pierreries que la reine m'avoit données, que je les avois vendues et repris d'autres en place, pour n'avoir plus rien de Berlin; qu'elle ne s'étoit contentée de tenir de pareils propos à la reine, mais qu'elle me rendoit aussi de très-mauvais services auprès de mon frère, qui étoit fort changé à mon égard et ne faisoit point de mystère à dire, que ma soeur de Brunswick étoit celle qui lui étoit la plus chère; que mon frère n'étoit plus ce qu'il avoit été; que tout le monde commençoit à le hair, et 'qu'enfin chacun me plaignoit et ne souhaitoit que de me voir reprendre l'ascendant que j'avois eu sur lui. Je me justifiai des calomnies de ma soeur, en montrant à la Bodenbrouk toutes les pierreries que j'avois reçues de la reine, qu'elle connoissoit très-bien. Elle me promit aussi de prendre fortement mon parti auprès de cette princesse, et de parler en ma faveur à mon frère. Elle partit de Bareith, accablée de politesses et de présens.

L'année 1738 pensa m'être bien fatale. Le Margrave tomba tout d'un coup malade. Son mal ne parut pas dangereux dans les commencemens, ne consistant que dans une grosse fluxion à la tête, mais une espèce d'attaque d'apoplexie fit craindre pour ses jours. Ce fût un relâchement de nerfs dans les parties extérieures; sa bouche en est restée un peu tirée, et il a conservé une foiblesse à l'oeil gauche, qui lui pleure quasi toujours; cependant cela ne le défigure point. Que ne souffris-je point pendant tout le temps qu'il fut malade? mes angoisses et mes inquiétudes ne sauroient s'exprimer. Sa convalescence me rendit la vie.

Mais ma santé ne se remit point, elle empiroit de jour en jour. J'avois de rechef la fièvre lente, et enfin au bout de trois mois le médecin jugea mon mal incurable. Mdme. de Sonsfeld et le Margrave firent savoir mon état à la reine et à mon frère. On tint des consultations à Berlin dont le résultat fut, que je ne pouvois en réchapper. Un reste de tendresse se réveilla pour moi dans le coeur de mon frère. Il me manda, qu'il y avoit un très-habile médecin à Stettin, qui avoit beaucoup contribué à rétablir le roi, lorsqu'il avoit eu l'hydropisie; que je devois prier ce prince de me l'envoyer. La lettre qu'il m'écrivit à ce sujet, étoit des plus tendres. J'avois déjà pris mon parti. Je ne comptois pas en réchapper pour cette fois; j'envisageois la mort avec fermeté, ses approches ne m'épouvantoient point. La seule chose qui m'inquiétoit étoit la douleur que ma perte alloit causer au Margrave; mais je tâchois de m'étourdir là-dessus, en me rappelant l'exemple de tant de maris, qui après avoir bien fait les désespérés, s'étoient pourtant consolés à la fin. Les pressantes instances de mon frére, jointes à celles du Margrave, m'engagèrent à suivre le conseil du premier. J'écrivis une lettre fort touchante au roi, où je lui détaillois mon triste état. Je lui mandois, que me voyant sur le bord du tombeau, je lui demandois pardon de tous les chagrins que je lui avois causés involontairement; je lui demandois sa bénédiction; je l'assurois de la tendresse la plus vive et je finissois par le supplier de m'envoyer le médecin Supperville, plus pour tranquilliser le Margrave et n'avoir rien à me reprocher que dans la croyance qu'il pût me sauver la vie. Le roi me répondit fort obligeamment et le médecin arriva à l'hermitage, où j'étois alors au bout de quinze jours.

Je m'attendois à voir un de ces pédants, dignes piliers de la faculté, qui vous crachent du latin à chaque mot qu'ils disent, et dont les raisonnemens diffus et ennuyans contribuent à faire mourir les malades avant le temps; point du tout. Je vis entrer un homme d'assez bonne mine, qui m'accosta avec un air qui sentoit son monde, et en un mot qui n'avoit pas la moindre encolure de son métier. Il me trouva très-dangereusement malade, mais il tâcha de m'encourager, m'assurant qu'il me tireroit d'affaire. Il est juste que je fasse son portrait.

Supperville est d'origine françoise et prétend être de bonne maison. Je n'entre point dans la discussion de sa généalogie, tout François établi en pays étranger, est noble comme le roi, quoique quelquefois leur grand-père ait été maître d'hôtel ou laquais à Paris. Mais passons là-dessus; tel n'est pas noble qui mériteroit de l'être, et celui-ci avoit des talens qui auroient pu le mener à une grande fortune, si une ambition démesurée n'y avoit mis obstacle. Supperville avoit fait ses humanités à Leyden et à Utrecht, son père s'étant établi à la Haye. Ayant fini son cours de droit, il fut nommé secrétaire d'ambassade d'un ministre qui devoit aller en France. L'amour le rendit médecin. Il s'amouracha d'une jeune fille fort riche, et ne pouvant se résoudre à s'en séparer, il se vit obligé d'embrasser une profession peur laquelle il se sentoit une répugnance extrême. Il retourna aux universités. Son application à l'étude de la physique et de l'anatomie le rendirent bientôt fameux. Le roi l'engagea à entrer à son service comme premier médecin de toute la Poméranie, où il étendit en peu de temps sa renommée. Il a infiniment d'esprit, une lecture prodigieuse, et on peut le regarder comme un grand génie; sa conversation est aisée et agréable; il soutient également bien le sérieux et le badinage, mais son esprit impérieux et jaloux offusque ces qualités et ces talens, et lui a donné un ridicule, dont il aura peine à se relever.

On jugera bien d'après le portrait que je viens d'en faire, qu'il eut bientôt notre approbation. La cour étoit changée à son avantage à force de soins et de peines; on en avoit chassé une certaine grossièreté et barbarie, qui y regnoit au commencement, mais elle n'étoit point encore sur un pied convenable. Tous ceux qui la composoient avoient des génies bornés; la plupart n'avoient hanté que les rues de Bareith et n'avoit aucune idée du reste du monde; la lecture et les sciences étoient bannies de chez eux, et toutes leurs conversations se bornoient à parler de chasse, d'économie et à nous faire des contes de la vieille cour. Mr. de Voit qui jusqu'alors avoit encore été de quelque ressource, tomboit dans la bigotterie. Ainsi nous n'avions que celle que nous trouvions en nous-mêmes. Supperville nous fut donc d'un grand secours. Il s'attacha à nous et nous commençâmes à lui vouloir du bien. Il me fit prendre une cure, qui au bout de six semaines me fit passer ma fièvre lente, mais ne me rétablit pas entièrement, et lui fit juger, qu'à moins d'un soin et d'un régime prodigieux, je courois risque d'une rechute.

Cela l'engagea à me dire un jour, que voyant bien que ma santé n'étoit encore rien moins que remise, et que j'avois besoin de sa présence pour la recouvrer tout-à-fait, il m'offroit ses services, et ne demandoit pas mieux que de consacrer sa vie au Margrave et à moi. Sa proposition me fit plaisir. J'y trouvai beaucoup d'obstacles. Il étoit pour ainsi dire favori de mon frère et de toutes ses coteries, et je jugeois bien qu'il ne souffriroit pas que je le privasse d'un homme pour lequel il avoit de l'affection. Je lui fis d'abord cette objection. Je n'ai osé, me dit-il, Madame, vous parler à coeur ouvert, mais à présent, que j'ai l'honneur de connoître Votre Altesse royale, je sens que je puis lui parler sans détour et sans risquer de me rendre malheureux. Mon plan étoit déjà fait, avant de venir ici, de quitter le service du roi; j'avois dessein d'aller m'établir en Hollande; mais les agrémens que je trouve à cette cour-ci, et l'attachement que j'ai contracté pour Vos Altesses, m'ont fait changer d'avis. Je ne puis nier que je ne sois très-bien dans l'esprit du prince royal, mais, Madame, je n'ai eu que trop le temps de l'étudier. Ce prince a un grand génie, mais un mauvais coeur et un mauvais caractère; il est dissimulé, soupçonneux, infatué d'amour propre, ingrat, vicieux, et je me trompe fort où il deviendra plus avare que le roi, son père, ne l'est à présent; il n'a aucune religion et se fait une morale à sa guise, toute son étude ne tend qu'à éblouir le public, mais malgré sa dissimulation bien des gens ont démêlé son caractère. Il me distingue à présent pour étendre ses connoissances, une de ses plus grandes passions étant l'étude des sciences. Lorsqu'il aura tiré de moi celles qu'il ignore, il me plantera là, comme il a fait à bien d'autres; et c'est pour cette raison que j'ai jugé à propos de prendre mes mesures par avance.

Il y avoit déjà fort long-temps que j'étois mécontente de mon frère, et que je savois que plusieurs personnes qui lui avoint été attachées, l'étoient aussi, mais je ne me serois jamais figuré que son caractère fût si fort changé. Je disputai longtemps là-dessus avec Supperville: Le Margrave qui entra dans ces entrefaites, prit le parti de ce dernier et me dit, qu'il avoit déjà porté le même jugement de mon frère. Il accepta avec joie les propositions de Supperville, et nous écrivîmes tous deux au roi pour le lui demander. Je m'adressai aussi pour cet effet à mon frère, et Supperville partit chargé de toutes ces lettres.

L'on trouvera peut-être étrange que j'aie fait une si longue discussion sur cet article, mais il est nécessaire pour la suite de ces mémoires, où Supperville a beaucoup de part.

Le roi me répondit fort obligeamment, m'assurant que Supperville seroit à mon service aussi souvent que je le voudrois, mais qu'il ne pouvoit me le céder tout-à-fait, ne pouvant se passer de lui. La reine m'écrivit cependant, qu'elle ne désespéroit pas de fléchir le roi, sur-tout si je pouvois lui faire avoir quelques grands hommes.

La Grumkow se maria à la fin de cette année avec un certain Mr. de Beist, fort honnête homme, de bonne maison, mais très-mal partagé des biens de la fortune, et n'ayant pour toute richesse que quatre enfans, nés d'un premier mariage. Je fus charmée d'en être quitte. Je repris deux dames à sa place, Mlle. Albertine de Marwitz et Mlle. de Kuten, d'une très-grande et illustre maison.

L'année 1739 sera plus intéressante que celle que je viens d'écrire. Supperville revint au printemps. Une nouvelle cure qu'il me donna, acheva de me remettre, ou du moins de me tirer de danger. Mais il me faut entrer présentement dans une autre discussion.

J'ai déjà dit que le Margrave avoit pris pour secrétaire un certain Ellerot, fort versé dans les affaires du pays et homme de probité et d'esprit. Il avoit trouvé tous les départemens, et sur-tout les finances, dans un désordre extrême. Mr. de Dobenek eut ce dernier détail; mais on s'aperçut bientôt, que malgré ses gasconnades il n'y entendoit rien. Ellerot en fut donc chargé à sa place, et le Margrave lui confia outre cela sa caisse particulière. Cet homme ne s'étoit uniquement appliqué qu'à trouver des ressources, sans se mettre en peine de remédier aux désordres et à rétablir le crédit.

Plusieurs prétentions considérables qu'il trouva, contribuèrent à subvenir aux dépenses. Il faut lui rendre justice, il rendit d'importans services au Margrave, tant par rapport aux affaires du pays, qu'à celles du dehors. Tout cela lui attira si fort la confiance de ce prince, qu'il le créa référendaire intime.

Le ministère cria fort contre cette innovation, c'étoit leur couper les ailes et leur ôter une partie de leur autorité. Ils envoyèrent un placet sur ce sujet au Margrave, conçu en termes très-durs et peu respectueux. Le Margrave très-choqué de leur procédé, leur fit une réponse assez forte. On soupçonna Ellerot d'en être l'auteur, et cela lui attira une animosité générale. On commença même à murmurer généralement; on disoit hautement, que les gens n'étoient point payés, qu'il leur étoit dû deux ou trois quartiers.

J'en fus informée la première, et sur les perquisitions que je fis sous main, j'appris que cela étoit vrai. Je le fis venir et lui en parlai; je lui dis même, qu'on m'avoit assurée que la chambre des finances étoit au plus mal, et que la caisse du Margrave étoit fort endettée. Il soutint le contraire, m'assurant que ce n'étoit que pure calomnie de ses ennemis, qui faisoient courir ces bruits-là pour le rendre malheureux. Je ne voulus donc point en faire mention au Margrave, mais celui-ci en étoit déjà informé

Supperville qu'il informa du détail de ces affaires, lui recommanda un Berlinois, homme de probité et de mérite, dont j'avois souvent entendu parler, nommé Hartmann, pour le faire directeur de la chambre. Mr. de Montmartin, jeune homme que le Margrave avoit fait étudier et qui étoit conseiller de régence, lui avoit déjà proposé le même sujet. Le Margrave ne balança donc point à le faire venir et à lui donner ce poste. Ellerot n'en parut point fâché, et il y avoit long-temps qu'il souhaitoit être quitte de cette charge; cependant la suite fit voir qu'il étoit fort mortifié de s'en voir privé.

Dès que Hartmann fut arrivé, on éclata contre Ellerot; petits et grands me faisoient des plaintes contre lui et me prioient d'avertir le Margrave de ses rapines et de sa mauvaise économie. Je connoissois trop le cours du monde, pour me mêler de pareille chose. Cet homme étoit en faveur; par conséquent il avoit des jaloux et des envieux, et le croyant innocent, je n'avois garde de jeter des soupçons contre lui dans l'esprit du Margrave, qui auroit pu lui faire tort. Mais Hartmann confirma le bruit public, et assura le Margrave que ses finances étoient dans une confusion épouvantable, et qu'on devoit à tous ceux qui étoient en service un demi-an de l'arrérage de leurs pensions. Un des receveurs de la chambre donna un mémoire secret au Margrave, dans lequel il l'avertissoit, qu'il étoit trompé et trahi par Ellerot, qui vendoit les charges au plus offrant et suçoit le sang du peuple.

Le Margrave m'en parla. Il étoit dans une agitation affreuse, ne sachant ce qu'il devoit penser de tout cela. Après avoir délibéré long-temps là-dessus et rassemblé toutes les circonstances du passé, nous conclûmes qu'il n'étoit pas tout-à-fait innocent. Cependant pour ne rien précipiter, le Margrave fit venir le délateur secrètement chez lui, et lui ordonna de coucher par écrit tous les points de son accusation. Cet homme l'assura qu'il soutiendroit ce qu'il avoit avancé et convaincroit sa partie.

Ellerot avoit beaucoup d'amis. Il apprit la conférence nocturne que le Margrave venoit d'avoir, et ayant ses créatures, il sut en peu de temps le tour qu'on se préparoit à lui jouer. Dès le lendemain il en parla au Margrave, protesta de son innocence, et le supplia de faire examiner sa conduite à la rigueur. Que pouvoit-on prétendre de plus? Le Margrave lui accorda sa prière, et on nomma quatre commissaires pour approfondir le fait. Ellerot fut absous et sortit blanc comme neige de son inquisition, pendant que son antagoniste fut envoyé à la forteresse. Nous verrons la fin de cette histoire l'année prochaine.

Pendant ce temps ma santé ne se rétablissoit que foiblement. Mon mal se changeoit dans une espèce de consomption. Supperville jugea, qu'il me falloit changer d'air, celui de tout le pays de Bareith étant fort pesant et très-mal-sain en hiver. Il proposa pour cet effet au Margrave, d'aller passer une année à Montpellier; il lui démontra que ce voyage auroit deux avantages, celui de me restituer et celui de rétablir ses affaires, les états du pays devant nous fournir les frais du voyage. Le Margrave charmé de cette proposition, vint me la faire aussitôt. On peut bien croire que j'y topai, mais je prévoyois de grandes difficultés du côté de Berlin, sachant bien que le roi et la reine le désapprouveroient fort; d'ailleurs je ne m'attendois pas à beaucoup d'agrémens à Montpellier. Feu le Margrave, mon beau-père, y avoit passé plusieurs années, et m'en avoit fait un rapport peu avantageux. Je donnai un autre projet au Margrave et à Supperville, qu'ils approuvèrent très-fort, qui fût d'aller passer quelques mois à Montpellier, d'aller nous embarquer à Antibe et de parcourir l'Italie; mais jugeant bien que ce dernier voyage trouveroit beaucoup plus d'obstacles que le premier, nous résolûmes tous de le tenir secret.

Cependant nous jugeâmes à propos que le Margrave allât faire un tour à Berlin, pour nous aplanir les difficultés que nous avions à craindre de ce côté-là. Le Margrave se rendit avec joie à mes désirs. Il partit donc quinze jours après à l'improviste, accompagné de huit grands hommes qu'il avoit tirés de sa garde, pour les présenter au roi. Son voyage et son arrivée furent tenus si secrets, qu'on l'ignora entièrement.

Le roi étoit occupé à voir passer la parade. Il est incroyable quelle joie il sentit en voyant le Margrave. Il descendit d'abord de cheval et l'embrassa mille fois, en le nommant son cher fils; il avoit les larmes aux yeux et lui dit à plusieurs reprises: mon Dieu! que vous me faites plaisir à présent, je vois que vous avez quelque amitié pour moi. Il le mena ensuite chez la reine, qui le reçut aussi très-bien. Mais la faveur du Margrave augmenta bien le lendemain, lorsqu'il présenta ses huit grands hommes au roi. Mon frère lui fit aussi très-bon accueil, mais lui conseilla fort de ne point demander de grâces au roi, parceque ce seroit le moyen de tout gâter. Je suis persuadée que le roi lui auroit tout accordé, et on me l'a dit plusieurs fois depuis, mais le Margrave ne voulut pas se brouiller avec mon frère, ce qui l'empêcha de profiter des bonnes dispositions où il trouvoit le roi. Non seulement il fit approuver à ce prince notre voyage de Montpellier, mais il obtint aussi le congé de Supperville, qu'il nous céda entièrement. Le roi lui fit présent d'une tabatière d'or, enrichée de brillans, avec son portrait, de la valeur de 4000 écus. Je reçus aussi plusieurs présens de la reine et de lui, et le Margrave fut enfin de retour à Bareith au bout de six semaines, très-satisfait de toutes les amitiés qu'on lui avoit faites à Berlin.

Tout obstacle levé de ce côté-là, nous commençâmes à en trouver du côté du pays. Les murmures étoient généraux, on ne vouloit point nous laisser partir. Ma gouvernante que son grand âge empêchoit de faire le voyage avec nous, faisoit grand bruit. Enfin au bout de quatre semaines nous surmontâmes toutes ces difficultés, et le jour de notre départ fut fixé au 20. d'Août.

Ma pauvre Mermann commençoit déjà à devenir fort malingre. Quelque peine que je ressentisse de me séparer pour si long-temps des deux fidèles compagnes de mes malheurs, j'aimois mieux me priver de leur présence, que d'exposer leurs santés et leur vie. Le mari de la Mermann étoit mon homme d'affaires. C'étoit un génie inquiet, violent et emporté, qui vouloit passer pour mon favori et qui étoit outré de ne le pas être. Il tenoit sa pauvre femme si fort sous la férule, qu'elle n'osoit grouiller devant lui et le craignoit comme la mort. Cet homme, piqué au vif de ce que je ne le prenois pas avec moi, résolut de s'en venger. Il me demanda la permission d'aller passer le temps de mon absence à Berlin. Je la lui accordai. Je pris enfin congé, non sans verser bien des larmes, de ma gouvernante et de la Mermann, et me mis en carosse avec le Margrave, Mlle. de Sonsfeld et la Marwitz, les deux uniques dames qui fussent du voyage. Supperville avoit été attaqué deux jours auparavant de la fièvre et nous attendoit à Erlangue.

A peine eûmes-nous fait un mille, que le Margrave se trouva mal. Il lui prit un grand mal de tête, accompagné de vomissemens. Nous comptions que cela n'auroit aucune suite fâcheuse et que ce n'étoit qu'une forte migraine, mais nous comptions sans notre hôte. Il prit beaucoup de chaleur, ce qui nous obligea de nous arrêter quelques heures à Troubach, très-mauvais et misérable endroit. Je lui proposai de retourner à Bareith, mais il ne le voulut jamais et s'efforça à se remettre en carosse, pour aller coucher à Streitberg. La fièvre et la chaleur continuèrent toute la nuit, mais voulant absolument se faire transporter à Erlangue, nous l'y conduisîmes avec beaucoup de peine.

Nous apprîmes à notre arrivée que Supperville étoit très-mal. Toutes les circonstances de sa maladie étoient pareilles à celles du Margrave. J'étois dans des peines et des inquiétudes inexprimables pour ce dernier. La fièvre étoit toujours la même, et je craignois avec raison qu'elle ne se tournât en fièvre chaude. Malgré mon état cacochyme je ne le quittois ni jour ni nuit, et je souffrois mille fois plus que lui. Son état ne s'amenda point; il y avoit déjà cinq fois vingt-quatre heures qu'il étoit dans une chaleur continuelle, sans que les remèdes lui fissent le moindre effet. Mes agitations me portèrent enfin à aller chez Supperville, qui logeoit au château. Je lui dis, que le Margrave étoit dans un état si dangereux, que je croyois qu'il n'y avoit point de temps à perdre, et qu'il falloit le faire saigner. Supperville me dit, qu'il avoit eu la même pensée et qu'il ne tarderoit pas à la mettre en exécution, dès que la fièvre commenceroit à diminuer. Je m'en retournai donc chez le Margrave, où je trouvai notre second médecin, nommé Wagner. Je lui fis part de la consultation que je venois d'avoir avec Supperville et de sa décision. Il me répondit là-dessus, qu'il ne souscriroit jamais à faire saigner le Margrave dans l'état où il étoit, qu'il n'y avoit rien de plus dangereux, et que c'étoit le dernier remède, dont il falloit se servir si son mal devenoit désespéré. Je lui dis, que je ne pouvois lui rien préscrire là-dessus, et qu'il devoit débattre la chose avec Supperville. Il vint me rendre réponse un moment après et me dit, que Supperville étoit de son avis et qu'il ne falloit rien précipiter.

Je restai jusqu'à trois heures du matin chez le Margrave. Enfin épuisée d'abattement et de lassitude, j'allai me jeter sur mon lit dans un petit cabinet, d'où je pouvois voir et entendre tout ce qui se passoit. L'accablement où j'étois, me donna du sommeil. Il y avoit quatre heures que je dormois, lorsque je me sentis réveiller, et en ouvrant les yeux, je vis Wagner devant mon lit. La tête de Méduse ne m'auroit pas plus effrayée, car je crus que le Margrave se mouroit. Ne vous effrayez point, Madame, me dit-il, le Margrave est toujours de même, mais nous avons enfin résolu de le faire saigner, et j'ai jugé qu'il falloit vous en avertir, afin que vous puissiez y être présente.

Je me levai plus morte que vive; un pauvre pécheur qu'on mène au supplice, ne sauroit souffrir ce que j'endurois dans ce moment; un tremblement universel me prit dans tous mes membres, et mes jambes se déroboient sous moi. Je croyois le

Margrave à l'extrémité, puisqu'on se servoit du dernier remède qui pouvoit lui sauver la vie. Je me traînai dans sa chambre. Autre spectacle capable d'épouvanter. Tout le conseil s'étoit assemblé. Le peuple étoit attroupé dans les rues à faire des imprécations contre Supperville et la saignée, et à vouloir empêcher le chirurgien d'entrer Supperville étoit aussi mal que le Margrave, il ne perdit pourtant point la tramontane, et pour faire cesser le désordre et les clameurs, il se fit saigner le premier. Cela calma un peu les esprits.

J'étois pendant tout ce temps étendue sur un fauteuil, dans un état que je ne saurois décrire. Je n'avois plus de pensée et mes yeux étoient fixés sur la même place. Enfin on en vint à cette fameuse saignée. Mais quelle fut ma joie, en voyant qu'à mesure que le sang couloit, le Margrave prenoit tout un autre visage. Effectivement le redoublement de la fièvre qu'on attendoit ne revint point, et il fut hors de danger dès le soir.

Cependant à mesure que sa santé se remettoit, je remarquois qu'il étoit d'une froideur extrême envers moi. Il me cherchoit noise sur tout ce que je faisois. En revanche il faisoit mille avances à la Marwitz, demandant à tout moment après elle lorsqu'elle n'étoit pas dans sa chambre. Il faisoit aveuglément tout ce qu'elle vouloit, quand il s'agissoit de ménager sa santé, et me brusquoit quand je lui donnois les mêmes conseils. Cela me mit au désespoir. Mon corps pâtit bientôt des chagrins de mon esprit: je pris des accidens que je n'avois point encore eus. C'étoient des espèces de convulsions, accompagnées de violens maux de tête. Ma gouvernante vint me trouver. Elle faisoit ce qu'elle pouvoit pour me soulager, mais personne ne pouvoit deviner la source de mon mal.

J'ai déjà dit que le cabinet où je dormois donnoit dans la chambre du Margrave. Je l'entendois tous les matins dès qu'il se réveilloit demander les dames. Lorsque j'étois assez bien pour aller chez lui, il ne me parloit quasi point et envoyoit d'abord chercher la Marwitz. Une jalousie affreuse s'empara de mon coeur. Tout le monde pouvoit s'apercevoir de mon chagrin, mais je n'avois garde d'en dire la cause. Je connoissois la Marwitz; elle m'étoit attachée et elle étoit vertueuse. J'étois persuadée, que si elle s'apercevoit de la cause de ma mélancolie, elle quitteroit la cour. Mais je ne pouvois pardonner au Margrave son changement envers moi. J'avois été aveuglée pendant un an, et je n'avois point remarqué mille petites circonstances qui me sautoient aux yeux alors.

Le Margrave étoit toujours résolu de faire le voyage d'Italie. L'envie m'en étoit totalement passée. Je prévoyois, que les aisances qu'il auroit de voir plus souvent la Marwitz, ne feroient qu'augmenter son amour. D'ailleurs mon coeur étoit trop triste, pour trouver du plaisir à autre chose qu'au changement de ma situation.

Un nouveau chagrin acheva de m'accabler. J'ai

déjà parlé du mécontentement de Mermann. Dès qu'il fut arrivé à Berlin, il alla rendre au roi les lettres du Margrave et les miennes. Le roi s'informa beaucoup de ma santé. Mermann prit de là occasion de dire pis que pendre de moi, assurant ce prince que je n'avois jamais été malade. Il s'étendit beaucoup sur les dépenses énormes que je causois au Margrave, par lesquelles je ruinois le pays. Enfin il anima si bien le roi contre moi, que ce prince jeta feu et flammes. Cependant Mermann n'osa avertir sa femme des calomnies qu'il avoit débitées sur mon compte. Il connoissoit trop bien sa droiture, qui ne pouvoit que désapprouver son mauvais procédé.

Celle-ci fut le lendemain chez la reine. Cette princesse la questionna beaucoup sur tous les articles sur lesquels Mermann m'avoit noircie. Sa femme lui donna un démenti dans les formes et s'offrit de faire serment, que ce qu'on disoit de moi étoit faux.

Cependant la reine m'écrivit une lettre très-forte, dans laquelle elle me signifia de la part du roi, qu'il ne me pardonneroit jamais, si je m'obstinois à faire le voyage de Montpellier.

Je reçus en même temps une lettre de mon frère, qui me fit part de toutes les circonstances que je viens d'écrire, et de la colère dans laquelle le roi étoit contre moi. Je vous conseille malgré tout cela, ajouta-t-il, de continuer votre voyage; quand on a pris une fois une résolution, il faut la tenir. Au bout du compte le roi n'a plus rien à vous ordonner, et ce seroit une foiblesse à vous, que de vous laisser intimider et d'être le jouet des faux rapports d'un homme tel que Mermann. Je vous conseille de vous défaire de ce malheureux, de le chasser et de montrer de la fermeté en cette occasion. Il est vrai que sa femme vous est attachée et qu'elle ne mérite pas d'être traitée si durement, mais il faut vous mettre au-dessus de cela, pour vous défaire d'un mauvais sujet.

Ces deux lettres m'affligèrent sensiblement. J'aimois tendrement la Mermann, et je prévoyois que le Margrave seroit du sentiment de mon frère. La gouvernante qui étoit depuis quelques jours à Erlangue, me tira d'embarras. Elle prit fortement le parti de la pauvre Mermann auprès du Margrave, et obtint la grâce du mari. Tous ces chagrins coup sur coup ruinoient ma santé.

Mdme. de Sonsfeld me surprit plusieurs fois, que je fondois en larmes. A force de prières je lui avouai, que ma douleur n'étoit causée que par le changement du Margrave envers moi. La Marwitz s'étoit bien aperçue que je n'avois pas l'esprit dans mon assiette ordinaire, mais elle s'étoit imaginée que ma maladie en étoit cause. La gouvernante ne put s'empêcher de lui parler de mon chagrin. La Marwitz devina, à ce que je crois, ce qui y donnoit lieu. L'altération qu'elle en eut lui donna la fièvre Cependant Mdme. de Sonsfeld remarqua que mes plaintes n'étoient pas tout-à-fait sans fondement et que le Margrave étoit fort froid envers moi. Elle lui parla très-fortement. Son discours porta coup. Le Margrave me fit des excuses et rejeta son procédé sur la fièvre. Effectivement je le retrouvai aussi tendre que par le passé. D'un autre côté je fis tant de caresses à la Marwitz, que je lui ôtai entièrement les idées véritables qu'elle avoit conçues.

Le Margrave étant entièrement rétabli, nous retournâmes à Bareith, la saison étant trop avancée, pour persister à poursuivre notre voyage d'Italie (nous étions au mois de Novembre). Nous y fûmes reçus avec toutes les démonstrations de joie imaginables.

Mermann et sa femme y arrivèrent peu de temps après de Berlin. Je reçus très-bien ma bonne nourrice, mais très-mal son mari, qui fut bien surpris de me voir si bien informée de sa conduite. Je lui pardonnai en faveur de sa femme, et depuis ce temps-là il m'a été fort attaché et ne m'a donné que des sujets d'être satisfaite de lui.

J'avois agi positivement contre les conseils de mon frère, tant par rapport au voyage d'Italie, que par rapport à Mermann. Il le ressentit vivement et m'écrivit une lettre très-forte sur ce sujet. Je tâchai de l'appaiser par de bonnes raisons. Je lui écrivis que la santé du Margrave encore chancelante, avoit mis obstacle au voyage, et que j'avois le coeur trop bien placé, pour rendre malheureuse une personne que j'aimois, qui m'étoit attachée et à laquelle j'avois des obligations. Cependant mon frère ne s'appaisa pas de ces raisons, et je remarquai beaucoup de froideur dans ses lettres.

Dans ces entrefaites on me manda de Berlin, que le roi étoit fort incommodé et que les médecins craignoient que sa maladie ne fût un commencement d'hydropisie. En effet son mal ne fit qu'augmenter l'année 1740.

Nous la commençâmes par le carnaval. Il y avoit des bals travestis au château, où l'on n'admettoit que la noblesse. Je dis travestis, parcequ'on ne mettoit point de masque. Les ecclésiastiques avoient pris beaucoup d'ascendant pendant le règne du feu Margrave; il y avoit même toute une secte, connue sous le nom de Piétistes, dont le chapelain du Margrave étoit le chef. Cet homme qui cachoit sous le masque de la dévotion une ambition démesurée, jointe à un esprit d'intrigue, indisposoit la commune contre nous. Il étoit en grand crédit à la cour de Danemarc, et on avoit sujet de le ménager par des raisons de politique. Il falloit donc accoutumer peu-à-peu les gens aux plaisirs, pour empêcher des criailleries, qui pouvoient nous faire du tort.

Je vivois dans une tranquillité parfaite. Le Margrave en agissoit très-bien avec moi, et je goûtois avec la Marwitz toutes les douceurs de l'amitié.

La maladie du roi alloit en augmentant. La reine me manda, que les médecins ne lui donnoient plus quatre semaines de vie. Ma soeur de Brunswick étoit allée à Berlin, pour s'informer elle-même de sa santé. Je crus qu'il étoit de mon devoir d'en agir de même. J'en parlai au Margrave. Il y parut contraire, mais il me permit cependant d'en consulter avec la gouvernante. Par un excès d'amitié qu'elle eut pour moi, elle me déconseilla ce voyage; elle craignoit que l'altération que me causeroit la mort du roi, qu'on disoit si prochaine, ne me dérangeât de nouveau la santé. Néanmoins comme je m'obstinai dans mon sentiment, elle me conseilla d'en écrire à mon frère. Je n'étois pas de cet avis; mais voyant que le Margrave ne me vouloit permettre qu'à ce seul prix d'aller à Berlin, je fus obligée de me rendre au sentiment unanime. J'envoyai donc une estafette à mon frère, pour lui faire part de mes idées. Voici ce que je lui écrivis.

»Je me suis flattée jusqu'à présent que le mal du roi n'étoit pas sans remède, mais la dernière lettre que je viens de recevoir de la reine, me fait assez voir qu'il ne peut vivre. J'ai donc résolu, si vous l'approuvez, d'aller à l'improviste à Berlin, pour rendre encore une fois mes devoirs à un père mourant, et pour achever de me réconcilier avec lui. Je vous avoue, que je serois au désespoir qu'il mourût avant que je pusse le voir, et qu'il pût m'accuser d'avoir manqué à ce que je dois et de l'avoir négligé. Je ne ferai cependant rien sans votre approbation. Ainsi je vous supplie de me donner au plutôt réponse par une estafette, et de me dire votre avis là-dessus etc.«

Voici sa réponse.

»Votre estafette m'a jeté dans une surprise extrême. Que diantre! voulez-vous venir faire ici dans cette galère? Vous serez reçue comme un chien, et on vous saura peu de gré de vos beaux sentimens. Jouissez du repos et des plaisirs que vous goûtez à Bareith, et ne songez point à venir dans un enfer, où on ne fait que soupirer et souffrir et où tout le monde est maltraité. La reine désapprouve comme moi votre beau projet. Au reste il dépend de vous d'en courir les risques. Adieu, ma chère soeur, je vous avertirai toutes les postes de la santé du roi; il n'en peut revenir, mais les médecins disent qu'il peut encore traîner. Je suis etc.«

Cette lettre rompit tous mes projets, n'osant plus me flatter d'obtenir la permission du Margrave d'aller à Berlin. La maladie du roi continua d'aller de mal en pis. Il finit enfin le cours de son règne et de ses jours le 31. de Mai. Il n'est pas hors de propos que je dise un mot ici de cette fin singulière et héroïque.

Il avoit été très-mal toute la nuit. A sept heures du matin il se fit traîner sur son char roulant dans l'appartement de la reine, qui dormoit encore, ne le croyant pas si mal. Levez-vous, lui dit-il, je n'ai que quelques heures à vivre, j'aurai du moins la satisfaction de mourir entre vos bras. Il se fit mener ensuite chez mes frères, dont il prit tendrement congé, à la réserve du prince royal, auquel il ordonna de le suivre dans son appartement. Dès qu'il y fut, il y fit assembler les deux premiers ministres, le prince d'Anhalt et tous les généraux et colonels qui se trouvoient à Potsdam. Après leur avoir fait un petit discours, pour les remercier de leurs services passés, et les avoir exhortés à conserver pour le prince royal, comme son unique héritier, la fidélité qu'ils avoient eue pour lui, il fit la cérémonie de l'abdication et remit toute son autorité à son fils, auquel il fit une très-belle exhortation sur les devoirs des princes envers leurs sujets, et lui recommanda le soin de l'armée et sur-tout des généraux et officiers qui étoient présens. Se tournant ensuite du côté du prince d'Anhalt: vous êtes le plus ancien de mes généraux, lui dit-il, il est juste que je vous donne le meilleur de mes chevaux. Il ordonna en même temps qu'on le lui menât; et voyant le prince attendri, c'est le sort de l'homme, lui dit-il, il faut qu'ils payent tous le tribut à la nature. Mais craignant de voir sa constance ébranlée par les pleurs et les lamentations de tous ceux qui étoient présens, il leur signifia de se retirer, ordonnant à tous ses domestiques de mettre une nouvelle livrée qu'il avoit fait faire, et à son régiment de mettre un nouvel uniforme. La reine entra dans ces entrefaites. A peine fut-elle un quart d'heure dans cette chambre, que le roi tomba en foiblesse. On le mit aussitôt au lit, où à force de soins on le fit revenir. Regardant alors autour de lui et voyant les domestiques en neuf: vanité des vanités, dit-il, tout est vanité. S'adressant à son premier médecin, il lui demanda si sa fin étoit prochaine. Le médecin lui ayant répondu, qu'il avoit encore une demi-heure à vivre, il demanda un miroir, et s'y étant miré, il sourit et dit: je suis bien changé, je ferai une vilaine grimace en mourant. Il réitéra encore la même question aux médecins, et sur la réponse qu'ils lui firent, qu'il s'étoit déjà écoulé un quart d'heure et que son pouls montoit: tant mieux, leur répondit-il, je rentrerai bientôt dans mon néant. On voulut faire entrer deux ecclésiastiques, pour lui faire la prière, mais il leur dit, qu'il savoit tout ce qu'ils avoient à lui dire, qu'ainsi ils pouvoient se retirer. Les foiblesses étant devenues plus fréquentes, il expira enfin à midi. Le nouveau roi conduisit d'abord la reine dans son appartement, où il y eut beaucoup de larmes de versées. Je ne sais si elles étoient fausses ou sincères.

Un courrier que le roi me dépecha, m'apporta cette triste nouvelle. Je devois m'y attendre; j'en fus frappée et touchée jusqu'au fond du coeur. Je suis incapable de feindre, et quoique j'aie fait des pertes depuis qui m'ont été bien plus sensibles je puis dire que celle-ci me causa un violent chagrin.

Je continuai d'en agir avec le roi comme de coutume. Je lui écrivois toutes les postes et toujours avec effusion de coeur. Six semaines se passèrent, sans que je reçusse de réponse. La première lettre qui me parvint au bout de ce temps-là, n'étoit que signée du roi et fort froide. Il commença son règne par faire une tournée dans la Poméranie et la Prusse. Son silence continuoit toujours avec moi; je ne savois qu'en penser, et mon amitié pour lui ne me permettoit pas d'être sans inquiétudes d'une indifférence si marquée.

Enfin au bout de trois mois je fus secrètement avertie de Berlin, que le roi en étoit parti incognito, pour venir me surprendre à l'hermitage, où j'étois alors. Peu s'en fallut que je ne mourusse de joie en apprenant cette nouvelle; elle me causa un si grand bouleversement, que j'en fus deux jours malade.

Il arriva enfin, menant avec lui mon second frère, que je nommerai dorénavant mon frère tout court, pour le distinguer des autres. Mon coeur se déploya tout entier à cette entrevue. J'avois tant de choses à dire au roi, que je ne lui dis rien. Je remarquai d'abord, que les caresses qu'il me faisoit, étoient guindées, ce qui me surprit un peu. Je n'y fis cependant pas beaucoup de réflexion. Je trouvai mon frère si changé et grandi, qu'à peine je le reconnus. Comme j'aurai occasion d'en parler ailleurs, je n'interromprai point le fil de ma narration.

Le roi ne s'entretint tout ce jour avec moi, que de choses indifférentes. Un air embarrassé étoit répandu sur son visage, ce qui me désorientoit. Mr. Algarotti, Italien de nation, et un des plus beaux esprits de ce siècle, étoit de sa suite et fournissoit matière à la conversation. Ce qui m'étonna le plus, fut l'extrême empressement du roi de revoir ma soeur d'Anspac. Il ne l'avoit jamais aimée, et en avoit reçu le réciproque. Plus de vingt estafettes furent mises en campagne, chargées de tendres invitations pour se rendre à l'hermitage. Elle y débarqua enfin le lendemain avec le Margrave, son époux. Le roi ne tint pour lors plus de mesures et la distingua publiquement plus que moi. Il me fit présent d'un petit bouquet de brillans de 200 écus, et d'un éventail, où il y avoit une montre. Le Margrave, mon époux, reçut une tabatière d'or avec le portrait du roi, garnie de brillans Ma soeur eut un présent à peu près du même prix que le mien, et le Margrave d'Anspac une tabatière d'un caillou blanc, cassée par le milieu, qu'il donna aussitôt à un de ses pages.

Mr. de Munichow, dont je crois avoir déjà fait mention, étoit devenu adjudant du roi et le suivoit par-tout. Ce jeune morveux étoit très-bien en cour et plus distingué que tous ceux qui avoient été attachés ou qui avoient rendu service au roi comme prince royal. Il avoit été amoureux de la Marwitz pendant le séjour qu'il avoit fait à Bareith, se flattant de pouvoir l'obtenir en mariage du roi et du général Marwitz, si je ne lui étois pas contraire.

Nous arrivâmes à la fin d'Octobre à Berlin. Mes frères cadets, suivis des princes du sang et de toute la cour, nous reçurent au bas de l'escalier. Je fus conduite à mon appartement, où je trouvai la reine regnante, mes soeurs et les princesses J'y appris avec beaucoup de chagrin que le roi se trouvoit incommodé de la fièvre tierce. Il me fit dire, qu'étant dans l'accès, il ne pouvoit me voir, mais qu'il comptoit avoir le lendemain cette satisfaction. Après les premières civilités je me rendis chez la reine ma mère. L'air lugubre et mélancolique qui y regnoit, me saisit. Tout y étoit encore dans le profond deuil du roi, mon père. Je sentis renouveler les regrets de sa perte. La nature a ses droits, et je puis dire avec vérité, que je n'ai presque jamais été si émue dans ma vie qu'en cette occasion. Mon entrevue avec la reine fut des plus touchantes. Nous soupâmes le soir en famille, et j'eus le temps de renouer connoissance avec mes frères et soeurs, que je n'avois pas vus depuis huit ans.

Je vis le roi le jour suivant. Il étoit maigre et défait. Son accueil me parut contraint. On est clairvoyant lorsqu'on aime; l'amitié a cela de commun avec l'amour. Je ne fus point la dupe de ses vaines démonstrations, et je remarquai qu'il ne se soucioit plus de moi. Il me pria de le suivre à une maison de plaisance, nommée Reinsberg, où il comptoit aller pour changer d'air; la reine regnante devoit s'y rendre en même temps que lui. Mais comme, disoit-il, la maison étoit fort petite il ne pouvoit m'y loger aussitôt; qu'il me feroit préparer un appartement, et que dès qu'il seroit fini, il me le manderoit. Je ne m'arrêterai pas à faire un journal.

La cour étant en deuil, elle n'étoit pas fort

brillante. J'étois tous les jours chez la reine mère, qui ne voyoit que très-peu de monde, et qui étoit plongée dans un profond chagrin. Cette princesse s'étoit toujours flattée d'avoir beaucoup d'ascendant sur l'esprit du roi, mon frère, et d'avoir quelque part au gouvernement dès qu'il seroit monté sur le trône. Le roi jaloux de son autorité, ne lui donnoit aucune part dans les affaires, ce qui lui paroissoit fort extraordinaire.

Je restai quinze jours à Berlin après le départ de ce prince. J'y fus accablée d'honneurs et de distinctions, très-propres à éblouir tout autre que moi; mais quand on fait consister son bonheur dans un retour de sentimens des personnes qu'on aime, on ne se soucie point du clinquant, et une légère marque d'amitié fait plus d'impression, que toutes ces vaines démonstrations. Je m'aperçus pendant ce petit séjour qu'un mécontentement général regnoit dans le pays, et que le roi avoit beaucoup perdu l'amour de ses sujets. On parloit hautement de lui en termes peu mesurés. Les uns se plaignoient du peu d'égard qu'il avoit, de récompenser ceux qui lui avoient été attachés comme prince royal; d'autres de son avarice, qui surpassoit, disoit-on, celle du feu roi; d'autres de ses emportemens; enfin d'autres encore de ses soupçons, de sa défiance, de ses hauteurs et de sa dissimulation. Plusieurs circonstances, auxquelles j'avois été présente, me firent ajouter foi à ces rapports. Je lui en aurois parlé, si mon frère de Prusse et la reine régnante ne m'en avoient dissuadée. Je donnerai plus bas l'explication de tout ceci. Je prie ceux qui pourront un jour lire ces mémoires, de suspendre leur jugement sur le caractère de ce grand prince jusqu'à ce que je l'aie développé. La nouvelle qui arriva en ce temps-là de la mort de l'Empereur Charles VI., faisoit l'entretien de la cour et la spéculation des politiques.

J'arrivai à Reinsberg deux jours après. Le roi s'étant résolu de se servir du quinquina, étoit quitte de la fièvre. Il gardoit cependant la chambre et ne sortit point pendant que nous fûmes à Reinsberg. Il est surprenant qu'accablé de maux il pût suffire à toutes les affaires; il ne se faisoit rien qui ne passât par ses mains. Il employoit le peu de temps qui lui restoit en compagnie de quelques personnes d'esprit ou de savans. Tels étoient Voltaire, Maupertuis, Algarotti et Jordan. Le soir il avoit concert, où malgré sa foiblesse il jouoit deux ou trois concertos sur la traversière, et sans flatterie on peut dire qu'il surpasse les plus grands maîtres sur cet instrument. Les après-soupers étoient destinés à la poësie, science, pour laquelle il a un talent et une facilité infinie. Toutes ces choses n'étoient pour lui que des délassemens; la principale qui lui rouloit dans l'esprit étoit la conquête de la Silésie. Ses arrangemens furent faits si secrètement et avec tant de politique, que l'envoyé de Vienne à Berlin ne fut informé de ses desseins, que lorsqu'ils furent sur le point d'éclore.

Le séjour de Reinsberg ne me parut agréable que par la bonne société qui y étoit. Je ne voyois que rarement le roi. Je n'avois pas lieu d'être contente de nos entrevues. Elles se passoient la plupart du temps ou en politesses embarrassées, ou en sanglantes railleries sur le mauvais état des finances du Margrave; souvent même il se moquoit de lui et des princes de l'empire, ce qui m'étoit fort sensible. Je me trouvai encore fort innocemment mêlée dans une aventure fort scabreuse, et qui pouvoit tirer à de grandes conséquences. Comme elle est ignorée jusqu'à présent, et que l'honneur de certaines personnes, à qui je dois de la considération, y est compromis, je la passe sous silence. Je passe à un autre sujet, qui paroîtra peut-être peu intéressant, mais qui a une si grande connexion avec la suite de mon histoire, que je ne puis l'omettre.

De toute ma cour il n'y avoit que Mdme. de Sonsfeld et l'aînée Marwitz qui m'eussent accompagnée à Reinsberg. La Marwitz y s'étoit liée d'une étroite amitié avec Mlls. de Tetow, toutes deux dames d'atour de la reine, et avec Mdme. de Morian. Les deux premières étoient l'une et l'autre très-aimables, mais se faisoient haïr de tout le monde par leur impitoyable satire et médisance. Mdme. de Morian quoique sur le retour, étoit assez bien conservée. Cette femme joignoit aux manières du monde beaucoup d'esprit et de vivacité; elle s'étoit mise au-dessus de tous les préjugés; sa conduite étoit scandaleuse, et sans garder la moindre décence, elle tenoit des propos à la table de la reine si peu mesurés, que les hommes en rougissoient. Cette belle compagnie, très-propre à gâter l'esprit d'une jeune personne, réussit à changer presque entièrement celui de la Marwitz. La satire, les façons libres, les mots à double entente, même les sottises de la Morian et des Tetows furent imités et elle se ploya entièrement sur leur modèle. Ses façons firent ajouter foi aux bruits qui couroient sur son compte. Quelques mauvais plaisans la raillèrent sur ses amours avec le Margrave; d'autres la firent apercevoir du crédit qu'elle avoit sur son esprit; enfin on ne lui parloit d'autre chose. Cependant on lui faisoit tort. Elle couchoit et logeoit chez sa tante, ne voyant le Margrave qu'en sa présence ou en la mienne. On ne change de caractère que par gradations. Une jeune personne qui se trouve tout d'un coup dans un grand monde, se laisse entraîner à la pente des plaisirs, mais ne s'oublie que peu-à-peu. Elle fut au désespoir de ces raisonnemens, dont je lui fis part. Les principes de vertu que je lui avois donnés, parurent dans tout leur lustre. Elle voulut quitter la cour, pour retourner chez son père. J'employai toute ma rhétorique pour l'en empêcher, et je parvins enfin à la tranquilliser. Je fis même cesser ces bruits par le témoignage que je rendis à sa vertu. Cependant ils lui firent naître des idées, que peut-être elle n'auroit jamais eues, comme on le verra plus bas.

Nous retournâmes à Berlin au commencement de Décembre. Les troubles que la mort de l'Empereur devoit occasionner, obligèrent le Margrave de se rendre en son pays. Je restai à Berlin pour ne pas désobliger le roi. La cour ayant quitté le deuil, les plaisirs commencèrent avec le carnaval, qui se tient toujours à Berlin au mois de Décembre et de Janvier. Le roi donnoit les lundis bal masqué au château, le mardi il y avoit concert public et le mercredi et vendredi bal masqué en ville chez les principaux de la cour. Ces plaisirs ne furent pas de durée. Le grand projet du roi éclata tout d'un coup. Les troupes défilèrent du côté de la Silésie, et le roi partit pour se mettre à la tête de son armée. Je fus véritablement touchée en prenant congé de lui. L'entreprise qu'il faisoit, étoit très-épineuse et pouvoit avoir de très-fâcheuses suites si elle avoit mal réussi. Ces réflexions me rendirent notre séparation plus sensible. J'aurois attendu son retour (puisqu'il comptoit revenir en six semaines, pour quelques jours seulement), si l'aventure que j'ai passée sous silence, qui m'inquiétoit toujours, et mon impatience de revoir le Margrave m'avoient permis d'y faire un plus long séjour.

Je retournai donc à Bareith le 12 de Janvier de l'année 1741, et j'y arrivai au bout de onze jours; les eaux ayant si fort gâté les chemins, que je ne pus faire que quatre milles par jour. La Marwitz et sa soeur ne me rabattirent les oreilles pendant toute la route que de jérémiades sur leur départ de Berlin. Il faut donc, disoit la Marwitz, retourner à ce diable de nid, où on s'ennuie comme un chien, après avoir goûté les plaisirs de Berlin. Je fus plusieurs fois piquée de ces propos, mais la considérant comme une personne entraînée par le feu de la jeunesse et par les plaisirs, je l'excusois; et en effet il me parut peu après, qu'elle rentra en elle-même et qu'elle avoit renoncé à son étourderie. Je repris à Bareith mon genre de vie ordinaire. Nous eûmes beaucoup d'étrangers, qui rendirent le carnaval brillant.

Le prise de Glogow fut un grand sujet de satisfaction pour moi. Le roi, mon frère, après avoir formé le siège de cette place, la prit d'assaut, et s'empara par cette capture de la clef de la Silésie.

Le comte de Cobentzel, envoyé de la reine de Hongrie, arriva peu de temps après à notre cour. Il me rendit une lettre de l'Impératrice dernière douairière. Cette princesse me faisoit d'instantes prières, d'employer mon crédit sur l'esprit du roi pour le porter à la paix. La reine, sa fille, se trouvoit sans argent, sans troupes et attaquée à l'improviste. Malgré cette triste situation, elle avoit absolument refusé les propositions du roi, mon frère, et s'étoit résolue d'attendre les dernières extrémités plutôt, que de céder les quatre duchés, sujets de la querelle. Tous les efforts que fit le comte Cobentzel et les conditions avantageuses qu'on me proposa, ne purent me porter à me mêler de cette affaire. Je ne jugeai pas même à propos d'en écrire au roi, d'autant plus qu'on ne s'étoit point expliqué sur les conditions de cet accommodement.

Cependant les heureux succès de ce prince continuèrent. La bataille de Molwitz se donna le 10. d'Avril. Elle tourna de toute façon à sa gloire. La victoire qu'il remporta, justifia son génie pour l'art militaire, puisque son coup d'essai fut un coup de maître. Le général Marwitz fut fort blessé à cette action d'un coup de feu à la cuisse. Le siège de Neisse et sa prise furent les suites de cette victoire, qui achemina la paix. La joie que je ressentis de toutes ces bonnes nouvelles, est difficile à exprimer. Je la fis éclater par les fêtes que je donnois.

Toute cette année se passa fort tranquillement pour moi. Ce fut aussi la dernière dans le cours de laquelle j'aie joui de quelque repos. Je vais entrer dans une nouvelle carrière bien plus rude et difficile à franchir, que toutes celles dont on m'a vue triompher dans le reste de ces mémoires. Je me pique d'être véridique. Je ne prétends point excuser les fautes que j'ai commises; j'ai péché peut-être contre les règles de la politique, mais je n'ai aucun reproche à faire à ma droiture.

Le général Marwitz ne pouvant se rétablir de sa blessure, me conjura avec tant d'instance de permettre à sa fille aînée de passer quelque temps avec lui, que je ne pus le lui refuser. Il étoit devenu gouverneur de Breslau et commandoit toutes les troupes en Silésie. Sa fille m'avoit paru fort contente de l'aller trouver.

Deux jours avant son départ elle vint auprès de moi, toute en pleurs et dans un désespoir mortel. Fort étonnée je lui en demandai la cause. A peine put-elle me répondre, ses sanglots lui coupoient la parole. Je vois bien, me dit-elle enfin, qu'il faut vous quitter, Madame; les bruits qui ont couru à Berlin, au préjudice de ma réputation, n'ont eu que trop de créance. Rien au monde ne m'est plus cher que mon honneur; l'atteinte qu'on y a donnée m'est plus sensible que la mort. Je ne puis détromper le monde, qu'en me retirant de la cour. Je vais être la plus malheureuse personne du monde; je sens que je ne pourrai vivre éloignée de vous, et pour comble d'infortune mon père a dessein de me marier. Je serai donc une double victime, par le désespoir de ne plus vous voir, et celui d'épouser peut-être un homme qui me sera odieux.

Je fus vivement touchée de ses larmes et de ses sentimens. Je m'efforçai de les combattre, et au bout de deux heures je parvins non seulement à la calmer, mais j'obtins sa parole qu'elle resteroit à mon service. Je laisse à juger au lecteur, si après une telle conversation je pouvois me défier de cette fille. Pouvois-je m'imaginer qu'elle me trahissoit cruellement, en m'enlevant ce que j'avois de plus cher et en me dérobant le coeur de mon époux? Elle étoit presque toujours auprès de moi, et sa conduite étoit si mesurée avec lui, qu'elle auroit détruit tous mes soupçons, quand même j'en aurois eu. Sa soeur s'attacha beaucoup à moi après son départ. Son humeur vive, gaie et spirituelle m'amusoit. Le Margrave badinoit beaucoup avec elle, ce qui me ne donnoit aucun ombrage. Il en agissoit si bien avec moi et me témoignoit une si vive tendresse, que j'avois une entière confiance dans sa fidelité. J'étois charmée lorsqu'il se divertissoit; étant ennemie de la gêne, je ne prétendois point lui en donner.

Ce fut environ en ce temps-là que l'électeur de Bavière fut élu roi des Romains. Il passa incognito par Bareith au commencement de l'année 1742. Ce prince alloit se rendre à Manheim, assister aux nôces du prince et de la princesse de Sulzbach, pour aller de là se faire couronner Empereur à Francfort. Il passa en si mauvais équipage, que nous l'aurions peut-être ignoré, s'il n'avoit envoyé un de ses cavaliers nous faire des complimens et des excuses de n'avoir pu s'arrêter ici. Le Margrave se mit aussitôt à cheval et le suivit. Il fit tant de diligence, qu'il joignit ce prince à trois milles d'ici. L'Empereur sortit de sa voiture, l'embrassa et lui fit tout l'accueil et les politesses qu'il put désirer. Après une entrevue d'environ une demiheure ils se séparèrent très-satisfaits l'un de l'autre.

Nous apprîmes peu après que le couronnement

étoit fixé au 31. de Janvier. La curiosité nous prit de le voir. Nous résolûmes d'aller dans un parfait incognito à Francfort, d'y arriver la veille de cette cérémonie et d'en repartir le lendemain. Mr. de Berghover, envoyé de notre cour, eut soin de régler notre voyage et de faciliter notre incognito. Nous comptions partir dans huit jours, lorsque la duchesse de Wirtemberg s'avisa de venir à Bareith. Cette princesse, très-fameuse du mauvais côté, alloit à Berlin voir ses fils, dont elle avoit confié l'éducation au roi. Ces jeunes princes avoient passé peu avant elle ici. Le duc s'étoit amouraché de ma fille, qui n'avoit que 9 ans (il en avoit 14), et nous avoit fort diverti par ses petites galanteries. Je trouvai cette princesse assez bien conservée; ses traits sont beaux, mais son teint est passé et fort jaune; elle a un reflux de bouche, qui oblige au silence tous ceux auxquels elle parle; sa voix est si glapissante et si forte, qu'elle écorche les oreilles; elle a de l'esprit et s'énonce bien; ses manières sont engageantes pour ceux qu'elle veut gagner, et très-libres avec les hommes. Sa façon de penser et d'agir offre un grand contraste de hauteur et de bassesse. Ses galanteries l'avoient si fort décriée, que sa visite ne me fit aucun plaisir. Cette princesse étoit régente pendant la minorité de son fils. Je ne m'arrêterai pas à faire son caractère; elle reviendra plus d'une fois sur la scène dans le cours de ces mémoires.

J'en reviens à la Marwitz. Elle m'avoit demandé une prolongation de permission, que je lui avois accordée; mais lorsqu'elle apprit par mes lettres que nous allions à Francfort, elle partit à la hâte et revint dans le temps que je m'y attendois le moins, le jour même que la duchesse. Son premier abord me déplut. Elle entra chez moi d'un air d'arrogance et ne cessa de parler des grands biens de son père, de l'approbation qu'elle avoit eue à Berlin et des politesses qu'on lui avoit faites, finissant chaque article par des exclamations sur le sacrifice qu'elle me faisoit, d'être revenue auprès de moi. Je suis sensible lorsque j'aime, je l'ai dit plus d'une fois. J'exige peut-être trop de mes amis, mais je prétends d'eux la même délicatesse de sentimens dont je me pique. Il n'y en avoit point dans ce procédé. Cette vaine ostentation me déplut. Il y a façon et façon de dire les choses. On peut faire sentir à ses amis ce que l'on fait pour eux, pour leur prouver par là combien on leur est attaché; c'est le moyen de s'attirer leur reconnoissance. Reprocher un service ou un bienfait, c'est en ôter le prix. Pour moi, je suis satisfaite lorsque je puis faire plaisir à mes amis; quand ils ignoreroient toute leur vie qu'ils me sont redevables, j'en serai assez récompensée par la joie que j'aurai d'avoir pu leur être utile. Comme je n'ai jamais eu le don de me contraindre, la Marwitz remarqua quelque froideur dans mes réponses. Elle en fut si piquée, qu'elle s'en plaignit au Margrave. Il me battit froid pendant quelques jours. Inquiète d'en savoir la cause, je le tourmentai tant, qu'il me l'apprit. Vous avez un mauvais coeur, me dit-il, de maltraiter les personnes qui vous aiment; la Marwitz est au désespoir et croit que vous ne vous souciez plus d'elle; elle m'en a fait des plaintes amères. Je fus aussi surprise que fâchée de ce que cette fille s'étoit adressée au Margrave, pour le mêler de nos petits différens; mais voyant qu'il étoit prévenu contre moi, je dissimulai, et lui répondis que j'étois toujours la même. Sur cette assurance elle vint me trouver, me fit beaucoup de protestations, étala force sentimens et me convainquit de nouveau, qu'elle ne péchoit que par étourderie et par une trop grande pente aux plaisirs. La paix fut donc encore couclue.

Nous comptions partir le 27. de Janvier pour aller à Francfort, lorsque Pelnitz, fameux par ses mémoires et ses incartades, arriva. Il nous apprit, que les Autrichiens étant entrés en Bavière, le roi, pour faire une diversion et secourir par là ses alliés, étoit entré en Bohême. La duchesse qui alloit en partie à Berlin pour s'aboucher avec le roi, se trouva fort embarrassée par ce contre-temps, et résolut de rester avec nous jusqu'au retour de ce prince. Il fallut employer force intrigues pour nous en défaire. Elle nous quitta le 28. de Janvier pour aller à Berlin et nous partîmes le même jour.

Les mauvais chemins et les eaux qui s'étoient accrûes, nous obligèrent d'aller nuit et jour. Nous atteignîmes enfin le 30. de Janvier les portes de Francfort. Mr. de Berghover que nous avions fait avertir, vint au-devant de nous à quelques portées de fusil de la ville. Il nous apprit, que le couronnement étoit remis au 12. de Février, que tout le monde savoit notre arrivée et qu'il seroit impossible de rester incognito, si nous entrions en ville ce soir-là. J'étois fatiguée à mourir et fort incommodée d'un gros rhume. Après avoir long-temps consulté, il fut conclu que nous rebrousserions chemin et que nous passerions la nuit à un petit village, qui n'étoit qu'à un mille de Francfort.

Mr. de Berghover nous y rejoignit le jour suivant. Il avoit tâché de détromper tout le monde, et arrangé les choses de manière, que nous nous rendîmes le soir à la sourdine chez lui, pour voir l'entrée de l'Empereur, qui devoit se faire le lendemain matin. Je n'avois avec moi que les deux Marwitz; ma chère grand'maîtresse étoit restée à Bareith, n'étant plus en état d'endurer les fatigues. Ma garderobe étoit fort mal fournie. Mes dames et moi nous n'avions chacune pour tout potage qu'une andrienne noire, que j'avois inventée pour diminuer le bagage. Les Margraves du Chatelet et Schoenbourg n'avoient pris que des uniformes, et pour se déguiser, ils s'étoient noirci les sourcils, ce qui accompagnoit parfaitement bien de grandes perruques noires, dont ils s'étoient accoûtrés. Je crus étouffer de rire, en les voyant ainsi adonisés.

Nous débarquâmes dans ce bel équipage chez Berghover, qui nous reconnut à peine. J'avois fait rembourrer mon habit, ce qui me donnoit une prestance respectable, et nous avions toutes des coëffes qui nous couvroient le visage. Il nous trouva si méconnoissables, qu'il nous proposa d'aller à la comédie françoise. Nous y topâmes, comme on peut bien le croire, et allâmes nous percher aux secondes loges.

L'entrée de l'Empereur que nous vîmes le lendemain, fut des plus superbes. Je ne m'arrêterai pas à en faire la description. J'eus le même soir le plaisir d'aller au bal masqué, où n'étant connue de personne, je me divertis beaucoup à tourmenter les masques.

La crainte d'être enfin découverts, nous obligea d'aller loger le lendemain dans une petite maison d'été, appartenante à un particulier, et d'y séjourner quelques jours. Il y faisoit un froid insupportable, et j'y fis pénitence du peu du plaisir dont j'avois joui à Francfort, par les chagrins que me causèrent les Marwitz. Elles devenoient l'une et l'autre d'une hauteur insupportable, voulant être servies et prétendant des distinctions qui n'appartenoient qu'à moi seule. L'aînée avoit infecté l'esprit de sa soeur de son orgueil; en revanche la cadette fortifioit le goût de celle-ci pour la satire et la médisance. Elles étudioient les défauts et les ridicules de chacun, et se plaisoient à déchirer impitoyablement toute la cour, n'epargnant pas même les gens en leur propre présence. Comme elles avoient beaucoup d'esprit, leurs commentaires divertissoient le Margrave Il étoit toute la journée dans leur chambre, et il ne s'apercevoit pas qu'il étoit souvent le sujet de leurs railleries. Lorsque j'y étois, elles ne me disoient mot et même ne répondoient pas à mes questions, se mettant dans un coin de la chambre à rire comme des folles. Je ne pus endurer longtemps cette sotte conduite. J'éclatai enfin, et leur dis fort intelligiblement qu'elles me déplaisoient, tâchant en même temps de les ramener par de bonnes raisons. La cadette se tut; mais l'aînée se mit sur ses grands chevaux et me chanta pouille. Plût à Dieu, que je me fusse brouillée tout de bon avec elle, je me serois épargnée bien des chagrins. La crainte d'en venir à des éclats en prenant un ton d'autorité et l'espérance de la corriger, me firent dissimuler.

Mon retour à Francfort servit à me dissiper et à bannir les tristes réflexions que cette scène avoit occasionnées. Je n'y manquai ni comédie ni bal. Ma coëffe se dérangea un soir que j'étois au spectacle. Le prince George de Cassel levant par hazard les yeux de mon côté, me reconnut. Il le dit au prince d'Orange, qui étoit proche de lui. Tout de suite ils enfilèrent ma loge et y entrèrent lorsque je m'y attendois le moins. Il n'y eut plus moyen de feindre. Ces deux princes ne voulurent point nous quitter. Ils me menèrent en carosse et prièrent le Margrave de leur permettre de venir souper avec nous, ce qu'il ne put leur refuser. Depuis ce jour ils ne bougèrent de chez nous. Le prince d'Orange est si connu, qu'il me seroit inutile d'en faire le portrait. Je fus charmée de son esprit et de sa conversation. La princesse d'Angleterre, son épouse, étoit à Cassel. Il me promit de la persuader de venir à Francfort, pour y faire connoissance avec moi. Mais il ne put effectuer sa promesse, le peu de séjour qu'il fit encore l'empêchant d'exposer la princesse à la fatigue du voyage.

Nous allâmes le jour suivant au bal. L'électeur de Cologne qui savoit ce qui s'étoit passé la veille à la comédie, nous avoit fait épier. Dès que je parus, il vint me prendre à danser, en disant qu'il me connoissoit. Il s'entretint très-long-temps avec moi et me présenta la princesse Clémence de Bavière, sa nièce, deux princesses de Sulzbach et le prince Théodore, son frère. Ils cherchèrent ensuite le Margrave, auquel ils firent toutes les politesses imaginables. Notre incognito ne pouvoit plus avoir lieu. L'équipage où nous étions nous empêchoit de paroître. Il fallut donc retourner à notre retraite; et après avoir tenu long-temps conseil, on dépêcha un courrier à Bareith, pour faire venir ce dont nous avions besoin.

Je n'attendois que le Margrave pour me mettre en carosse, lorsque je le vis entrer avec une dame, qu'il me dit être Mdme. de Belisle, ambassadrice de France. Je l'avois évitée avec soin, jugeant qu'elle auroit des prétentions, que je ne serois pas d'humeur de lui accorder. Je pris mon parti sur-le-champ et la reçus comme toutes les autres dames qui viennent chez moi. Sa visite ne fut pas longue. La conversation ne roula que sur les louanges du roi. Je trouvai Mdme. de Belisle fort différente de l'idée qu'on m'en avoit donnée. Elle sentoit son monde, mais son air me parut celui d'une soubrette et ses manières mesquines.

Je passai deux ou trois jours à mon jardin, où le prince d'Orange nous tint fidèle compagnie, et ne retournai en ville que la veille du couronnement. Je ne m'étendrai point à en faire le détail. Le pauvre Empereur ne goûta pas toute la satisfaction que cette cérémonie devoit lui inspirer. Il étoit mourant de la goutte et de la gravelle, et pouvoit à peine se soutenir. Ce prince se trouvoit dans les circonstances les plus fâcheuses. L'affaire de Lintz avoit obligé les François à se retirer, ce qui avoit laissé le champ libre aux Autrichiens de faire une irruption en Bavière, où ils ravageoient impitoyablement le pays. Le roi, mon frère, par son entrée en Bohême relevoit un peu ses espérances; mais se trouvant sans troupes et sans argent, sa politique l'obligeoit de ménager les princes de l'empire, pour en tirer du secours. Cette raison le porta à distinguer les envoyés des princes à l'élection, et surtout Mr. de Berghover et Mr. de Montmartin, ministres du Margrave. Ces deux Mrs., l'un et l'autre de peu d'origine, se trouvèrent fort flattés des attentions que l'Empereur avoit pour eux. Le Maréchal de Belisle acheva de les gagner entièrement au parti de ce prince, par l'appât de l'or qu'il fit briller à leurs yeux. Ils dressèrent le plan d'un traité, qu'ils présentèrent au Margrave le jour même que nous retournâmes à Francfort. Le Margrave m'en parla, m'assurant que les conditions en étoient si avantageuses pour lui, qu'il n'avoit pas balancé à l'approuver. En effet ce traité fut conclu avant notre départ, ne devant être ratifié qu'après que le Margrave en auroit rempli les premières conditions. Berghover eut soin de le garder si soigneusement que le Margrave ne put me le faire lire. J'en reviens à mon sujet.

L'affaire susmentionnée nous obligea de séjourner encore quelque temps à Francfort. Nos équipages étant arrivés, j'y reçus tout le monde sous le nom de la comtesse de Reuss, et notre maison ne désemplit point. Mr. de Belisle même y vint plusieurs fois.

Je ne sais ce qui porta Mr. de Berghover à représenter au Margrave, qu'il n'étoit pas séant que je partisse sans avoir vu l'Impératrice. Cet homme avoit beaucoup d'esprit et s'étoit acquis un grand crédit sur celui du Margrave par les services qu'il lui avoit rendus, et par les prétendus avantages qu'il lui faisoit obtenir par le traité. Le Margrave lui permit de venir me proposer cette entrevue, me laissant cependant maîtresse de faire ce que je voudrois. Je la refusai nettement; les étiquettes empêchent les princes de se voir. Comme fille de roi je ne pouvois compromettre l'honneur de ma maison; et comme il n'y avoit point d'exemple qu'une fille de roi et une Impératrice se fussent trouvées ensemble, je ne savois point les prétentions que je devois faire. Berghover s'emporta contre moi et me manqua même de respect. Il s'écria, que je perdois le Margrave en désobligeant l'Impératrice; que les femmes n'étoient bonnes qu'à faire des tracasseries, et que j'aurois beaucoup mieux fait de rester à Bareith, que de venir à Francfort troubler les affaires du Margrave, et déranger ses projets par mes hauteurs. Ses crieries ne me firent point changer de résolution; je n'en fis que rire. Pour le tranquilliser, je lui fis mes conditions. Je demandai premièrement, d'être reçue au bas de l'escalier par la cour de l'Impératrice; secondement, qu'elle vînt au devant de moi jusque hors de la porte de sa chambre de lit, et troisièmement le fauteuil. Il me promit d'en parler à la grand'-maîtresse de cette princesse, et de faire vous ses efforts pour me contenter. Je ne risquois rien par les propositions que j'avois faites; en les obtenant je soutenois mon caractère, et un refus me servoit d'excuse pour éviter cette visite.

J'eus en attendant le temps de consulter Mrs. de Schwerin et de Klingraeve, ministres du roi. Le dernier avoit beaucoup de crédit à la cour impériale. Ils furent d'avis l'un et l'autre, que je ne pouvois prétendre le fauteuil, que cependant ils insisteroient pour me le faire obtenir, ou qu'ils trouveroient quelque expédient pour régler le cérémonial. Ils me représentèrent, que le roi étant uni intimement avec la maison de Bavière, et que le

Margrave ayant sujet de la ménager, ces raisons rendroient ma conduite excusable; que j'irois chez l'Impératrice sous les nom de comtesse, qui supposoit un incognito, et que je ne pouvois exiger sous ce titre tous les honneurs qui m'appartenoient comme princesse royale de Prusse et Margrave de Brandebourg.

Si j'avois eu le temps d'écrire au roi, je m'en serois remise à sa décision; mais quand même j'aurois envoyé un courrier, je n'aurois pu avoir sa réponse. Il fallut donc me rendre. On disputa tout le jour sur les articles que j'avois demandés. Les deux premiers furent accordés. Tout ce qu'on put obtenir pour le troisième, fut que l'Impératrice ne prendroit qu'un très-petit fauteuil et qu'elle me donneroit un grand dossier.

Je vis cette princesse le jour suivant. J'avoue, qu'à sa place j'aurois cherché toutes les étiquettes et les cérémonies du monde, pour m'empêcher de paroître. L'Impératrice est d'une taille au-dessous de la petite, et si puissante, qu'elle semble une boule; elle est laide au possible, sans air et sans grâce. Son esprit répond à sa figure; elle est bigotte à l'excès, et passe les nuits et les jours dans son oratoire; les vieilles et les laides font ordinairement le partage du bon Dieu. Elle me reçut en tremblant et d'un air si décontenancé, qu'elle ne put me dire un mot. Nous nous assîmes. Après avoir gardé quelque temps le silence, je commençai la conversation en françois. Elle me répondit dans son jargon autrichien, qu'elle n'entendoit pas bien cette langue et qu'elle me prioit de lui parler en Allemand. Cet entretien ne fut pas long. Le dialecte autrichien et le bas-saxon sont si différens, qu'à moins d'y être accoutumé, on ne se comprend point. C'est aussi ce qui nous arriva. Nous aurions préparé à rire à un tiers par les coq-à-l'âne que nous faisions, n'entendant que par-ci par-là un mot, qui nous faisoit deviner le reste. Cette princesse étoit si fort esclave de son étiquette, qu'elle auroit cru faire un crime de lèse-grandeur en m'entretenant dans une langue étrangère, car elle savoit le François. L'Empereur devoit se trouver à cette visite; mais il étoit tombé si malade, qu'on craignoit même pour ses jours. Ce prince méritoit un meilleur sort. Il étoit doux, humain, affable et avoit le don de captiver les coeurs. On peut dire de lui: tel brille au second rang, qui s'éclipse au premier. Son ambition étoit plus vaste que son génie. Il avoit de l'esprit; mais l'esprit seul ne suffit pas pour composer un grand homme. La situation où il se trouvoit, étoit au-dessus de sa sphère, et son malheur vouloit qu'il n'eût personne autour de lui, qui pût suppléer aux talens qui lui manquoient.

Je restai encore quelques jours à Francfort, pendant lesquels je ne passai mon temps qu'en fêtes et en plaisirs.

Je me retrouvai enfin à Bareith à la fin du mois de Février. Mr. de Montaulieu, grand-maître de la duchesse de Wirtemberg et ministre du duc, s'y rendit peu après nous. Il nous remit, au Margrave et à moi, des lettres du roi, de la reine, ma mère et de la duchesse, contenant une proposition de mariage pour ma fille avec le jeune duc de Wirtemberg. Cette alliance étant très-avantageuse et autorisée de l'approbation du roi et de la reine, qui en étoient les auteurs, nous y topâmes, remettant d'en conclure les conditions au retour de la duchesse de Berlin.

Notre retour occasionna les sollicitations de la cour impériale, pour accomplir les premières conditions du traité. Mr. de Berghover ayant envoyé ce prodige de politique au Margrave, il me le fit lire. En voici le contenu.

Le Margrave s'engageoit: 1) à lever un régiment de 800 hommes d'infanterie pour le service de l'Empereur; 2) à lui rendre tous les services; qu'il dépendroit de lui, dans le cercle 3) à tâcher de faire déclarer le dit cercle en sa faveur, lorsque les conjonctures le permettroient. L'Empereur de son côté donnoit le commandement du susdit régiment au Margrave, avec la nomination des officiers jusqu'aux capitaines, 25 florins par homme, y compris les armes et les uniformes, pour la levée du régiment; 4) il lui remettoit le jus appellandum; 5) il lui cédoit la petite ville de Retwitz avec son territoire. (Ce dernier article n'auroit lieu qu'en cas que l'Empereur se rendît maître de la Bohême, Retwitz appartenant à ce royaume.) 6) Il lui promettoit ses bons offices auprès du cercle de Franconie, pour le faire élire Maréchal et commandant des troupes du cercle.

Le Margrave avoit été fort dissipé à Francfort. Les plaisirs et les veilles, jointes à la grande confiance qu'il avoit en Berghover, l'avoient empêché de réfléchir mûrement aux conséquences de ce traité. Il le considéra d'un autre oeil à la seconde lecture. Les conditions lui en parurent aussi chimériques, qu'elles lui avoient paru avantageuses au commencement. Les sommes déterminées pour la levée du régiment étoient si modiques, que la perte étoit évidente. Le jus appellandum est un avantage pour un prince injuste; un prince équitable le possède toujours, ne donnant jamais lieu à ses sujets d'avoir recours au tribunal de l'Empereur. Le généralat du cercle n'est qu'un vain titre, sans autres prérogatives, que de commander les troupes en temps de guerre. La ville de Retwitz est un petit rien; le don en étoit incertain et l'avantage aussi peu solide, que celui des autres articles susmentionnés. Ces raisons jointes à beaucoup d'autres, engagèrent le Margrave à rompre ce traité.

Je reçus plusieurs lettres très-piquantes du roi, mon frère, sur ce sujet. Il se plaignoit à moi avec beaucoup d'aigreur de ce qu'on avoit entamé cette négociation à son insu. Je supprimai les premières lettres et ne fis aucun réponse sur cet article. Il me manda enfin, que je devois en parler au Margrave de sa part et lui faire sentir, qu'il ne lui convenoit pas de faire des traités sans l'avoir consulté comme le chef de la maison. Le Margrave fut outré. Il me dicta la réponse, qui étoit en termes très-forts. Depuis ce moment la guerre fut déclarée. Je ne reçus que des lettres très-dures du roi, et j'appris même, qu'il parloit de moi d'une maniére fort offensante et me tournoit publiquement en ridicule. Ce procédé me toucha vivement. Cependant je dissimulai mon chagrin et continuai d'en agir avec lui comme par le passé.

La duchesse de Wirtemberg arriva dans ce temps. L'accord avoit été réglé à Berlin pour le mariage de nos enfans. On étoit convenu, qu'il n'auroit lieu qu'en cas que les deux parties y consentissent, lorsqu'elles seroient parvenues à l'âge de raison. Cette alliance m'obligea malgré moi de me lier avec cette princesse. Je dis malgré moi, car cette femme étoit si décriée, qu'on n'en parloit que comme d'une Laïs. La duchesse a du jargon et un esprit tourné à la bagatelle, qui amuse quelque temps, mais qui ennuie à la longue; elle se livre presque toujours à une gaieté immodérée; sa principale étude étant celle de plaire, tous ses soins ne tendent qu'à ce but; agaceries, façons enfantines, coups d'oeil, enfin tout ce qui s'appelle coquetterie, est mis en usage pour cet effet. Les deux Marwitz se fourrèrent dans l'esprit, que les manières de cette princesse étoient françoises, et que pour être du bel air, il falloit se mouler sur son modèle. L'aînée commençant dès lors à prendre un fort grand ascendant sur l'esprit du Margrave, l'engagea à mettre la cour sur un autre pied. Elle ne quittoit plus la duchesse et entroit aveuglément dans toutes ses vues. Dans quinze jours de temps tout changea de face. On prit à tâche de se battre, de se jeter des serviettes à la tête, de courir comme des chevaux échappés et enfin de s'émbrasser au chant de certaines chansons fort équivoques. Bien loin que ces façons fussent celles des dames françoises, je crois, si quelque françois fût venu dans ce temps-là, qu'il auroit cru être en compagnie de quelques filles d'opéra ou de comédie. Je fis mon possible pour remédier à ce désordre, mais tous mes efforts furent vains. La gouvernante tonna, pesta, jura avec ses nièces, qui pour toute réponse lui tournèrent le dos. Que j'étois heureuse dans ce temps-là! J'étois encore la dupe des Marwitz, et ne soupçonnois pas même leurs intrigues. Le Margrave ayant toujours les mêmes attentions pour moi, je dormois tranquillement tandis qu'on tramoit ma perte.

Le départ de la duchesse me fit espérer que je remettrois les choses sur l'ancien pied, mais je m'aperçus bientôt que le mal étoit enraciné. La Marwitz, à ce que j'ai jugé depuis, fit dès lors son plan. Cette fille avoit une ambition démesurée. Pour satisfaire cette passion, il falloit de nécessité jeter le Margrave dans la dissipation (défaut auquel il n'inclinoit que trop), pour le détacher de l'application qu'il donnoit à ses affaires. Il falloit encore me tromper, en me faisant part des affaires principales, et en m'endormant par la confiance que le

Margrave devoit me marquer. Elle se réservoit cependant la distribution des charges et des faveurs, et sur-tout les finances. Les bruits qui avoient couru à Berlin sur son compte, lui avoient fait faire des réflexions sérieuses sur son état, et sur l'empire qu'elle avoit dès lors sur le Margrave. L'avidité de faire briller son grand génie, l'emporta sur toute autre considération. Elle avoit remarqué qu'il avoit du foible pour elle. Elle en profita pour pouvoir gouverner à sa fantaisie. Elle jugea, qu'en se conservant ma confiance, et en évitant toutes les occasions qui pourroient me donner du soupçon, elle parviendroit à m'aveugler et à se rendre enfin si formidable, qu'en cas que je m'aperçusse de ses menées, je ne serois plus en état de pouvoir y rémédier. En effet sa conduite et celle du Margrave furent si mesurées, que je ne remarquai pas la moindre chose de leur intelligence secrète.

Nous allâmes à la fin de Juillet à Stoutgard, où la duchesse de Wirtemberg nous avoit invités. Je ne ferai point le détail de cette cour. Je la trouvai fort maussade, remplie de cérémonie et de complimens.

FIN

DU

MANUSCRIT

DES

MÉMOIRES.

Les années 1743 à 1758.

Il est bien regrettable que la Margrave ne nous ait pas laissé des notes proprement dites sur les quinze dernières années de sa vie. Mais en revanche elle nous a légué un riche trésor de lettres.

Si dans ses Mémoires elle pousse le dédain des égards et convenances jusqu' à l'excès, si elle s'y montre bien souvent intolérante et sans coeur, elle nous apparaît dans ses lettres comme la femme la plus spirituelle du XVIIIième siècle, comme une femme dont l'affection et le dévouement attirent et gagnent tous les coeurs.

Le recueil des lettres que le Grand Frédéric a adressé à sa chère soeur ne compte pas moins de 11 volumes in quarto, mais celui des lettres de la Margrave à Frédéric est plus considérable encore. Sa correspondance est sans contredit le complément très-important de ses Mémoires. Nombre de passages de ces derniers sont commentés et éclaircis dans les lettres; maint détail s'y trouve rectifié. Avant tout nous y trouvons l'explication des relations tendues qui existèrent entre elle et son frére et dont elle avait à peine fait mention dans ses Mémoires. Il y est encore question des rapports qu'elle eût avec la Burghaus (ci-devant Mademoiselle de Marwitz). Mais la correspondance de Wilhelmine avec Voltaire, correspondance que la mort seule a interrompue, est surtout du plus haut intérêt.

En 1740, à Rheinsberg Voltaire venait interroger Frédéric sur la politique; au cours de l'entrevue celui-ci le conduisant vers la princesse dit: „Je vous représente à ma soeur bien-aimée.“ Il jetait ainsi le premier fondement de cette amitié qui devait durer sans altération jusqu' à la mort de la Margrave.

Ce furent des jours pleins d'un bonheur ineffable, d'une douce paix d'âme que Wilhelmine passa à Rheinsberg, dans intimité d'esprits tels que Maupertuis, Voltaire, Jordan et toutes les autres célébrités intellectuelles dont son spirituel frère Frédéric était le centre. C'est ainsi que dans les conversations littéraires et philosophiques, réveillant de nouvelles idées, d'autres raisonnements, les heures s'écoulaient trop rapidement et emportaient les jours les plus brillants de Rheinsberg. Le château ne devait jamais revoir une telle élite des hommes éminents, Frédéric lui même, on ne sait pourquoi, ni reparut pas de toute sa vie.

Cependant la Margrave avait trouvé là un trésor: l'amitié de Voltaire qui fut pour elle un soutien précieux dans les jours douloureux qu'elle eut à traverser. Avec lui elle parle de son chagrin conjugal, avec lui aussi de rares joies embellissant le soir de sa vie. Une série de lettres, échangées entre elle et Voltaire témoignent éloquemment des aspirations nobles et élévées de son esprit et nous donnent la preuve incontestable de la valeur de Wilhelmine par ce fait seul, que Voltaire, le grand moqueur qui n'épargnait personne, n'a jamais osé décocher sur elle les flèches aiguisées de sa satire. Combien grande et noble doit donc avoir été cette âme! Quelle affliction doit-elle avoir éprouvé d'écrire ses Mémoires d'une main parfois si injuste, parfois si amère!

En poursuivant la vie de la Margrave d'après sa correspondance et tous les documents historiques nous ne manquerons jamais de citer in extenso ou en partie les lettres qui nous paraissent avoir une importance plus grande ou un intérêt tout spécial. —

Son séjour à la cour de Wurtemberg avait été loin de la satisfaire. La vie et les menées frivoles de cette cour répugnaient profondément à elle dont les moeurs étaient si pures. Elle la quitta pour se replonger tout entière dans ses occupations favorites, ne s'inquiétant en rien de ce qui se passait et faisait autour d'elle. Ainsi s'explique qu'elle ne connût avant 1744 les relations du Margrave et de la Marwitz, ou au moins qu'elle n'y fit pas plus tôt attention.

Mais avant d'aborder ce sujet il faut mentionner la visite de Frédéric II à Bareith et les événements qui l'ont immédiatement précédée. On venait de signer le contrat de mariage entre la fille unique de Wilhelmine et le fils aîné de la duchesse de Wurtemberg, le duc Charles de Wurtemberg qui devait être plus tard souverain du pays et qui s'acquit une triste célébrité par sa conduite contre Schiller. Quelques mois à peine après la signature du contrat on chercha à mettre la cour de Bareith en désaccord avec celle de Berlin en s'efforçant de faire croire à la Margrave que Frédéric avait l'intention d'empêcher ce mariage, et que la duchesse était sur le point de rappeler ses fils de Berlin où ils faisaient leur éducation. Sur la demande que la Margrave, pleine d'inquiétude, adresse à Frédéric, son frère lui révèle le complot, lui dénonce l'influence autrichienne et lui rend la tranquillité d'esprit. En même temps il l'invite à venir passer l'hiver à Berlin. Comme elle refuse, Frédéric se resigne dans l'espoir de la voir une autre fois.

Cet espoir se réalisa bientôt, mais pas à Berlin. La joie de la Margrave fut grande quand au mois de septembre 1743 Frédéric vint la voir à Bareith, avec l'arriére-pensée toutefois de sonder les princes de l'Allemagne du Sud et de former avec eux une coalition pour venir en aide à l'Empereur Charles VII dont la faiblesse était notoiré. Frédéric visita donc ainsi sa soeur de Bareith et sa soeur d'Ansbach, mais forcé de continuer sa route pour cette dernière résidence, il ne peut consacrer que quelques jours à sa soeur de Bareith qui le reçut avec le plus d'honneur et le plus de réjouissances possible. Cependant il laissa à Bareith quelqu'un destiné à le remplacer, quelqu'un qui sut en effet chasser bientôt les nuages assombrissant le front de Wilhelmine qui ne pouvait se consoler d'une si courte visite. C'était Voltaire.

Pendant les quinze jours qu'il y demeura la Margrave remua ciel et terre pour témoigner son admiration à son célêbre ami. Les fêtes succédèrent aux fêtes; on représenta les drames de Voltaire, où elle et Voltaire jouaient les rôles principaux.

Bien que le frêre de la Margrave, Auguste Guillaume, et le prince Ferdinand de Brunswick fussent restés à Bareith, Voltaire était le centre autour duquel tous se rassemblaient. La Margrave écrivit au roi à Ansbach: „il est de la meilleure humeur du monde, et n'aspire, comme nous, qu'après votre retour."

Ainsi choyé Voltaire pouvait bien se plaire à Bareith où tous étaient à ses pieds et lui rendaient hommage. On dit même que la duchesse de Wurtemberg, connue pour son excentricité, copia de sa propre main pendant la nuit le poëme de Voltaire: „la Pucelle."

Mais ces jours de bonheur et de sérénité s'envolèrent bien vite, Frédéric était revenu à Bareith et avait repris avec toute sa suite la route de Berlin. Les menées autrichiennes gagnaient chaque jour plus de terrain auprès de ses beaux-frères et envahissaient leurs cours. Cet état de choses n'avait nullement échappé l'oeil si perspicace de Frédéric. A peine quelques mois après sa visite, le 6 avril 1744 une estafette apportait à la Margrave la lettre suivante avec la suscription inacoutumée: „Madame ma très-chère soeur. C'est avec une extrême surprise que je viens d'apprendre, par une lettre du général de Marwitz que vous travaillez à une mariage entre sa fille aînée et le comte de Burghauss, en demandant même le consentement du susdit général. C'est une entreprise qui me frappe d'autant plus d'étonnement, que vous vous souviendrez sans doute de la volonté déclarée du feu roi notre très-cher père, qui, en vous donnant les de Marwitz, voulut expressément qu'elles ne devaient se marier hors du pays, et qu'elles retourneraient ici avec le temps. Ainsi j'espère que votre esprit et l'amitié que vous avez pour moi vous empêchera d' aller plus loin dans cette affaire, et que vous vous opposerez ouvertement à la conclusion de ce mariage, qui me déplaît infiniment . . . . .

Au contraire, si la fantaisie de la de Marwitz la pouvait aveugler à un tel point, qu'elle voulût, contre ma volonté declarée, épouser le comte de Burghauss, elle peut compter que je la ferai déclarer indigne et inhabile à participer à l'héritage considérable de son père, ce qui s'ést déjà fait au sujet de la jeune fille de ce général, par la même raison. (Elle avait épousé le comte de Schönbourg, grand ecuyer de la Margrave.) Il est vrai que j'en serais inconsolable, si cette malheureuse affaire occasionnait une brouillerie et disharmonie entres nous, liés si étroitement de sang et de coeur. . . . . En tout cas, vous me ferez plaisir de renvoyer cette dame ici, où j'aurai moi-même soin de son établissement."

Cette déclaratien avait l'effet d'un coup de foudre: elle détruisit pour de longues années les bonnes relations du frère et de la soeur. Nous ne pouvons prêter foi à la Margrave quand elle cherche dans ses Mémoires à faire valoir d'autres raisons de ce refroidissement. Nous ne pouvons non plus croire qu'elle eu déjà dès 1742 connaissance des relations de son mari et de la Marwitz. N'aurait-elle pas en effet dans ce dernier cas remercié Dieu de l'occasion qui lui était donnée de pouvoir éloigner sans esclandre, sur l'ordre du roi, une personne menaçant de détruire le bonheur de sa vie? Nous la voyons au contraire favoriser le mariage secret de la Marwitz, au risque de mésintelligence avec son frère. En face de ce fait il faut admettre ou, qu'elle ignorait les rapports intimes du Margrave et de la Marwitz, ou, comme le dit Droysen, qu'elle-même favorisait cette situation équivoque. Ne pouvant plus être pour le Margrave une épouse dans toute la force du mot, elle était contente que l'amie la remplaçât.

Mais revenons à la lettre de Frédéric. La réponse ne se fit pas attendre. Le 9 avril la Margrave écrivait: „ . . . . je suis surprise, mon très-cher frère, que vous vouliez me rappeler à présent les volontés du feu roi. Je n'ai point manqué à la parole que je lui avais donnée touchant les Marwitz; elles ne sont mariées de son vivant; mais la mort du Roi m'a dégagée de toutes les promesses que je lui avais faites pendant sa vie; ainsi vous ne pouvez rien m'imputer là-dessus. Vous ne m'avez jamais écrit ni parlé sur ce sujet; par conséquent je ne suis point coupable envers vous d'autant plus que, après les fortes instances que je vous avais faites de me laisser l'aînée, qui avait renoncé à se marier, vous ne m'avez pas fait seulement l'honneur de me repondre, quoique ce fût l'unique grâce que je vous avais demandée depuis que vous êtes venu à la régence. . . . . je l'ai persuadée de se marier hier au matin, en présence de peu de témoins et dans l'insu de sa tante (Sonsfeld), qui a ignoré tout ceci, étant déjà malade depuis huit jours. Votre estafette est arrivée trop tard; la chose était faite. Il ne me reste donc plus qu'à implorer votre clémence pour cette pauvre femme, dont l'attachement pour moi est seul cause du pas qu'elle a fait. Je ne puis m'imaginer que vous ayez le coeur assez dur pour la priver de tout son bien, ni pour vouloir vous fâcher contre une soeur qui vous a donné tant de marques d'attachement et d'amitié. Je vous supplie, ne me mettez pas au désespoir en me privant de votre amitié. Je ne puis m'imaginer qu'elle puisse s'effacer entièrement de votre coeur pour une bagatelle pareille, qui n'auraient cependant privée d'un des plus grands agréments de ma vie. Je m'attends à une réponse favorable de votre part. . . . Soyez persuadé que je ne suis pas indigne de la mériter, puisque rien au monde n'effacera jamais de mon coeur le respet et la tendresse avec laquelle je serais a jamais, mon très-cher frère, etc."

Le roi chargea son frère, le prince de Prusse, de continuer les négociations. Celui-ci obtint au moins une réconciliation apparente entre Frédéric et la Margrave. Ce ne fut qu'en 1746 que les relations reprirent leur ancienne intimité. A partir de ce moment aucune dissonance ne vint plus troubler leur accord affectueux.

Plusieurs circonstances avaient amené la rupture des rapports cordiaux d'autrefois. D'abord le mariage de la Marwitz avec le comte autrichien de Burghaus, contracté si peu de temps avant l'explosion de la deuxième guerre de Silésie; puis la préférence de la Margrave pour Marie-Thérèse, la mortelle ennemie de Frédéric. Elle n'avait pas craint même d'avoir une entrevue avec la souveraine de l'Autriche allant à Francfort assister au couronnement de son mari. Les lettres du roi deviennent plus rares, plus courtes, parfois même elles ne sont plus écrites de sa main. Pourtant l'ancienne affection n'est pas morte et se trahit quelquefois malgré le froideur des relations. Ainsi le 16 août 1744 Frédéric lui écrit: „La Reine-mère vient de m'envoyer la lettre que vous venez de m'écrire. Quoique j'ai de grands sujets de plainte à vous faire, quoique tout ce que nous sont chères nous soit plus sensible que ce qui nous arrive d'étrangers, je veux bien passer l'éponge sur tout ce qui s'est passé, et ne point entrer dans le détail de la manière offensante dont vous m'avez traité, des choses dures que vous avez écrites au général Marwitz, du mariage que vous avez fait de sa fille avec un Autrichien; je veux penser dans cette occasion que je suis frère, et oublier tout le reste, vous priant de me croire avec bien de l'estime, ma chère soeur, etc."

Cependant la Margrave gardait les mêmes sentiments et jouait l'offensée. Elle fit même la sourde oreille quand la Gazette d'Erlangen, publiée sous ses yeux, injuria Frédéric. Le roi ne pouvait faire autrement que lui écrire. „. . . . Je ne sais point comment j'ai mérité sa disgrâce; mais sais-je bien que je ne permets pas dans mon pays que l'on imprime des impertinences sur le sujet de mes parents . . . ."

Jusqu'au mois de janvier 1745 nous trouvons dans les lettres de Frédéric le même ton de réproche, prouve éclatante combien la Margrave devait être aigrie de laisser insulter impunément son frère et toute une nation dont elle était sortée.

Le 19 janvier Frédéric lui écrit: . . . . Ma vengeance ne va pas aussi loin que vous le croyez, ma chère soeur; je vous prie de le relâcher, et, pourvu que quelque correcteur veuille bien ne pas souffrir que cet auteur tourne en ridicule la nation dont vous sortez, c'est tout ce que je lui démande.

Ma soeur de Suede est enceinte, celle de Brunsvic accouchera bientôt, ma belle-soeur les suivra de près: voilà les nouvelles de Berlin. . . . .

Alors la correspondance est interrompue quelque temps. Elle reprend seulement le 18 juin 1745 en ces termes de Frédéric: „Je suis si accoutumé à vos injustices, que je ne dois pas trouver étrange que vous me chargiez d'accusations d'oubli. . . . . et, d'ailleurs, dans trois mois je n'ai pas reçu un mot de Bareith. Pour moi, je ne vous accuse de rien, et je suis si persuadé que, malgré de petits nuages passagers, vous avez des bontés pour moi, que je me repose avec toute sécurité sur cette confiance. . . . .“

Wilhelmine ne cêde pas, elle lui fait connaître sa prédilection pour l'Autriche, de sorte que le roi lui écrit le 2 octobre: „Nous venons de battre les Autrichiens, ou vos Impériaux, selon qu'il vous plaira de les nommer. . . . .“

Le 30 décembre il lui écrit encore de Potsdam: „La part que vous prenez à tout ce qui regarde la reine de Hongrie me procure l'occasion de vous apprendre que nous venons de conclure la paix ensemble. Je me flatte, ma chère soeur, que cela vous sera d'autant plus agréable, que votre prédilection pour cette princesse ne se trouvera plus gênée par un reste de vieille amitié que vous me conserviez peut-être . . . . ."

La Margrave répond fièrement: „. . . . Quant à Sa Majesté Hongroise, je n'ai jamais eu de prédilection ni d'attachement particulier pour ses intérêts. Je rends justice à ses mérites, et je crois qu'il est permis d'estimer tous ceux qui en ont. Mon amitié et mon attachement pour vous, mon très-cher frère, n'en sont pas moins réels, et quoique vous me fassiez assez sentir combien vous les désavouez, j'aurai du moins par devers moi cette consolation que j'ai fait tout mon possible pour ne vous rien laisser à désirer la-dessus, ni sur la tendresse et le respect avec lequel je serai à jamais, etc."

Les efforts du prince de Prusse aboutissent enfin à une complète réconciliation et l'harmonie d'autrefois est retrouvée. Si le coeur de Wilhelmine garde encore un dernier reste d'opiniâtreté et de rancune, la glace se rompt bientôt, surtout quand elle commence à voir clairement les relations de la Burghaus et du Margrave. Elle se jette alors dans les bras de son frère et le desaccord est oublié. . . . . .

Le 29 mars 1746 Frédéric lui écrit une lettre commençant par ces mots: „Je n'ai j'amais soupçonné votre coeur d'être le complice de tous les dégoûts que vous m'avez donnés depuis trois années. Je vous connais trop, ma chère soeur, pour m'y tromper, et j'en rejette tout le crime sur des malheureux qui abusent de votre confiance, et se font une joie maligne de vous commettre envers des personnes qui vous ont toujours aimée tendrement. Voilà ce que j'en pense, puisque votre lettre me donne l'occasion de vous le dire. Je vous plains de tout mon coeur d'avoir placé votre amitié si mal. Toute la terre connaît l'indigne caractère de cette créature dont je ne veux pas nommer le nom, de crainte de souiller ma plume. Vous êtes la seule qui êtes aveuglée sur son sujet. Sans comparaison, ma chère soeur, vous me revenez comme les cocus, qui sont toujours les derniers à savoir ce qui se passe dans leur maison, tandis que toute la ville parle de leur aventure. Pardonnez-moi si je vous offense en vous déchargeant mon coeur; mais après la lettre que vous venez de m'écrire, je ne pouvais plus me taire . . . . . .“

Dans la réponse de la Margrave vibre déjà une note plus affectueuse, elle écrit le 9 avril: „Je ne saurais vous exprimer, mon très-cher frère, quelle joie m'a causée la dernière lettre que je viens de recevoir de votre part. Vous y rendez justice aux sentiments que j'ai toujours eus pour vous; c'est tout ce que j'ai souhaité, et je ne désire rien avec plus d'ardeur que de vous faire connaître de plus en plus mon caractère, qui est incapable de changement et de légèreté. Vous m'avez été plus cher que la vie, et plus je vous ai chéri et aimé, plus votre refroidissement m'a été sensible. Pardonnez si je vous parle à coeur ouvert;

je n'ai plus retrouvé en vous depuis quelques années ce frère si adoré et si tendre pour moi! J'ai cru son amitié entièrement éteinte; j'en ai gémi, j'ai fait inutilement tous mes efforts pour tâcher de regagner son coeur. Mon chagrin m'a peut-être fait commettre des fautes; mais je me suis toujours aperçue, dans mon plus grand dépit, qu'au fond j'étais la même, que je prenais part avec chaleur à tout ce qui vous regardait, et surtout à cette gloire immortelle que vous vous êtes acquise. Je vous excuse, mon très-cher frère, en bien des choses; je suis informée de tous les bruits qui courent sur mon compte et sur celui de notre cour. On me fait beaucoup d'honneur en me traitant comme un enfant qui se laisse gouverner par un chacun, et auquel on fait accroire ce que l'on veut. . . . . Je sais qu'on m'accuse de faiblesse, d'une hauteur insupportable, d'une humeur intrigante, d'un penchant insatiable pour les plaisirs.

. . . . Au reste, je veux vous faire un détail de ma façon de vivre et de penser. Je suis dans un âge, à présent, dans lequel on ne se soucie plus guère des plaisirs bruyants; ma santé, qui s'affaiblit journellement, ne me permet pas même d'en jouir beaucoup; je préfère une société de gens d'esprit à ce chaos de divertissements . . . . . .

J'espère, mon très-cher frère, que cette lettre vous détrompera entièrement sur mon sujet . . . .

Regardez tout le passé comme des vivacités qui, dans le fond, sont excusables quand on connaît mon coeur, et soyez persuadé que je ne vous donnerai jamais lieu de douter de la tendresse et du respect avec lequel je serai à jamais, etc.“

Malgré la persistance de la Margrave à se croire seule lésée et tout à fait irreprochable, Frédéric lui répond le 16 avril en lui énumérant toutes les fautes qu'elle a commises. Un extrait de cette lettre mérite d'être cité: . . . . On vous souhaite beaucoup de gens d'esprit et dignes de vous amuser; mais on souhaite en même temps en enfer et à tous les diables de maudites pestes qui vous brouillent avec tous vos parents, et que j'écorcherais sans scrupule, mois qui ne suis point cruel. . . . . Je ne vous ai point offensée, je n'ai nul reproche à me faire, et malgré tout ce qui s'est passé, je vous aime encore.“

La Margrave cherche encore à se justifier dans une lettre datée du 3 mai: „ . . . . pour ce qui regard mon entrevue avec la Reine de Hongrie, elle n'a été qu'une simple visite de politesse, elle a passé par ce pays où je l'ai vu . . . . Mais je comprens très-bien ce que donne lieu à de telles bruits; nous avons toujours nombres d'officiers autrichiens, il faut leur rendre justice, il s'en trouve parmi eux qui ont infinement d'esprit et sont très-aimables dans la société; le Margrave est lié d'amitié avec quelques uns d'entre eux et parce qu'il les hante familièrement, on infère, que ces gens sont chargés d'affaires et s'en mêlent . . . .“

Le roi lui répond de la façon la plus aimable le 10 du même mois. Ce n'est pas elle, c'est lui qui cède: „.... J'éprouve que l'on est facilement persuadé quand on a envie de l'être, et mon coeur, qui plaide pour vous, vous trouverait innocente, quand même mon esprit vous trouverait coupable. La peine que vous prenez de vous excuser me suffit, et je suis charmé de retrouver une soeur dans la place d'une ennemie.

Ce sera la dernière foi que je vous écrirai sur une matière qui m'est si odieuse, que je suis charmé d'en effacer les traces de ma mémoire. . . ."

C'était l'oeuvre du prince de Prusse et la Margrave s'épuise en remerciements pour la réussite de cette réconciliation bien imparfaite encore. Malgré tout Wilhelmine gardait encore la Burghaus chez elle. De plus elle se plaint amèrement au prince des paroles dures du roi à l'endroit de cette dame; il l'avait frappée assez sévère —

„— punition assez grande pour qu'il veuille encore se venger sur elle en le perdant de réputation. Je suis au désespoir que le Roi s'en fie plus au rapport des calumniateurs et des coquins qu' à ceux d'une soeur qui n'est ni assez imbécille ni assez bête pour se laisser duper si grossièrement et se laisser gouverner par une personne jeune qui a plus besoin des mes conseils que moi des siens. Je ne suis pas aveugle sur ses défauts, mai je les pardonne tous dès ce que l'on ne pêche contre les loix de la vertu et du bon coeur."

Elle se plaint aussi avec amertume que personne de sa famille ne vienne la voir, que les lettres de la reine-mère soient si peu aimables.

„. . . . . elle me traite comme un bâtard; je crois que je dois tout cela à la Ramen, qui est encore ma mortelle ennemie. Je serais charmée de voir quelqu'un de mes parents, étant tout à fait exilée des autres . . . mais il ne m'est pas permis de me flatter d'un tel bonheur."

Les mois suivants se passent en plus grande tranquillitè, la correspondance de Wilhelmine et de Frédéric touche de plus en plus aux questions les plus intimes, elle met à jour les pensées, les sentiments du grand frère et de la spirituelle soeur. Tantôt le roi lui envoie du vin, des produits de sa manufacture d'étoffes, son portrait, tantôt la Margrave lui fait parvenir une copie de Van-Dyk, peinte de sa propre main. Ils entretiennent l'un l'autre de leurs théâtres, de leurs chanteurs, de leurs acteurs etc. Dans une lettre du 7 mars 1747 Frédéric écrit à sa soeur: „Je suis très-fâché que vous souffriez toujours. J'espère à présent sur le printemps, et je me flatte que la bonne saison ramènera votre santé avec les fleurs et les feuilles. La visite de la cour de Wurtemberg ne sera pas arrivée à propos, car on n'aime guère le grand monde lorsqu'on souffre, et la duchesse de Wurtemberg est elle seule capable de donner la fièvre et de faire venir des transports au cerveau aux personnes les plus saines. Je vous plains de tout mon coeur de vous voir assaillie par cette furie. Il est étonnant que ce monstre féminin ait pu engendrer quelque chose d'aussi passable que ses fils. . . . ."

Pendant ce temps la Burghaus, accompagnée de son mari, s'était rendue en visite à la cour impériale et y avait commencé des intrigues contre la Margrave. La mèche en fut éventée à Berlin. On s'empressa d'en avertir la Margrave et de toucher aux anciennes relations de la Burghaus et du Margrave. Wilhelmine pourtant n'en peut rien croire encore. Elle a gardé un dernier reste de confiance dans l'ancienne amie qui vient de rentrer à Bareith malade et accablée de dettes. Elle écrit à sa mère que la Burghaus n'a presque plus d'influence qu'elle-même ne la voie que de temps en temps et qu'on ne lui parlât d'aucune affaire. De plus, d'après l'avis des médecins elle est près de la mort: donc plus lieu de la craindre ni de s'inquiéter.

Tranquillisée par cette idée la Margrave quitte Bareith au mois d'août pour se rendre auprès de Frédéric. Le 15 elle le surprend à Potsdam, et leur épanchement mutuel éffaça les dernières traces de rancune. Wilhelmine n'y peut rester que peu de jours, assez longtemps cependant pour laisser cicatriser certaines blessures et adoucir certaines douleurs dont souffrait la femme délicate, si cruellement éprouvée pendant les longues années de sa séparation de sa famille.

A son retour à Bareith au moi de septembre, elle trouve contre toute attente la Burghaus tout à fait rétablie, et plus hautaine, plus insolente que jamais. Impossible de savoir quelles révélations furent faites alors, mais il est certain que par quelque hazard la Margrave eut vent de la conduite de son ancienne amie. Une scène éclata à la suite de laquelle la Burghaus fut bannie du château. Toutefois on voulut bien encore lui assigner comme demeure l'hôtel de l'ambassade nouvellement restauré et ameublé. Une lettre de la comtesse de Podewils à la Burghaus ne nous donne guère d'explication. „Je vous avoue, ma chère, que je suis tombée de mon haut en recevant votre lettre, où vous me ditez de la manière que la Margrave vous traite; je savois bien qu'il y avait de la froideur entre vous, mais j'étois bien loin à penser, que S. A. R. poussât les choses à ce point. Mon Dieu, comment est-il possible, que l'on change ainsi? après toutes les promesses, qu'elle vous a faites, après vous avoir engagée à ce mariage auquel vous n'auriez jamais pensé sans elle, peut-elle vous traiter de la sorte? Il me paroit impossible que le fond de son coeur soit changé subitement; il faut absolument qu'il y aie des gens qui la mênent."

Dans une lettre adressée au prince de Prusse la Margrave s'exprime ainsi: „. . . . et malgré cela elle est mécontente et d'une impertinence terrible envers moi . . . vous savez le misérable état où elle se trouve, et combien mon bon coeur et mon honneur sont engagés à ne la point abandonner . . . . je mérite tout ce qui m'arrive à présent: j'ai fait la sottise, il faut la boire . . . j'ai mangé mon chagrin depuis trois ans, qu'elle est mariée dans l'espérance de la ramener, mais tout cela a été sans fruit; je l'ai fait avertir de mon mécontement, je lui en ai parlé, elle n'a fait que s'en moquer. Je crois qu'à présent elle repent de n'avoir pas mieux dissimulé; mais j'ai trop de preuves de son mauvais caractère. . . ."

Désireux d'obtenir un conseil qu'elle ne peut trouver en elle-même, elle s'ouvre au roi et les extraits suivants de son intéressante lettre du 21 février montrent bien qu'elle se soumet entièrement à Frédéric, qu'elle met en lui toute sa confiance. „Toutes les bontés dont vous m'avez comblée jusqu' à présent m'encouragent, mon très-cher frère, d'entrer avec vous dans des détails que j'ai toujours espéré de pouvoir éviter. Permettez-moi que je vous ouvre mon coeur, et que je vous parle avec confiance et sincérité sur un sujet qui m'a causé depuis quelques années le plus mortel chagrin. Combien de fois ne me suis-je pas reproché l'irrégularité de ma façon d'agir envers vous! . . . Ma dernière maladie, une mort prochaine, ont augmenté mes réflexions. Un mûr examen sur moi-même m'a convaincue que dans tout le cours de ma vie je n'avais été coupable qu'à l'égard d'un frére que mille raisons devaient me rendre cher, et auquel mon coeur avait été lié depuis ma tendre jeunesse par l'amitié la plus parfaite et la plus indissoluble. Votre générosité vous a fait oublier mes fautes passées, mais ne m'empêche pas d'y penser à toutes les heures du jour. Une compassion mal placée, et une trop grande faiblesse pour une personne que je me croyais entièrement attachée, m'ont fait faillir. Je n'ai d'autre plaidoyer à faire en ma faveur, et si je n'avais une confiance entière en vos bontés, je ne me hasarderais pas à vous supplier de me tirer du labyrinthe où je me suis si ridiculement précipitée . . . . J'ai fait le fatal mariage de la Burghaus, cause de tant regrets. Elle a perdu tout son bien. Elle se trouve actuellement dans la plus affreuse misère, son mari ne tirant depuis deux ans aucuns revenus de son régiment, et n'ayant rien de lui-même. Le peu que je puis lui donner ne suffit pas à beaucoup près pour l'entretenir hors d'ici. Jugez, mon très-cher frère, si je puis l'abandonner dans l'état où elle est et la renvoyer, pour ainsi dire, à la besace, après l'éclat que j'ai fait. Je laisse ceci à votre décision comme à un frère chéri, à un véritable ami et comme à un juge éclairé. Je remets mon honneur et ma réputation entre vos mains. Il n'y a que vous, mon très-cher frère, qui puissiez mettre mon esprit et mon coeur en repos sur ce sujet, en lui rendant ce que son père lui a légué. Elle est resolue, à cette condition, de quitter pour jamais ce pays. Je vous conjure à mains jointes, de m'accorder cette grâce etc. . . ."

Cet appel à l'affection et à la générosité de Frédéric ne pouvait manquer d'être entendu. Elle reçoit immédiatement une promesse de secours, et la Margrave respire librément. Il lui écrit le 27 février.

„ . . . . Vous pouvez être persuadée que je n'abuserai point de la confiance que vous m'avez témoignée, et que je ferai tout ce qui dépendra de moi pour vous mettre l'esprit en repos sur le sujet de cette ingrate personne. Je ne vous demande que huit jours de temps pour voir quels arrangements je pourrai prendre sur cette matière, et je vous le manderai alors plus en détail; mais vous pouvez compter que vous aurez lieu d'être satisfaite. Les princes sont dans le monde pour faire des ingrats . . . . ."

Ne trouvez donc pas mauvais, ma chère soeur, que je vous conjure en même temps de penser à votre santé, et d'écarter, pour cet effet, tous les pensées chagrines qui en peuvent retarder l'entière restitution.

Le 2 mars il lui envoie la lettre suivante: „J'ai dit à Podewils d'écrire à la belle-soeur de son neveu que si elle était résolue de quitter Bareith, on lui payerait les intérêts de sa légitime. Je prévois, ma chère soeur, qu'elle a attaché son départ à cette condition, la croyant impossible, et vous verrez qu'elle formera incessamment de nouvelles prétentions.

. . . . Ils ont obtenu un régiment par vos grâces, vous leur avez donné, de plus, un capital qui vous appartenait; c'en est, ce me semble, assez et même trop pour des gens de cette espèce. Quel reproche peut-on vous faire? Si après tout le général autrichien mange trois fois plus que son revenu, que madame en fasse de même de son côté, ce n'est assurement pas à vous qu'on doit l'imputer, mais au dérangement de leur conduite. Vous pouvez compter que ce que je vous dis est le jugement que porte le public de cette affaire, et je n'ajoute ni ne retranche pas un mot. . . . ."

Enfin la Margrave a la joie d'annoncer au roi le départ de la Burghaus. Elle se sent profondément pénétrée des plus vifs sentiments de reconnaissance envers son frère et lui écrit: „Toutes vos lettres me fournissent de nouveaux sujets de reconnaissance, et vous me réduisez à des remercîments réitérés qui ne peuvent que vous ennuyer. Mais vos bontés pour moi, mon très-cher frêre, sont des sujets inépuisables, et je puis comparer le sentiment que j'en ai à l'éternité, qu'on ne peut définir. . . . La Burghauss compte partir d'ici au mois de mai; elle ira à Spa, et de là à Vienne. . . . ."

Maintenant si nous comparons l'esquisse historique que nous venons d'ébaucher jusqu' ici sur Frédéric et la Margrave, avec le ton des Mémoires nous devons nous poser avec étonnement cette question: „Comment se fait-il que dans la dernière partie de ses Mémoires la Margrave ait pu donner à son frère une toute autre physionomie, un caractère si peu aimable et sympathique?

La réponse est facile. Son état maladif, ses chagrins domestiques l'avaient aigrie. L'attitude équivoque de la cour de Bareith, ses intrigues continuelles avec l'Autriche avaient forcé Frédéric à dire à la Margrave ses quatre vérités. Les lettres étaient plus rares, plus courtes et aussi moins ouvertes, le roi ne parlait plus de ses projets à la soeur, autrefois sa confidente. Elle en vint à douter de son frère. Puis aucune membre de sa famille ne vînt la voir durant de longues années, elle devenait pour ainsi dire étrangère à la maison paternelle. Ses Mémoires datent précisément de la période qu'elle était le plus dominée par ces sentiments d'aigreur et de défiance, du temps de la deuxième guerre de Silésie. C'est donc dans ces circonstances qu'il faut chercher la solution de cette apparente énigme psychologique.

Quand, après l'intervention de Frédéric, les anciennes relations cordiales se renouèrent, les lettres les plus affectueuses se suivirent les unes les autres. Frédéric s'inquiète avec tendresse de l'état de la Margrave, et Wilhelmine est pleine de soucis pour la santé de son frère. Chaque événement, quel qu'il soit leur paraît digne d'attention. On reste surpris de voir le Grand Roi dont la vie a été si surmenée entretenir une correspondance suivie avec sa soeur favorite. Pour elle il sait toujours trouver un moment, et ses lettres approfondissant le plus souvent les plus grandes questions n'offrent jamais un exemple de platitude, ne sont jamais dépourvues d'esprit.

Il faut convenir que la Margrave était bien à la hauteur de son frère; rien ne lui était étranger: elle avait touché à toutes les connaissances qui sont du domaine de l'esprit humain. Nous en citerons le jugement de Frédéric lui-même. Dans une lettre, datée du 7 octobre 1747 il en rend l'éloquent témoignage que voici:

„. . . . Je vous demande pardon, ma chère soeur, de ce que je mêle tant de morale dans mes lettres; c'est vous qui me séduisez. Vous avez toute sorte d'esprits, toute sorte de talents et toute sorte de connaissances, on peut vous parler coiffure, guerre, politique et vous entretenir de la plus sublime philosophie jusqu'aux romans les plus frivoles, sans qu'aucune de ces matières ne vous soit étrangère. Je devrais vous parler davantage de mon amitié, mais elle vous est connue, et je ne veux pas vous ennuyer de ce qui fait le bonheur de ma vie . . . ."

S'il n'en avait pas été ainsi, croit-on qu'il pu naître une amitié si intime entre la Margrave et Voltaire? Ce dernier, cédant enfin aux instances de Frédéric, avait accepté une fonction fixe dans la suite du roi. Après une séparation de sept ans Voltaire et la Margrave se rencontrèrent de nouveau à Berlin le 8 août, quand Wilhelmine rendit visite à son frère. Pendant trois mois leurs rapports journaliers — car la Margrave ne retourna à Bareith qu'au mois de novembre — firent revivre les relations amicales d'autrefois et les amenèrent à cette amitié aussi profonde qu'inaltérable, devenue célebre à jamais. Ces jours de bonheur s'écoulèrent en partie à Berlin, en partie à Potsdam. C'était là que Frédéric avait créé son

„Tusculum", Sanssouci, qu'il appelait „l'Abbaye", dont il était le „supérieur." Les membres de ce „couvent moitié militaire, moitié littéraire", comme le caractérisait Frédéric lui-même parfois s'appelérent „les frères monastiques" ou tout simplement „les frères." Les membres du dehors avaient le titre de „diacres." Leur communauté intellectuelle et morale s'appelait „l'Eglise." Là on déclarait saint tout ce qui était condamné impie à Rome. Wilhelmine en était l'abbesse, et elle se sentait vraiment rajeunie en compagnie des hommes tels que Maupertuis, Jordan, Algarotti, Kayserlinck etc. — Mais surtout elle se lia d'étroite amitié avec Voltaire, et quand le 26 novembre elle quitta Berlin le coeur attristé, ce ne fut pas sans échanger avec Voltaire la promesse d'entretenir une active correspondance.

Nous la reproduisons suivant en partie.

Voltaire à la Margrave.

„. . . les grandes passions mènent loin, et j'aurais eu l'honneur de suivre l'auguste soeur d'un héros à Bareith, si le plaisir de vivre auprès de ce héros même, ne me retenait encore à ses pieds. Votre Altesse Royale le sait, j'aurais dû partir le 15 décembre pour la France, mais pourrait-on avoir une autre patrie que celle de Frédéric le Grand?

Mon unique chagrin est que votre Altesse Royale l'ait quittée, et seules les nouvelles de votre santé me donnent quelque consolation. On dit que votre santé se soit améliorée, que vous ayez bien supporté les fatigues du voyage! . . . .

Qu'aurait donc à désirer dans ce monde votre Altesse Royale si votre constitution et votre santé égalaient votre âme et votre beauté?“

Presque le même jour la Margrave prend aussi la plume: Je vous ai promis, monsieur, de vous écrire, et je vous tiens parole. J'espère que notre correspondance ne sera pas aussi maigre que nos deux individus, et que vous me donnerez souvent sujet de vous répondre. Je ne vous parlerai point de mes regrets; ce serait les renouveler. Je suis sans cesse transportée dans votre abbaye, et vous jugez bien que celui qui en est abbé m'occupe toujours .... Nous entretiens me semblent comme la musique chinoise, où il y a de longues pauses qui finissent par des tons discordans. Je crains que ma lettre ne s'en ressente: tant mieux pour vous, monsieur; il faut des momens d'ennui dans la vie pour faire valoir d'autant plus ceux qui font plaisir. Après la lecture de cette lettre, les petits soupers vous paraîtront bien plus agréables. Pensez-y quelquefois à moi, je vous en prie, et soyez persuadé etc.

Elle écrit le 25 décembre la lettre intéressante que voici: „Soeur Guillemette à frère Voltaire, salut; car je me compte parmi les heureux habitans de votre abbaye, quoique je n'y sois plus, et je compte très-fort, si Dieu me donne bonne vie et longue, d'y aller reprendre ma place un jour. J'ai reçu votre consolante épître. Je vous jure mon grand juron, monsieur, qu'elle m'a infiniment plus édifiée que celle de saint Paul à la dame élue. Celle-ci me causait un certain assoupissement qui valait l'opium, et m'empêchait d'en apercevoir les beautés. La vôtre a fait un effet contraire; elle m'a tirée de ma léthargie, et a remis en mouvement mes esprits vitaux. Quoique vous ayez remis votre voyage de Paris, j'espère que vous me tiendrez parole, et que vous viendrez me voir ici. Apollon vint jadis se familiariser avec les mortels, et ne dedaigna pas de se faire pasteur pour les instruire. Faites-en de même, monsieur; vous ne pouvez suivre de meilleur modèle . . . . J'aime mieux penser aux beaux esprits de Potsdam, à son abbé et à ses moines. Ressouvenez-vous quelquefois, en revanche, des absens; et comptez toujours sur moi comme sur une véritable amie.

Le 23 janvier la Margrave écrit: . . . . „Je crois que votre séjour en Allemagne inspire dans tous les coeurs la fureur de réciter des vers. La cour de Wurtemberg revient exprès ici pour histrioner avec nous. Le sensé Vriot nous a choisi, selon moi, la plus detestable pièce de théâtre qu'il y ait pour la versification: c'est Oreste et Pylade, de Lamotte J'admire les différentes façons de penser qu'il y a dans le monde. Vous excluez les femmes de vos tragédies de Potsdam, et nous voudrions, si nous avions un Voltaire, retrancher les hommes de celles que nous jouons ici. N'y aurait-il pas moyen que vous puissiez nous accomoder une de vos pièces, et y donner les deux principaux rôles aux femmes? Le duc et ma fille jouent fort joliment; mais c'est tout .... Venez bientôt nous voir dans notre couvent; c'est tout ce que nous souhaitons. Saluez tous les frères qui se souviennent encore de moi, et soyez persuadé que l'abbesse de Bareith ne désire rien tant que de pouvoir convaincre frère Voltaire de sa parfaite estime."

De la même le 20 avril: „La pénitence que vous vous imposez a achevé de fléchir mon courroux. Je n'avais pu encore oublier votre indifférence. Il ne fallait pas moins qu'un pélerinage à Notre-Dame de Bareith pour effacer votre péché. Frère Voltaire sera pardonné à ce prix. Il le sera le bienvenu ici, et y trouvera des amis empressés à l'obliger et à lui témoigner leur estime. Je doute encore de l'accomplissement de vos promesses. Le climat d'Allemagne a-t-il pu en si peu de temps réformer la légèreté française?..."

De la même le 12 Juin: „.... Vous me flattez toujours par la promesse de venir faire un tour ici, et lorsque je m'attends à vous voir, mes espérances s'évanouissent.... J'ai écrit au roi ce que vous me mandez sur son sujet. Il est difficile de le connaître sans l'aimer, et sans l'attacher à lui. Il est du nombre de ces phénomènes qui ne paraissent tout au plus qu'une fois dans un siècle. Vous connaissez mes sentimens pour ce cher frère; ainsi je tranche court sur ce sujet.... Je partage mon temps entre mon corps et mon esprit: il faut bien soutenir l'un pour conserver l'autre, car je m'aperçois de plus en plus que nous ne pensons n'agissons que selon que notre machine est montée. . . . .“

De la même le 1 novembre: „Il faudrait avoir plus d'esprit et de delicatesse que je n'avai pour louer dignement l'ouvrage que j'ai reçu de votre part. On doit s'attendre à tout de frère Voltaire. Ce qu'il fait de beau ne surprend plus, l'admiration depuis long-temps à succédé à la surprise. Votre poëme sur la Loi naturelle m'a enchantée. Tout s'y trouve: la nouveauté du sujet, l'élévation des pensées et la beauté de la versification. Oserai-je dire? il n'y manque qu'une chose pour le rendre parfait. Le sujet exige plus d'étendue que vous ne lui en avez donné. La première proposition demande surtout une plus ample démonstration. Permettez que je m'instruise, et que je vous fasse part de mes doutes. Dieu, dites vous, a donné à tous les hommes la justice et la conscience pour les avertir, comme il leur a donné ce qui leur est nécessaire. Dieu ayant donné à l'homme la justice et la conscience, ces deux vertus sont innées dans l'homme, et deviennent un attribut de son être. Il s'ensuite de toute nécessité que l'homme doit agir en conséquence, et qu'il ne saurait être ni injuste ni sans remords, ne pouvant combattre un instinct attaché à son essence. L'expérience prouve le contraire. Si la justice était un attribut de notre être, la chicane serait bannie; les avocats mourraient de faim. . . . . Les vertus ne sont qu'accidentelles et relatives à la société. L'amour-propre a donné le jour à la justice. . . . . Le trouble ne peut qu'enfanter la peine; la tranquillité est mère du plaisir. Je me suis fait une étude particulière d'approfondir le coeur humain. Je juge, par ce que je vois, de ce qui a été. Mais je m'enfonce trop dans cette matière, et pourrais bien, comme Icare, me voir précipiter du haut des cieux. J'attends vos décisions avec impatience; je les regarderai comes des oracles. Conduisez-moi dans le chemin de la vérité, et soyez persuadé qu'il n'y en à point de plus évidente que le désir que j'ai de vous prouver que je suis votre sincère amie.

Auguste 1757. Madame, mon coeur est touché plus que jamais de la bonté et de la confiance que votre altesse royale daigne me témoigner. Comment ne serais-je pas attendri avec transport? Je vois que c'est uniquement votre belle ame qui vous rend malheureuse. Je me sens né pour être attaché avec idolâtrie à des esprits supérieurs et sensibles qui pensent comme vous. Vous savez combien dans le fond j'ai toujours été attaché au roi votre frère. Plus ma vieillesse est tranquille, plus j'ai renoncé à tout, plus je me suis fait une patrie de la retraite, et plus je suis dévoué à ce roi philosophe. Je ne lui écris rien que je ne pense du fond de mon coeur, rien que je ne croie très-vrai; et si ma lettre paraît convenable à votre altesse royale, je la supplie de la protéger auprès de lui comme les précédentes."

De la Margrave le 19 auguste: „On ne connaît ses amis que dans le malheur. La lettre que vous m'avez écrite, fait bien honneur à votre façon de penser. Je ne saurais vous témoigner combien je suis sensible à votre procédé. Le roi l'est autant que moi. Vous trouverez ci-joint un billet qu'il m'a ordonné de vous remettre. Ce grand homme est toujours le même. Il soutient ses infortunes avec un courage et une fermeté dignes de lui. . . . . Je ne puis vous en dire davantage; mon ame est si troublée que je ne sais ce que je fais. Mais quoi qu'il puisse arriver, soyez persuadé que je suis plus que jamais votre amie."

De la même le 12 septembre: „Votre lettre m'a sensiblement touchée. . . . . Je ne me suis jamais piquée d'être philosophe. J'ai fait mes efforts pour le devenir. Le peu de progrès que j'ai fait m'a appris à mépriser les grandeurs et les richesses; mais je n'ai rien trouvé dans la philosophie qui puisse guérir les plaies du coeur, que le moyen de s'affranchir de ses maux en cessant de vivre. L'état où je suis est pire que la mort. Je vois le plus grand homme du siècle, mon frère, mon ami, réduit à la plus affreuse extrémité. Je vois ma famille entière exposée aux dangers et aux périls; ma patrie déchirée par d'impitoyables ennemis; le pays où je suis, peut-être menacé de pareils malheurs. Plût au ciel que je fusse chargée toute seule des maux que je viens de vous décrire! je les souffrirais et avec fermeté. Pardonnez-moi ce détail. Vous m'engagez, par la part que vous prenez à ce qui me regarde, de vous ouvrir mon coeur. Hélas! l'espoir en est presque banni . . . . . ."

De la même le 16 octobre: „Accablée par les maux de l'esprit et du corps, je ne puis vous écrire qu'une petite lettre. Vous en trouverez une ci-jointe qui vous récompensera au centuple de ma brièveté. Notre situation est toujours la même. Un tombeau fait notre point de vue. Quoique tout semble perdu, il nous reste des choses qu'on ne pourra nous enlever: c'est la fermeté et les sentimens du coeur. . . ."

De la même le 27 décembre: „Si mon corps voulait se prêter aux insinuations de mon esprit, vous recevriez toutes les postes de mes nouvelles. Je suis, me direz-vous, aussi cacochyme que vous, et cependant j'écris. A cela je vous réponds qu'il n'y a qu'un Voltaire dans le monde, et qu'il ne doit pas juger d'autrui par lui-même. Voila bien du bavardage. . . . ."

Ces exemples prouvent surabondamment quelle étroite et intime amitié liait la Margrave et Voltaire. De plus elles témoignent de la vie contente et heureuse que la femme auguste menait après avoir vaincu le profond chagrin de sa vie conjugale. Frédéric l'aime tendrement, il l'adore même, c'est elle seule qu'il fait lire au fond de son âme, et il se montre vraiment ingénieux pour multiplier les témoignages de son affection. L'amitié de Voltaire survit même à la mort de la Margrave; jamais la moindre dissonance ne troubla leurs relations.

Wilhelmine était l'intremédiaire, quand Voltaire par ses insolences tomba en disgrâce et avait dut quitter Berlin. C'est par ses mains que passa la rare correspondance de Voltaire avec le roi jusqu' à ce qu'elle eut réussi à rétablir entre eux des rapports directs.

Malheureusement la santé de la Margrave allait en déclinant. Un séjour au midi de la France et en Italie n'avait pas eu le succès attendu et espéré. De plus les événements parurent s'accorder pour mettre le trouble dans son âme.

A peine de retour à Bareith éclate la guerre de Sept Ans, et elle se consume de soucis au sujet de son frêre bien-aimé.

Dans ces moments difficiles se manifeste toute la noblesse de son âme. Elle écrit à Frédéric: „Votre sort décidera du mien, je ne survivrai ni à vos infortunes, ni à celles de ma maison; vous pouvez compter c'est ma ferme résolution."

Frédéric répond à cette sublime tendresse par un sentiment non moins affectueux. Elle soit sa consolation et sa confiance, lui écrit-il, et sa lettre du 7 juillet 1757 prouve qu'il prend ces mots à la lettre: „Vous avez trop de bonté de vous donner tant de peine pour mes affaires. Je suis confus d'abuser si étrangement de votre indulgence. Puisque, ma chère soeur, vous voulez vous charger du grand ouvrage de la paix, je vous supplie de vouloir envoyer ce M. de Mirabeau en France. Je me chargerai volontiers de sa dépense; il pourra offrir jusqu' à cinq cent mille écus à la favorite pour la paix, et il pourrait pousser ses offres beaucoup au delà, si en même temps on pouvait l'engager à nous procurer quelques avantages. Vous sentez tous les ménagements dont j'ai besoin dans cette affaire, et combien peu j'y dois paraître; le moindre vent qu'on en aurait en Angleterre pourrait tout perdre. Je crois que votre émissaire pourrait s'adresser de même à son parent qui est devenu ministre, et dont le credit augmente de jour en jour. Enfin je m'en rapporte à vous. A qui pourrais-je mieux confier les intérêts d'un pays que je dois rendre heureux qu'à une soeur que j'adore, et qui, quoique bien plus accomplie, est un autre moi-même? . . . . "

Le 13 juillet dans une épître de trois grandes pages Frédéric ouvre son coeur à sa soeur et lui trace un tableau désespéré de sa situation. Avant de terminer il dit: „ . . . . Je vous demande mille pardons; je ne vous parle pendant trois grandes pages que de mes affaires; ce serait étrangement abuser de l'amitié de tout autre. Mais, ma chère soeur, je connais votre amitié, et je suis persuadé que vous ne me voulez point de mal quand je vous ouvre mon coeur; il est tout à vous, étant rempli des sentiments de la plus tendre estime avec laquelle je suis . . . . "

En lui apprenant la victoire de Weissenfels, il ajoute: „ . . . . A présent je descendrai en paix dans la tombe, depuis que la réputation et l'honneur de ma nation est sauvé. Nous pouvons être malheureux, mais nous ne serons pas déshonorés.

Vous, ma chère soeur, ma bonne, divine et tendre soeur, qui daignez vous intéresser au sort d'un frère qui vous adore, daignez participer à ma joie. Je vous embrasse de tout mon coeur. Adieu. . . ."

Frédéric fit aussi des vers pour célébrer la soeur, et il ne pouvait ériger en son honneur un plus digne monument que dans la strophe:

„Dans mes jours fortunés où dans ma décadence
Vous goûtiez mon bonheur, vous pleuriez mes revers
Quoi! Pourrais-je oublier cette amitié constante,
Sensible, sécourable, et toujours agissante,
Qui me récompensait des maux que j'ai soufferts?
O vous, mon seul refuge! O mon port, mon asile!
Votre voix étouffait ma douleur indocile,
Et, fort de vos vertus, je bravais l'univers."

Wilhelmine respirait plus librement quand les messages des victoires remportées arrivaient à l'Ermitage. Cependant les transports de joie n'y étaient point bruyants. La santé de la Margrave avait toujours été délicate: les souffrances des derniers mois et surtout les inquiétudes poignantes que lui causait le sort de son frère bien aimé achevèrent de l'ébranler.

Le prince Henri qui venait de Bamberg rendre une courte visite à la Margrave prévoyait la mort prochaine, il s'empressa d'en informer le roi. Celui-ci répondit aussitôt: „ . . . . Ne m'otez pas, je vous conjure, l'espérance, qui est la seule ressource des malheureux, pensez que je suis né et élevé avec ma soeur de Bareith, que ces premiers attachements sont indissolubles, qu'entre nous jamais la plus vive tendresse n'a reçu la moindre altération, que nous avons des corps séparés, mais que nous n'avons qu'une âme. . . ,"

Et à la Margrave elle-même il écrivit: „. . . . Je suis si plein de vous, de vos dangers et de ma reconnaissance, que, éveillé comme en rêve, en prose comme en poésie, votre image régne également dans mon esprit, et fixe toutes mes pensées. Veuille le ciel exaucer les voeux que je lui adresse tous les jours pour votre convalescence! Cothénius (médecin du roi) est en chemin; je le diviniserai, s'il sauve la personne du monde qui me tient le plus à coeur, que je respecte et vénère, et dont je suis jusqu'au moment que je rendrai mon corps aux éléments, ma très-chère soeur, etc. . ."

Mais toute cette affection était impuissante à retarder le dénouement fatal. Dans la même nuit, à l'heure même où Frédéric était surpris par l'attaque imprévue de Hochkirch, l'âme de Wilhelmine s'envola. Ses dernières pensées furent pour son frère. Elle demande qu'on mît les lettres de Frédéric sur son coeur, car elle voulait les emporter dans la tombe. Elle défendit de faire son éloge, devant son cercueil on devait parler de la vanité de toutes les choses terrestres. Sa dépouille mortelle devait être inhumée simplement, sans aucunes pompes et dans un profond silence.

Tout se fit selon son désir; seules les lettres de Frédéric ne l'accompagnèrent pas dans sa dernière demeure. Elles nous sont restées comme le témoignage immortel de la noblesse de Wilhelmine, de son attachement fidèle qui ne se démentit point jusqu' à sa dernière heure.

La nouvelle de sa mort terrassa Frédéric, un instant il parut succomber à sa douleur. Il ne peut écrire au prince Henri que ces mots: „Grand Dieu! Ma soeur de Bareith!“ Mais que ces mots sont profondément sentis! Comme ils retentissent dans tout coeur sensible! Le journal de Catt, lecteur du roi, contient des descriptions navrantes de scènes de douleur que le roi renouvelait au souvenir de sa soeur favorite. Il écrit le 17 octobre: „Je le trouvai ce matin triste et les larmes aux yeux. . . . Jamais je ne vis tant d'affliction.“ On pourrait aisément multiplier les citations analogues, qui prouvaient que la douleur de Frédéric fut aussi durable que sincère et profonde.

Comme il l'aimait! Aussi veut-il, que tout l'univers s'associe à sa douleur. Le plus grand poète du siècle lui doit ériger un monument en vers. Il écrit à Voltaire: „ . . . il faut que toute l'Europe pleure avec moi une vertu peu connue . . . il faut que tout le monde sache qu'elle est digne de l'immortalité, et c'est à vous de l'y placer. On dit qu' Apelles était le seul digne de peindre Alexandre: je crois votre plume la seule digne de rendre ce service à celle qui sera le sujet éternel de mes larmes. . . .“

Malgré la tristesse profonde de son ame Voltaire accède immédiatement au désir du roi. Il éprouve même une sorte de satisfaction de pouvoir dire un dernier adieu à l'amie avec laquelle il avait été si étroitement lié.

Nous sommes à la fin de notre tâche. Bien que le sujet soit loin d'être épuisé, — il faudrait des volumes entiers pour dépeindre la Margrave dans sa correspondance — le résumé que nous venons de donner de sa vie de 1743 à 1758 suffira pour les lecteurs de ses Mémoires.

Nous espérons avoir éveillé l'intérêt et la sympathie du public pour la Margrave, la femme la plus éminente du XVIIIième siècle par les qualités de son intelligence.

Nous terminons en citant un des vers dans lesquels Voltaire lui a dressé un monument immortel :

O Bareith ! ô vertus ! ô grâces adorées !
Femme sans préjugés, sans vice et sans erreur,
Quand la mort t'enleva de ces tristes contrées,
De ce séjour de sang, de rapine et de l'horreur ;
Les nations acharnées
De leurs haines forcenées
Suspendirent les fureurs :
Les discordes s'arrêtèrent ;
Tous les peuples s'accordèrent
A t'honorer de leurs pleurs.

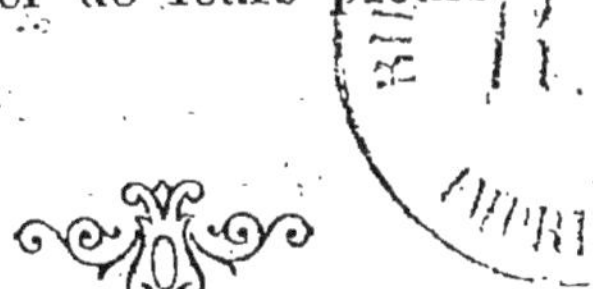

www.ingramcontent.com/pod-product-compliance
Ingram Content Group UK Ltd.
Pitfield, Milton Keynes, MK11 3LW, UK
UKHW021102220726
13924UKWH00005B/2199

9 782019 229672